美国专利诉讼要案解析

主　编 / 甘绍宁
副主编 / 曾志华

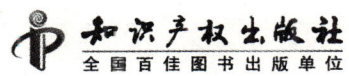

内容提要

本书从专利获权、确权、用权和维权4个角度,收录了2007~2012年美国联邦最高法院和联邦巡回上诉法院判决的12件专利纠纷重要案件,从案情回顾、法院判词解读、案例评析等方面对案件进行了详尽阐释和深入浅出的剖析。

读者对象:专利审查员、专利代理人、企业管理者、法律工作者。

责任编辑:黄清明　王　欣		**责任校对:**董志英
装帧设计:正典设计		**责任出版:**卢运霞

图书在版编目(CIP)数据

美国专利诉讼要案解析/甘绍宁主编. —北京:知识产权出版社,2012.9
ISBN 978—7—5130—1526—4

Ⅰ.①美… Ⅱ.①甘… Ⅲ.①专利侵权—案例—美国 Ⅳ.①D971.23
中国版本图书馆 CIP 数据核字(2012)第 217271 号

美国专利诉讼要案解析

主　编／甘绍宁
副主编／曾志华

出版发行:知识产权出版社

社　　址:	北京市海淀区马甸南村1号	邮　　编:	100088
网　　址:	http://www.ipph.cn	邮　　箱:	bjb@cnipr.com
发行电话:	010—82000860 转8101/8102	传　　真:	010—82005070/82000893
责编电话:	010—82000860 转 8117	责编邮箱:	hqm@cnipr.com
印　　刷:	北京雁林吉兆印刷有限公司	经　　销:	新华书店及相关销售网点
开　　本:	720mm×960mm 1/16	印　　张:	15
版　　次:	2013年1月第1版	印　　次:	2013年1月第1次印刷
字　　数:	330千字	定　　价:	38.00元

ISBN 978—7—5130—1526—4/D・1564(4378)

出版权专有　侵权必究
如有印装质量问题,本社负责调换。

本书编委会

主　编：甘绍宁

副主编：曾志华

主　审：章　璠　王　玲　任晓玲

　　　　夏佩娟　李丽娜　段　然

序

随着知识经济全球化的迅猛发展,国际竞争格局、竞争态势和竞争手段日趋复杂。知识产权,尤其是专利权,已成为国际竞争的重要内容之一。企业作为市场竞争的主体,加强知识产权战略部署和专利布局对其生存发展日益重要。

《国家知识产权战略纲要》明确指出:"鼓励市场主体依法应对涉及知识产权的侵权行为和法律诉讼,提高应对知识产权纠纷的能力。"在大力实施国家知识产权战略的背景下,近年来我国企业积极适应国际竞争规则,知识产权维权意识较之以前有了相当的提升与进步。但在"走出去"步伐加快的同时,我国企业也遭遇越来越多的知识产权调查和诉讼,企业运用知识产权参与市场竞争和保护自身利益的能力亟待进一步提高。

美国是世界上最大的经济体,中国第二大贸易伙伴,同时也是最早实行专利制度和专利纠纷频发的国家之一。作为普通法系国家,案例是其法律制度动态最为鲜明和立体的展现,且会影响此后案件的审理,进而波及专利部门的审查基准和企业的专利申请策略,可谓"一判激起千层浪"。然而,由于其案例数量庞大,法言法语相对晦涩,对国内读者多有不便。藉此,研究近年来美国专利纠纷的重要案件,对读者了解美国司法实践中对专利纠纷案件的事实认定和法律适用的最新动向,帮助企业更好地应对在美专利纠纷、开拓海外市场,有着重要的借鉴作用和现实意义。

《美国专利诉讼要案解析》一书正是在这样的背景下组织编撰完成。该书编写人员经过严谨筛选,从专利获权、确权、用权和维权4个角度收录了2007~2012年美国联邦最高法院和联邦巡回上诉法院判决的12件专利纠纷重要案件,从案情回顾、法院判词解读、案例评析等方面对案件进行了详尽阐释和深入浅出的剖析。案件争议点涉及专利主题衡量、权利要求解释、显而易见性判断、诉讼证据提交、专利权效力和专利无效标准等多个专利纠纷的敏感和热点问题。审判历程和结果或产生重大社会影响，或具有较强的法律指导意义。

"他山之石，可以攻玉。"希望《美国专利诉讼要案解析》一书的出版，能够对企业在应对专利纠纷时以市场的广度整体思考和最优化决策、做好知识产权维权和风险防范、更好地开拓和扩大在美市场有所裨益。同时，本书也可供专利审查、专利文献传播、司法和代理实践及相关理论研究参鉴。

2012 年 9 月 30 日

引文标注英文/中文对照示例

文中脚注有较多英文引文标注，为便于理解，下面按引文类型举例列出了中文含义。

一、宪法

U. S. Const. art. I, § 8, cl. 8

《美国宪法》第1条第8款第8项

二、法律

35 U.S.C. § 282

《美国法典》第35卷第282章

三、行政法规

66 Fed. Reg. 1099 (Jan. 5, 2001)

《联邦公报》第66卷第1099页（2011年1月5日版）

四、判例

（一）美国联邦最高法院

➤ 447 U.S. 102, 108 (1980)

《美国判例汇编》第447卷第102、第108页（1980年判决）

➤ 75 S.Ct. 513 (1955)

《美国最高法院判例汇编》第75卷第513页（1955年判决）

➤ 99 L.Ed. 615 (1955)

《美国判例汇编律师版》第99卷第615页（1955年判决）

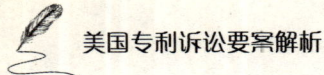

➤ 556 U.S. ——, 129 S.Ct. 2735, 174 L. Ed. 2d 246 (2009)

《美国判例汇编》第556卷（——表明尚未编撰成册，确定页码），《美国最高法院判例汇编》第129卷第2735页，《美国判例汇编律师版·第2辑》第174卷第246页（2009年判决）

（二）联邦巡回上诉法院

560 F. 3d 1366 (Fed. Cir. 2009)

《联邦上诉法院判例汇编·第3辑》第560卷第1366页（联邦巡回上诉法院，2009年判决）

（三）联邦地区法院

529 F. Supp. 2d 106 (D. Mass 2007)

《联邦地区法院判例汇编·第2辑》第529卷第106页（马萨诸塞州地区法院，2007年一审判决）

目 录

【专利权获取】

案例一　Ariad Pharmaceuticals Inc. 诉 Eli Lilly And Company 案
　　　　——单独的书面描述要求 ……………………………… 李丽娜 / 3

案例二　Bernard L. Bilski 和 Rand A. Warsaw 诉 David J. KAPPOS 案
　　　　——可专利主题判断标准 ……………………………… 李丽娜 / 29

案例三　Mayo Collaborative Services 诉 Prometheus Laboratories, Inc. 案
　　　　——诊疗方法的可专利性 ……………………………… 马美怡 / 42

案例四　David J. KAPPOS 诉 Gilbert P. HYATT 案
　　　　——诉讼新证据 …………………………………………… 谢　静 / 59

【专利权确定】

案例五　KSR International Co. 诉 Teleflex Inc. 案
　　　　——显而易见性判断 ……………………………………… 韩志杰 / 77

案例六　Abbott Laboratories 诉 Sandoz, Inc. 案
　　　　——方法限定产品权利要求 ……………………………… 任晓玲 / 94

案例七　z4 Techs., Inc. 诉 Microsoft Corp. 案
　　　　——权利要求解释 …………………………… 段　然　任晓玲 / 115

案例八　Microsoft Corp. 诉 i4i Limited Partnership 案
　　　　——专利无效抗辩的证明标准 …………………………… 任晓玲 / 129

【专利权使用】

案例九　AT&T Corp. 诉 Microsoft Corp. 案
　　　　——专利权域外效力适用 ……………………… 李　蓓 / 149

案例十　Quanta Computer, Inc. 诉 LG Electronics., Inc. 案
　　　　——方法专利的专利权用尽 …………………… 何艳霞 / 177

【专利权维护】

案例十一　Global-Tech Appliances, Inc. 诉 SEB S. A. 案
　　　　——"有意无视"原则引入民事诉讼 ………… 卢慧生 / 195

案例十二　Microsoft Corp. 诉 Lucent Technologies, Inc. 案
　　　　——专利侵权损害赔偿金的计算判定 …… 管相杰　朱　瑾 / 212

专利权获取

Ariad Pharmaceuticals Inc. 诉 Eli Lilly And Company 案

——单独的书面描述要求

◎李丽娜

> **摘要**：Ariad 制药公司诉 Lilly 制药公司案主要涉及《美国专利法》是否规定单独的书面描述要求这一问题。在专利审查实践乃至司法实践中，对发明的书面描述与通过描述使本领域技术人员能够制造和使用该发明之间并没有明确界限。各国立法也鲜有将书面描述发明与对可实施性的描述区别规定的先例。本案一经审理，即引起美国知识产权界的广泛关注和激烈争议。美国联邦巡回上诉法院在本案中明确提出单独的书面描述要求是《美国专利法》的基本规则，虽然法院一再重申单独的书面描述要求是法律的既有规定，但这一要求的明确无疑对专利申请、专利审查以及专利诉讼都提出了更高标准。本文全面回顾了美国联邦巡回上诉法院对案件的审理过程并分析了判决的深远影响以及可能原因。

一、案情回顾

2002 年 6 月 25 日，Ariad 制药公司向马萨诸塞州地区法院提起诉讼，称 Lilly 制药公司治疗骨质疏松症的药物易维特（Evista）和治疗脓毒症的药物奇格瑞（Xigris）侵犯其专利（专利号 6,410,516，简称'516 号专利）。该专利主张一种降低 NF-êB 活性来调控细胞对外部刺激反应的方法。2006 年 4 月，地区法院判定 Lilly 公司侵权。Lilly 公司遂向联邦巡回上诉法院提起上诉。2009 年 4 月，上诉法院部分维持、部分撤销一审判决，认定'516 号专利因不符合《美国专利法》第 112 条第 1 款所要求的充分的书面描述而无效。Ariad 公司申请联邦巡回上诉法院全院（en banc）再审本案，质疑该法院对《美国专利法》第 112 条第 1 款的解释，即是否存在独立于可实施性（enablement）要求的单独的书面描述要求。鉴于对该问题的广泛争论和日益凸显的重要性，联邦巡回上诉法院于 2009 年 8 月批准了 Ariad 公司的全院再审请求并于 2010 年 3

月做出判决。在双方当事人应法院要求对争议问题进行的答辩中，Ariad 公司认为存在对发明的描述，但该描述并非独立存在，而是用于描述可实施性，即根据说明书能否教示如何制造和使用发明以判断描述是否充分。Lilly 公司则认为存在独立于可实施性的书面描述要求。上诉法院最终认定，第 112 条第 1 款包含两个相互独立的描述要求：(1) 对发明的书面描述；(2) 对制造和使用该发明的方式和方法的描述。Ariad 公司的′516 号专利因未满足书面描述要求而无效。

二、法院判词

Ariad 制药公司、麻省理工学院、怀特黑德生物医学研究院以及哈佛学院（统称"Ariad 公司"）向美国马萨诸塞州地区法院起诉 Eli Lilly 公司（礼来公司，统称"Lilly 公司"）侵犯美国专利 6,410,516（′516 号专利）。经审理后，陪审团认定侵权成立，但是未认定所诉称的权利要求无效，联邦巡回上诉法院的审判庭撤销了地区法院否决 Lilly 公司依法律判决（JMOL）动议的决定，认定所诉称的权利要求因缺乏书面描述而无效。❶

Ariad 公司申请全院再审，质疑上诉法院对《美国专利法》第 112 条第 1 款❷有关包含单独的书面描述要求的解释。鉴于该问题的重要性，联邦巡回上诉法院批准 Ariad 公司的申请并且指令双方当事人阐明第 112 条第 1 款是否包含独立于可实施性要求的书面描述要求，如果包含，该要求的范围和目的是什么。现在，联邦巡回上诉法院重申，第 112 条第 1 款包含独立于可实施性的书面描述要求，上诉法院再次撤销地区法院否决依法律判决动议的决定，认定所诉称′516 号专利的权利要求因未满足法定书面描述要求而无效。

（一）背景

′516 号专利通过转录因子 NF-êB 调控基因表达。′516 号专利的发明人首次确定 NF-êB 并且披露 NF-êB 激活潜藏于人体对感染的免疫反应中的基因表达机制。发明人发现 NF-êB 通常与名为"IêB"（kappa B 抑制剂）的蛋白质抑制剂结合，以非活化状态存在于细胞中，被如细菌脂多糖的细胞外刺激激活后，

---

❶ Ariad Pharms., Inc. v. Eli Lilly & Co., 560 F.3d 1366(Fed. Cir. 2009).

❷ 《美国专利法》第 112 条第 1 款：The specification shall contain a written description of the invention, and of the manner and process of making and using it, in such full, clear, concise, and exact terms as to enable any person skilled in the art to which it pertains, or with which it is most nearly connected, to make and use the same, and shall set forth the best mode contemplated by the inventor of carrying out his invention. （说明书应该包括书面描述发明，以及制造和使用该发明的方式和方法，以完整、清楚、简洁和确切的术语教示本领域技术人员，或者最密切相关人员，能够制造和使用该发明，并且应该阐明发明人所预期的实施其发明的最佳实施例）

案例一 Ariad Pharmaceuticals Inc. 诉 Eli Lilly And Company 案

通过一系列生物化学反应将其从 IêB 释放。一旦从抑制剂中释放出来，NF-êB 就进入细胞核结合并激活包含 NF-êB 定位位点的转录基因。被激活的基因（如某种细胞因子）有助于人体抵御细胞外攻击。但是，产生过多的细胞因子是有害的。因此发明人确认人工干扰 NF-êB 活性可以减轻某些疾病的有害症状，并且于 1989 年 4 月 21 日提交专利申请，公开其发现并且就通过降低细胞中 NF-êB 活性来调控细胞对外部刺激反应的方法主张专利保护。

Ariad 公司于 2002 年 6 月 25 日，即′516 号专利授权当天，对 Lilly 公司提起诉讼。Ariad 公司主张 Lilly 公司的制药产品易维特和奇格瑞侵犯其权利要求第 80、第 95、第 144 和第 145 项。所诉称权利要求包括 Ariad 公司所依据的改写后的权利要求如下：

80.〔一种方法，用于调控对真核细胞的外部影响效果，该外部影响诱导 NF-êB 所介导的细胞内信号，该方法包括改变细胞内 NF-êB 活性，以致 NF-êB 介导的外部影响效果得以调控，细胞内 NF-êB 活性被降低〕，其中降低 NF-êB 活性包括削弱 NF-êB 与被 NF-êB 调控转录的基因中 NF-êB 定位位点的结合。

95.〔一种方法，用于削弱真核细胞中的基因表达水平，该基因被细胞外影响激活，诱导出 NF-êB 所介导的细胞内信号，该方法包括降低细胞中 NF-êB 活性，从而削弱所述基因的表达〕，可在人类细胞中进行。

144.〔一种方法，用于减少细菌脂多糖——诱导哺乳动物细胞中细胞因子的表达，该方法包括降低细胞中 NF-êB 活性，从而减少细菌脂多糖——诱导所述细胞中细胞因子的表达〕，其中，降低 NF-êB 活性包括削弱 NF-êB 与被 NF-êB 调控转录的基因中 NF-êB 定位位点的结合。

145.〔一种方法，用于减少细菌脂多糖——在哺乳动物细胞中诱导细胞因子表达，该方法包括降低细胞中 NF-êB 活性，从而减少诱导细胞中细胞因子表达的细菌脂多糖〕，可在人类细胞中进行。

因此，权利要求是概括性（genus）权利要求，包含所有实现所期望的削弱 NF-êB 与 NF-êB 定位位点结合效果的实际应用。此外，尽管在诉讼期间修改了权利要求，但其使用的文字与优先权申请中的文字相符。具体而言，所主张权利要求记载了细胞受类似于细菌脂多糖的外部刺激后，降低 NF-êB 活性，明确削弱 NF-êB 与 NF-êB 定位位点结合的方法。1989 年 4 月 21 日提交的说明书，同样记载所期望目标，即细胞受到该种外部刺激后降低 NF-êB 活性以及减少与 NF-êB 定位位点结合。❶ 说明书也假设了 3 种可能降低 NF-êB 在细

---

❶ 516 patent col. 3 l. 59–col. 4 l. 19; col. 31 l. 65–col. 32 l. 11; at col. 2 ll. 54–59.

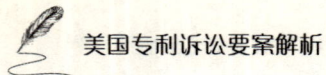

胞中活性的分子：诱导、强力干扰和特定的抑制剂分子。

2006年4月，地区法院经过14天陪审团审理，对侵权和效力问题做出认定。陪审团做出特别裁定，易维特侵犯权利要求第80项和第95项，奇格瑞侵犯权利要求第144项和第145项；所诉称权利要求不因可预期、缺乏可实施性或者缺乏书面描述而无效。法院未给予法庭意见即否决Lilly公司有关依法律判决或重新审理的动议。2006年8月，法院法官就Lilly公司对不可专利主题、不公平行为以及申请懈怠的补充抗辩进行了4天审理，判决就这3个问题支持Ariad公司的观点。❶

Lilly公司立即向联邦巡回上诉法院提起上诉，2009年4月3日，审判庭部分维持、部分撤销原判决。❷审判庭支持地区法院对不存在不公平行为的认定，但是撤销陪审团对书面描述的裁决，认定所诉称权利要求因缺乏《美国专利法》第112条第1款所要求的充分的书面描述而无效。Ariad公司申请全院再审本案，质疑第112条第1款是否存在独立于可实施性要求的书面描述要求。尽管这不是新问题，❸但近年来其关注度日益增加，在Lizardtech, Inc. v. Earth Res. Mapping, Inc.案❹中（拒绝全院再审第112条第1款是否存在单独的书面描述要求问题）；在Univ. of Rochester v. G. D. Searle & Co., Inc.案❺和Enzo Biochem, Inc. v. Gen-Probe Inc.案❻也是如此。鉴于有关书面描述要求的特点与确切作用的激烈争论，联邦巡回上诉法院批准Ariad公司的申请，撤销之前审判庭的判决意见并且指示双方当事人就以下两个问题进行答辩：

（1）《美国专利法》第112条第1款是否包含独立于可实施性要求的书面描述要求？

（2）如果制定法规定了单独的书面描述要求，该要求的范围和目的是什么？

除双方当事人辩词以外，法院收到了25份法庭之友意见。其中17份支持Lilly公司，1份支持Ariad公司，7份意见不支持任何一方。大多数意见，包括美国政府提交的意见，支持联邦巡回上诉法院现行的书面描述准则。上诉法院于2009年12月7日听取了口头辩论。

---

❶ Ariad Pharms., Inc. v. Eli Lilly & Co., 529 F. Supp. 2d 106(D. Mass 2007).
❷ Ariad, 560 F. 3d at 1369.
❸ In re Barker, 559 F. 2d 588, 591—93(CCPA 1977).
❹ Lizardtech, Inc. v. Earth Res. Mapping, Inc., 433 F. 3d 1373(Fed. Cir. 2005).
❺ Univ. of Rochester v. G. D. Searle & Co., Inc., 375 F. 3d 1303(Fed. Cir. 2004).
❻ Enzo Biochem, Inc. v. Gen-Probe Inc., 323 F. 3d 956, 970(Fed. Cir. 2002)(same).

案例一 Ariad Pharmaceuticals Inc. 诉 Eli Lilly And Company 案

（二）讨论

1. 尽管双方当事人对法院问题的回答不同，其观点比之前审判时更为集中。对法院第一个问题，Ariad 公司认为第 112 条第 1 款不包括独立于可实施性的书面描述要求。然而，回答法院第二个有关书面描述要求的范围和目的的问题时，Ariad 公司认为制定法包括两个描述要求："适当解释为，制定法要求说明书描述 ①发明是什么，以及②如何制造和使用该发明。"❶ ［第 112 条第 1 款的书面描述要求需要，首先，说明书描述（确定）发明是什么，其次，说明书教示如何制造和使用该发明］Ariad 公司声称，两个描述要求通过是否能教示本领域技术人员能够制造和使用所主张发明来判断，并以此调和其回答中明显的矛盾。因此，根据 Ariad 公司，为了教示发明，说明书必须首先确定"发明是什么，否则就不能告知本领域技术人员制造和使用什么"。然而，Ariad 公司认为首先"确定"发明这一步骤仅运用于优先权情形下（即，根据《美国专利法》第 119 条、第 120 条的优先权和抵触申请规定，在审查期间修改权利要求），因为原有权利要求"构成其描述"。

与之对应，Lilly 公司对法院的第一个问题回答是肯定的，认为 200 多年来的先例支持独立于可实施性的法定书面描述要求的存在。因此，Lilly 公司认为制定法要求，首先，书面描述发明，其次，书面描述如何制造和使用该发明从而教示本领域技术人员能够制造和使用。最终，Lilly 公司坚称单独的书面描述要求适用于所有权利要求——包括原有的和修改后的——确保发明人实际发明了所主张的客体。

因此，尽管双方当事人对存在独立于可实施性的书面描述要求持完全相反的观点，但是双方一致同意说明书必须包含对发明的书面描述以确定发明是什么。因此，争议集中在适用标准以及该标准是否适用于原有权利要求文字。

（1）与所有涉及法律解释的案件一样，联邦巡回上诉法院首先考虑法律条文本身。在 Consumer Prod. Safety Comm'n v. GTE Sylvania, Inc. 案中，❷ 对第 112 条第 1 款解读如下：

说明书应该包括发明的，以及制造和使用该发明的方式和方法的书面描述，以完整的、清楚的、简洁的以及确切的术语教示本技术领域或者与本技术领域最密切相关的技术人员，能够制造和使用该发明，并且应该阐述发明人实施其发明所预期的最佳实施例。

---

❶ Appellee Br. 1; id. At 43.
❷ 447 U.S. 102, 108(1980).

Ariad 公司认为，制定法的简明解读揭示了两个组成成分：书面描述①发明，以及②制造和使用该发明的方式和方法。然而，Ariad 公司所提出的两个成分，必须由最后的介词短语判断；两种书面描述都必须"以完整、清楚、简洁和确切的术语教示本领域技术人员能够制造和使用该发明。"Ariad 公司对制定法的具体分析如下。

说明书应该包括：

①书面描述。

第一：发明；

第二：制造和使用该发明的方式和方法。

②以完整、清楚、简洁和确切的术语教示本技术领域，或者与本领域最密切相关的技术人员，能够制造和使用该发明……

Ariad 公司表示，其解释最符合英语语法规则，介词短语（此处，"发明的"，"制造和使用该发明的方式和方法的"，以及"以完整、清楚、简洁和确切的术语"）修饰本句中的其他词语（此处，"书面描述"），不会莫明其妙地忽略"制造和使用该发明"后的逗号，或者将"对发明的描述"从"完整的、清楚的、简洁的和确切的术语"要求分割开，对描述不设立法律标准。

Ariad 公司还认为早期的《美国专利法》支持其解释。特别是，Ariad 公司主张 1790 年第一部《美国专利法》以及在随后的 1793 年《专利法》中，要求发明的书面描述应符合两个目的：①使发明区别于现有技术，②教示本领域技术人员能够制造和使用该发明。[注1] Ariad 公司继而主张国会在 1836 年《美国专利法》赋予权利要求限定发明的功能，国会修改书面描述要求以使其服务于单一目的：可实施性。[注2]

[注1] 1793 年《美国专利法》第 3 条规定了相关部分："每个发明人，在其获得专利前，应该提交其发明的书面描述，以及该发明的使用方式或者制造方法，以完整、清楚和确切的术语，使该发明区别于其他已知的东西，并且使本技术或科学领域或与该领域最密切相关的技术人员，能够制造、合成以及使用该发明。"

[注2] 1836 年《美国专利法》第 6 条规定了相关部分："在所有发明人就新的发明或者发现获得专利前，其应该提交其发明或者发现的书面描述，以及制造、构造、使用和合成该发明或发现的方式和方法，以完整、清楚和确切的术语，避免不必要的冗长，使本技术或科学领域，或者与本领域最密切相关的技术人员，能够制造、构造、合成和使用该发明。"

Lilly 公司表示反对，认为第 112 条第 1 款，包括 3 个独立的要求。Lilly 公司对制定法的具体分析如下：

案例一 Ariad Pharmaceuticals Inc. 诉 Eli Lilly And Company 案

①说明书应该包括发明的书面描述；

②说明书应该包括对制造和使用该发明的书面描述，以完整、清楚、简洁和确切的术语教示本技术领域或者与本领域最密切相关的技术人员，能够制造和使用该发明；

③说明书应该阐明发明人所预期的实施该发明的最佳实施例。

Lilly 公司认为 Ariad 公司的解释忽略了长期以来的司法先例解释，在制定法之前就包括单独的书面描述要求，国会所采纳的解释再颁为现行的第 112 条第 1 款，没有显著修改。

联邦巡回上诉法院赞同 Lilly 公司的观点，并且认为制定法支持其观点，即说明书"应该包含书面描述"，认定第 112 条第 1 款包括两个单独的书面描述要求："书面描述①发明，以及②制造和使用［该发明］的方式和方法。"在这一点上，联邦巡回上诉法院并未将 Ariad 公司的反对观点理解为 Ariad 公司承认存在书面描述要求（根据对制定法的简明解释，专利说明书必须包括描①发明，以及②制造和使用该发明的方式和方法）。Ariad 公司主张存在书面描述要求，不是因为将其作为独立的法定要求，而只是用于确认发明必须符合可实施要求。

但是，不同于 Ariad 公司，联邦巡回上诉法院认为制定法条文或语法中没有含糊地规定"发明的书面描述"的充分性必须根据描述是否阐明发明从而使本领域技术人员能够制造和使用该发明来单独判断。介词短语"以完整、清楚、简洁和确切的术语教示本领域技术人员能够制造和使用该发明"仅修饰"制造和使用［该发明］的方式和方法的书面描述"，正如 Lilly 公司所称，没有违背语法规则。对制造和使用发明的方式和方法的描述的充足性由该描述是否能教示本领域技术人员遵循对应的文字能够制造和使用该发明来判断。

虽然 Ariad 公司同意存在描述发明的要求，少数法庭之友意见提出唯一的描述要求是要求描述可实施性。如果国会曾经有意图将可实施性作为第 112 条第 1 款的唯一描述要求，制定法就会采取不同方式撰写。特别是，国会可以这样撰写制定法以便理解："说明书应该包括发明的书面描述，以完整、清楚、简洁和确切的术语教示本领域技术人员能够制造和使用该发明，"或者"说明书应该包括制造和使用发明的方式和方法的书面描述，以完整、清楚、简洁和确切的术语教示本领域技术人员能够制造和使用该发明"。根据法庭之友对制定法该部分的解释——不是"制造和使用该发明的方式和方法"就是"发明的［书面描述］"——变成废话，违背国会不能使用非必要词的制定法构词规则。❶

---

❶ United States v. Menasche, 348 U.S. 528, 538—39, 75 S.Ct. 513, 99 L.Ed. 615(1955)（最高法院的责任是尽可能地使制定法的每一个句子和词语都"发挥效用"）；Montclair v. Ramsdell, 107 U.S. 147, 152, 2 S.Ct. 391, 27 L.Ed. 431(1883)。

此外，自1793年起，《美国专利法》已经明确表述，申请人必须提供发明的书面描述，1836年《美国专利法》增加了权利要求条件以后，最高法院开始运用独立于可实施性的描述要求。国会将该条文重新编撰入1952年《美国专利法》，并且没有立法历史表明国会试图删除《专利法》中的这一要求。相反，"国会再次颁布制定法时并没有改变该条款，可假定国会意识到了对该条款的司法解释并且采纳了该解释"。❶

所以，对描述发明的单独要求是《美国专利法》的基本规则，所有专利都必须描述发明，这是获取专利代价的一部分。申请人描述发明，并且，如果法律的其他要求也得到满足，申请人获得专利。当然，说明书必须描述如何制造和使用发明（即，教示该发明），但那是不同的任务。描述所主张的发明让美国专利商标局能有效地审查申请；法院能理解发明，判断其是否符合制定法，以及解释权利要求；公众能理解并且改进该发明，回避专利权人排他权所主张的范围。

（2）Ariad公司认为最高法院先例与其对制定法的解读一致并且不支持独立于可实施要求的书面描述要求。Ariad公司称，在Evans v. Eaton案❷中，最高法院根据1793年《美国专利法》第3条只确认了两个要求，要求"教示"发明并且使该发明"区别"于之前已有的所有东西。并且，Ariad公司认为，自1836年《美国专利法》以来，删除在后的要求并且增加了对权利要求的要求，法院一直认为专利申请需要履行的，不是单独的"书面描述"要求，而是可实施性。

Lilly公司不同意，认为Evans案承认独立于可实施性的书面描述要求。Lilly公司进一步主张法院不断证实独立的书面描述要求的存在，包括在根据1836年《美国专利法》的O'Reilly v. Morse案❸；根据1870年《美国专利法》的Schriber-Schroth Co. v. Cleveland Trust Co.案❹；以及更接近的Festo Corp. v. Shoketsu Kinzoku Kogyo Kabushiki Co.案❺中。

与Lilly公司一样，联邦巡回上诉法院也认为最高法院先例承认独立于可实施要求的书面描述要求，即使是在引入权利要求条款之后。特别是，在Schriber-Schroth案中，根据当时有效的第112条第1款版本，法院认定涉及

---

❶ Forest Grove Sch. Dist. v. T. A., 129 S. Ct. 2484, 2492, 174 L. Ed. 2d 168(2009)[Lorillard v. Pons, 434 U. S. 575, 580, 98 S. Ct. 866, 55 L. Ed. 2d 40(1978)].

❷ 20 U. S. (7 Wheat.)356, 433-34, 5 L. Ed. 472(1822).

❸ 56 U. S. (15 How.)62, 14 L. Ed. 601(1853).

❹ 305 U. S. 47, 59 S. Ct. 8, 83 L. Ed. 34(1938).

❺ 535 U. S. 722, 736, 122 S. Ct. 1831, 152 L. Ed. 2d 944(2002).

案例一 Ariad Pharmaceuticals Inc. 诉 Eli Llly And Company 案

带有"极度刚性网"的内燃机活塞的专利并未充分描述修改后的权利要求,该权利要求记载了弹性网。❶[注3]法院认为制定法的这一部分有两个目的,只有第一个目的涉及可实施性:

> [注3] 1870年《美国专利法》第26条规定了相关部分:"在任何发明人或者发现者就其发明或发现获得专利之前,应该向专利局提交其[发明或发现]的书面描述,以及制造、构造、组合以及使用它的方式和方法,以完整、清楚、简洁以及确切的术语教示本领域技术或研究人员或者最密切相关人员能够制造、构造、组合以及使用该发明或发现。"

要求专利权人描述其发明以便其他人在该专利保护期满时可以构造并且使用该发明,在专利有效期内告知公众专利权所主张的界限,以便知悉哪些可以无须许可即可安全使用或者制造,以及哪些不行。

法院遂得出结论,即使原有的说明书教示了弹性网的使用,权利要求不能由此获得支持,因为那并非专利权人所描述的涉及极度刚性网的发明。在MacKay Radio & Tel. Co. v. Radio Corp. 案❷中(认定修改后的权利要求无效,该权利要求所包括的结构并不属于"其申请所描述的发明",即使变化很小)。尽管法院没有清楚表明发明的描述要求独立于可实施性,但法院实际这么做了。[注4]

> [注4] Morse案根据1836年《美国专利法》判决,也可以解释为涉及单独的书面描述要求。❸所争议专利包含8项权利要求,只有其中7项记载了Morse所研发电报的具体手段。与此对应,第8项权利要求主张所有可能的通过使用电流或者电偶电流在一定距离印刷可理解符号的方式。法院以太宽泛为由驳回后面的权利要求,因为Morse主张"其没有描述且实际上没有发明的方式或方法的排他性权利,并且在他获得专利时并未描述"。该驳回暗示明显的捏示发明的要求。然而,在得出结论时,法院也详述了权利要求如何覆盖其尚未制造的发明,指出其也未能满足教示该宽泛的权利要求的描述要求。

此外,在Schriber-Schroth案前后,法院已经陈述了制定法服务于目标而不是可实施性。在Gill v. Wells案❹中,法院认定再颁专利无效,因其主张的组合物没有在原来的申请中描述。但是法院也强调所有专利都需要满足第26

---

❶ 305 U.S. at 56-57, 59 S.Ct. 8.
❷ 306 U.S. 86, 98-102, 59 S.Ct. 427 33 L.Ed. 506(1939).
❸ 56 U.S. (15 How.) 62, 14 L.Ed. 601.
❹ 89 U.S. (22 Wall.) 1, 22 L.Ed. 699 (1874).

条规定的"3个重大的目标",可实施性只是其中之一。法院明确表述:

①政府可以知道其授权内容以及在专利权期限届满时将成为公共财产的内容。②在专利许可期限内,期望实施该发明的被许可人可以知道,如何制作、构造以及使用发明。③其他发明人可以知道发明范围内的哪个部分是不可侵占的。

最终,在最近的Festo案中,法院陈述了第112条第1款的3个条件,并且指出书面描述要求独立于其他:

专利申请必须描述、教示并且阐明实施发明的最佳实施例。这些后面的要求必须在专利授权前得到满足,因为授予排他性专利权以向公众公开发明为交换。专利申请所主张的内容必须与其在发明书中公开的内容一致;否则该申请就不能获得授权。如果不能满足第112条的其他条件,申请也不能获得授权。❶

作为联邦下级法院,联邦巡回上诉法院不可以太过轻易地摒弃那些权威的论断,而应该予以遵循。❷ 虽然Ariad公司借助其他案件中的论述支持其观点,❸ 但没有一个否认独立的书面描述要求的存在。

单独的书面描述要求也没有与权利要求的功能冲突。❹ 权利要求定义客体,该客体经审查后,被认定满足专利法定要求。因此,在In re Vamco Mach. & Tool, Inc. 案❺ 中,权利要求的基本功能,是提供排他权利边界的公告并且定义该边界;而不是描述发明,尽管之前的文字有助于描述并且是某些案件中的满足因素。权利要求定义和限定,书面描述公开和教示。

(3)除法定条款以及最高法院先例支持存在独立于可实施性的书面描述之外,遵循先例原则促使联邦巡回上诉法院现在支持该观点。Ariad公司承认这一原则作为法律已经超过40年,❻ 并且现在改变方向可能干扰发明团体稳定的预期,该预期是其撰写和运用专利,包括许可协议,以及提出有效性和侵权观点的依据。正如最高法院在训诫联邦巡回上诉法院时所表述的,联邦巡回上诉法院"必须谨慎采纳可能干扰发明团体固有预期的变化"。❼ 在Watson v. United States 案中(法院的不同意见不是让法律解释的大门向另一种尝试开放,而是坚持遵循先例具有立法权所蕴含的专门效力,并且国会仍然有权改变

---

❶ 535 U.S. at 736.
❷ Stone Container Corp. v. United States, 229 F.3d 1345, 1349—50(Fed. Cir. 2000).
❸ Appellee Br. 18—19.
❹ 35 U.S.C. § 112, 2.
❺ 752 F.2d 1564, 1577 n.5(Fed. Cir. 1985).
❻ Appellee Br. 24.
❼ Festo, 535 U.S. at 739;参见 Watson v. United States, 552 U.S. 74, 82(2007).

案例一 Ariad Pharmaceuticals Inc. 诉 Eli Lilly And Company 案

联邦巡回上诉法院所做的决定），如果书面描述的法律改变，与合理的政策以及法院的统一认定、发明和投资团体的固有预期、专利局实践相悖，该判决可能需要合理的理由并且可能交由国会决定。

（4） Ariad 公司的另一个观点不正确地解读了联邦巡回上诉法院前身——海关与专利上诉法院（CCPA）审理的 In re Ruschig 案❶，该法院创建了第一个独立于可实施性的书面描述要求的案例。然而，Ariad 公司在回应 Lilly 公司的观点时也声称，In re Moore、In re Sus、Jepson v. Coleman 案先于 Ruschig 案运用独立的书面描述要求，那些案件"仅仅评判说明书所阐明的发明与其后补充的或者修改的权利要求所限制的发明是同一发明，该权利要求是可实施性的一个方面，并且没有将第 112 条第 1 款解释为包含独立的描述掌握（possession）的要求"。❷ 因此，据 Ariad 公司看来，要求说明的书面描述但并非独立于可实施性，因为其确认发明必须是可实施的，并且 Ariad 公司认为，第一个描述发明的要求区别于独立的可实施要求。

联邦巡回上诉法院认为这个观点所声称的区别，在两种要求都要求说明书中发明的书面描述时没有实质不同。任何一个分析比较说明书中所公开的发明的权利要求的案件，如果所主张的发明没有体现在说明书中，Ariad 公司和 Lilly 公司都同意该权利要求——无论是 Schriber-Schroth 案 还是 Ruschig 案——不能不顾本领域技术人员是否可以制造或者使用所主张的发明。Ruschig 案涉及一项在审查中修改的权利要求，记载了一种特殊的化合物——氯磺丙脲。❸ 所提交说明书公开了包含大约"50 万可能的化合物"的属，但是没有专门公开氯磺丙脲。海关与专利上诉法院维持了专利局驳回该化合物权利要求的决定，因为说明书没有提供指导或者使氯磺丙脲区别于所有其他化合物的"明显标志"，因此不能支持后面补充的权利要求。法院也驳回了本领域技术人员可以被教示制造氯磺丙脲的观点，认为其"偏离了焦点，问题并非是否足够教示而是说明书是否明确公开该化合物，作为上诉人实际发明的内容"，法院认定其不成立。

Ariad 公司认为，法院基于可实施性驳回 Ruschig 的权利要求是适当的，因为说明书没有确定后面所主张的化合物，没有给予本领域技术人员如何从众多其他被广泛公开的化合物中选择化合物的指导。Lilly 公司认为，法院根据独立于可实施性的书面描述要求驳回权利要求是适当的，因为说明书没有向本

---

❶ 379 F. 2d 990(CCPA 1967).
❷ Appellee Br. 22—23.
❸ 379 F. 2d at 991.

美国专利诉讼要案解析

领域技术人员公开后面所主张的化合物,即在广泛公开的众多化合物之外发明人实际发明的内容。此外,该区别并未比其语义更具意义,双方当事人一致同意法院维持驳回决定的适当性,因为原有的申请没有公开具体的所主张的发明——氯磺丙脲,即使是本领域技术人员可以基于公开的相关化合物制造和使用。

Ariad 公司还认为,法院依据《美国专利法》第 132 条以禁止"新内容"为由驳回 Ruschig 的权利要求是适当的。但是第 132 条是对审查员的指令,并且,不同于《美国专利法》第 282 条,该条款将不符合第 112 条作为侵权抗辩,第 132 条未规定违背条款的法定处罚。明确的法定无效抗辩比审查员指令更具重要性,并且根据第 112 条第 1 款,禁止权利要求增加新内容具有强制性。❶ 无论如何,未能满足制定法的要求不止一种方式,禁止新内容未能打消对发明的书面描述的需求。

(5) 与修改后的权利要求相比,双方当事人就申请中原有权利要求的书面描述要求分歧更大。Ariad 公司认为在 Regents of the University of California v. Eli Lilly & Co.❷案中,扩展了该要求,超出了其作为可实施性的一部分管辖优先权的合理位置,并且转换为更高的以及不可预期的一般公开要求以代替可实施性。然而,Ariad 公司认为,描述发明未运用于原有权利要求的内容,是因为原有权利要求作为原有公开的一部分,构成其掌握的发明的书面描述。因此,根据 Ariad 公司,只要权利要求文字与所提交说明书体现逐字相符,申请就满足提供发明的书面描述的要求。

Lilly 公司认为书面描述要求运用于所有权利要求,并且要求说明书客观地阐明申请人实际发明的——掌握的——所主张的客体。Lilly 公司辩称,第 112 条没有包含在修改后和原有的权利要求间运用不同标准的依据,而是将单独的书面描述要求运用于原有权利要求以阻止发明人的主张超出其发明,因此通过给予真实发明以专利保护,鼓励新技术领域的创新。

联邦巡回上诉法院还是同意 Lilly 公司的观点,如果正确解读第 112 条第 1 款,就提供单独的书面描述发明的要求而言,正如联邦巡回上诉法院所认定的,Ariad 公司对于将该要求限定在规范优先权的范围没有理论依据。第 112 条的条文必然没有支持该限定;法律并未表述"说明书应该包括发明的书面描述以判断优先权"。并且,尽管该问题最初出现在涉及优先权的案件,国会并没有如此限定制定法,联邦巡回上诉法院也不会如此。

---

❶ In re Rasmussen, 650 F.2d 1212, 1214—15(CCPA 1981).
❷ 119 F.3d 1559(Fed.Cir.1997).

案例一　Ariad Pharmaceuticals Inc. 诉 Eli Lilly And Company 案

此外，原有权利要求确实是原有说明书的一部分，❶ 在 Gardner 案中，也确实没有阐明原有权利要求文字是否必须公开其所主张的客体。Ariad 公司确信，原有权利要求确定了他们所阐述的内容，如一种永动机，唯一的问题是申请人是否能够教示任何人都能够制造和使用该发明。❷ 联邦巡回上诉法院认为案件未必都是如此。尽管许多原有权利要求会满足书面描述要求，而某些权利要求可能不满足。如一项概括性权利要求可能定义大量的属类化合物的范围，然而问题始终停留在说明书是否包括原有的权利要求文字，阐明申请人已经发明的种类，该种类足以支持对属的主张。概括性权利要求的问题尤其尖锐，其使用功能型文字限定所主张的属的范围。在此类案件中，功能性权利要求可能仅仅主张所希望的结果，并且没有描述能够实现该结果的种类。但是说明书必须阐明申请人已经制造的属类发明，该发明能够实现所主张的结果并能够展示申请人已经发明的种类，且该种类足以支持该功能性限定的概括性权利要求。

有鉴于此，联邦巡回上诉法院在 Eli Lilly 公司案中认定对所主张属的书面描述充足性要求多于发明的属类陈述的范围。❸ Eli Lilly 公司案中所争议的专利主张广泛的 cDNAs 属，旨在编码许多不同的胰岛素分子，联邦巡回上诉法院认定其概括性权利要求文字"脊椎动物胰岛素 cDNA"或者"哺乳动物胰岛素 cDNA"未能描述所主张的属，因为除了功能以外，不能以任何功能外的方式区分属类与其他物质，即基因能做什么，以及因此仅提供"实用结果的限定而非如何实现该结果的限定"。

联邦巡回上诉法院认定对属的充分描述并非要求公开落入属范围内的具有代表性数量的种类或者属成员的共同结构性特征以便本领域技术人员能够"想象或者确认"属成员。联邦巡回上诉法院认为充分的书面描述要求精确定义，例如通过属于属的种类的结构、公式、化学名称、物理性质或者其他特性，足以区别属和其他物质。❹ 联邦巡回上诉法院还认定当该技术已经建立结构与功能间的相互联系时，功能性权利要求文字能够满足书面描述要求。❺ 但是仅仅在所声称的属的外部绘制一圈栅栏进行限制，并不足以代替对构成属的多种多样的物质的描述以及展示发明人已经发明的是属而不只是种类。

事实上，本案同样阐述了概括性权利要求的问题。本案权利要求记载的方法包含能够实现所称实用效果的物质的属，即削弱受外部影响后 NF-êB 与

---

❶ In re Gardner, 480 F. 2d 879, 879(CCPA 1973).
❷ Oral Argument（口头辩论）37：26—38：00.
❸ 119 F. 3d at 1568.
❹ Id. at 1568[Fiers v. Revel, 984 F. 2d 1164, 1171(Fed. Cir. 1993)].
❺ Enzo, 323 F. 3d at 964[66 Fed. Reg. 1099(Jan. 5, 2001)].

NF-êB 识别位点的结合。但是说明书没有公开实现该效果的不同种类。❶（专利制定法的描述要求是对发明的描述，而不是对如果某人制造该发明可能产生的效果的指示）因此，正如以下所述，如果仅仅描述所声称主张的属的发明，则说明书没有满足书面描述要求。

联邦巡回上诉法院也明确指出并且驳回 Ariad 公司关于 Fiers 案❷以及 Enzo 案❸中原有权利要求的观点。在 Fiers 案中，联邦巡回上诉法院驳回"仅有说明书中的相似文字或者原有权利要求必须满足书面描述要求"之观点。❹此外，联邦巡回上诉法院认定有关"DNA 编码干扰素活性"的原有权利要求文字没有提供充分的书面描述，因为其仅仅是对获得所主张 DNA 的"希望"或"计划"而不是描述 DNA 本身。Fiers 案在抵触程序中运用第 112 条第 1 款，与联邦巡回上诉法院以上陈述无关，因为制定法未规定忽略这一范围外的描述要求的依据。Enzo 案中联邦巡回上诉法院再次认定概括性权利要求文字在原有说明书中体现逐字相符，如果不能支持所主张的属的范围，则并不满足书面描述要求。❺联邦巡回上诉法院得出结论，"权利要求不会因其重复程度或者长期性变得更具有描述性"。

Ariad 公司认为 Eli Lilly 公司案产生了法律变化，对生物技术发明强加了新要求。联邦巡回上诉法院表示反对。在联邦巡回上诉法院 1997 年 Eli Lilly 公司案的判决中，在优先权范围之外运用书面描述要求，仅仅是忠实地运用制定法，由最高法院先例以及联邦巡回上诉法院的案例法构成，至少可以回溯至联邦巡回上诉法院的前身法院对 Ruschig 案的判决。制定法和法律先例都没有将书面描述要求限定于优先权案件或者区分原有的和修改后的权利要求的案件。对于申请的原有文字的书面描述要求在 Fiers、Eli Lilly 公司以及 Enzo 案都有提及，双方当事人在本案再次提起。联邦巡回上诉法院再次驳回 Ariad 公司的观点，并且认定申请中的属类文字自其提交时并不自动符合书面描述要求。

（6）从一开始，联邦巡回上诉法院一直认定第 112 条第 1 款包含独立于可实施性的书面描述要求，并且法院已经阐明"十分统一的标准"，联邦巡回上诉法院现在予以维持。特别是在 Vas-Cath Inc. v. Mahurkar 案❻中，阐明描述

---

❶ Eli Lilly, 119 F. 3d at 1568.
❷ 984 F. 2d at 1170.
❸ 323 F. 3d at 968.
❹ 984 F. 2d at 1170.
❺ 323 F. 3d at 968.
❻ 935 F. 2d 1555, 1562—63 (Fed. Cir. 1991).

案例一 Ariad Pharmaceuticals Inc. 诉 Eli Lilly And Company 案

必须"清楚地让本领域技术人员能够确认［发明人］所主张的发明"。❶ 换言之，对于申请公开充分的判断标准依赖于是否合理地向本领域技术人员传达，从申请日起发明人实际掌握的所主张客体。❷

但是，术语"掌握"不能太具有启发性。这意味着只要发明人出示记录文件证明书面描述了所主张的发明，发明人就能表明掌握。但是书面描述的特点是公开。因此，"在公开中表明掌握"是更完整的明确表达。然而，无论多么具体的阐明，判断标准要求从本领域普通技术人员的视角，客观地从说明书的4个角度展开考察。基于该调查，说明书必须描述发明对于熟练的技术人员是能够理解的并且表明发明人实际发明了所主张的发明。

该调查，正如联邦巡回上诉法院一直申明的，是事实问题。❸ 因此，联邦巡回上诉法院承认判断专利是否符合书面描述要求将必然根据实际情况变化。❹ 特别是，满足书面描述要求所需的详细程度，依据权利要求的实质和范围以及相关技术的复杂性和可预见性而有所不同。对于概括性权利要求，联邦巡回上诉法院提出了一些衡量公开充分性的要素，包括"特定领域的现有知识，现有技术的程度和内容，科学或技术的成熟度，以及问题的可预见性"。

在发明进入专利审查程序时，必须将该原则运用于所有发明，每个可专利的进步应相对于其出现时的技术水平具有新颖性。因此，联邦巡回上诉法院在此没有尝试去预测或者调整所有的适用书面描述要求的场景，也没有设置任何明显的主导规则。例如，对概括性权利要求的描述必须公开其所包含种类的数量，因为这一数量必然随发明的不同而变化，或者根据该领域的发展而变化。比较 Eli Lilly 公司案❺与 In re Wallach 案，❻前者认定氨基酸序列没有描述编码它的 DNA 序列，而后者讨论将氨基酸序列转换为所有编码它的 DNA 序列现在为何成为"常规问题"。因此，无论有关申请的法律中可能在某种程度上存在哪种不一致性，那些不一致性并不取决于法律标准而是不同的事实以及法庭上的辩论。

但是，少数宽泛的原则是各案例均予以肯定。联邦巡回上诉法院阐明书面描述要求不是需要示例或者事实上付诸实践；以明确的方式确定所主张的发明

---

❶ Id. at 1563[In re Gosteli, 872 F.2d 1008, 1012(Fed. Cir. 1989)].
❷ Id. (Ralston Purina Co. v. Far-Mar-Co Inc., 772 F.2d 1570, 1575(Fed. Cir. 1985)); In re Kaslow, 707 F.2d 1366, 1375(Fed. Cir. 1983).
❸ Ralston Purina, 772 F.2d at 1575.
❹ 418 F.3d 1349, 1357—58(Fed. Cir. 2005).
❺ 119 F.3d at 1567.
❻ 378 F.3d 1330, 1334(Fed. Cir. 2004).

可视为付诸实践,能够满足书面描述要求。❶ 相反,联邦巡回上诉法院反复表示,脱离说明书的实际"掌握"或者付诸实践是不够的。更确切而言,如上所述,说明书本质就是必须证明掌握。当描述要求不需要任何特定形式的公开,❷ 或者说明书逐字逐句地记载了所主张的发明,描述仅仅使发明显而易见而非满足描述要求。❸

联邦巡回上诉法院也驳回了 Ariad 公司所列举的特征,即法院的书面描述原则作为化学和生物技术发明的"非常可实施"标准。该原则不可能提出强化要求,如提供所主张属类物质的整个属的核苷酸依次记录;总是明确允许公开属成员共同的结构特征❹(认定通过代表性数量的所主张酶属的序列,书面描述要求得到满足),并不仅仅运用于化学和生物发明。❺

也许在某些领域描述发明与教示某人能够制造和使用发明区别不大,但是某些发明并不总是这样,这些发明包括化学和类似化学的发明。因此,尽管书面描述和可实施性经常同时出现,对发明的书面描述要求在删减权利要求方面发挥着关键作用,但并不要求过度实验去制造和使用,虽然满足可实施性,却并未被发明出来,因此没有被描述。例如,丙基或者丁基化合物可能通过与已公开的甲基化合物类似的方法制造,但是,缺乏发明人发明丙基和丁基化合物的陈述,该化合物未被描述,不能被授予专利。❻(考虑此类案件,说明书只讨论化合物 A 并且不包含任何扩展的文字。这可能很好地教示本领域技术人员能够制造和使用化合物 B 和 C;然而由 A、B 和 C 组成的种类却未被描述)

书面描述要求还确保,当专利通过功能或效果主张属类时,说明书记载了实现该功能的充分材料——生物技术领域的问题十分尖锐。❼[注5] 这种情况并不仅仅出现在 Eli Lilly 公司案中,在 University of Rochester v. G. D. Searle & Co. , Inc.案❽中也是如此。在 Rochester 案中,联邦巡回上诉法院认定权利要求无效,该权利要求涉及一种有选择地抑制 COX-2 酶的方法,通过配给非甾体类化合物有选择地抑制 COX-2 酶。联邦巡回上诉法院的理由在于说明书没有描述任何具体的能够执行所主张方法的化合物,并且熟练的技术人员不能基于说明书的功能描述确定任何该化合物,所以说明书没有提供所主张发明的充

---

❶ Falko-Gunter Falkner v. Inglis, 448 F. 3d 1357, 1366—67(Fed. Cir. 2006).
❷ Carnegie Mellon Univ. v. Hoffmann-La Roche Inc. , 541 F. 3d 1115, 1122(Fed. Cir. 2008).
❸ Lockwood v. Am. Airlines, 107 F. 3d 1565, 1571—72(Fed. Cir. 1997).
❹ Eli Lilly, 119 F. 3d at 1569; Invitrogen Corp. v. Clontech Labs. , Inc. , 429 F. 3d 1052, 1073(Fed. Cir. 2005).
❺ LizardTech, Inc. v. Earth Res. Mapping, Inc. , 424 F. 3d 1336, 1343—47(Fed. Cir. 2005).
❻ In re DiLeone, 436 F. 2d 1404, 1405 n. 1(CCPA 1971).
❼ 《美国专利法》第 112 条第 1 款; 66 Fed. Reg. 1099, 1105—1106(Jan. 5, 2001).
❽ 358 F. 3d 916(Fed. Cir. 2004).

案例一 Ariad Pharmaceuticals Inc. 诉 Eli Lilly And Company 案

分的书面描述。该权利要求仅仅记载了对要解决问题的描述，主张所有的解决方案，正如 Lilly 公司和 Ariad 公司的权利要求，覆盖其后实际发明的所有化合物并且确定落入权利要求的功能范围——制药行业将为一个未完成的发明而竞争。

> [注5] 该记录并未反映专利局以可实施但未描述为由驳回权利要求多么频繁，但是政府确信该数字必然很高。至少近年来联邦巡回上诉法院的一个案例可以佐证，在 In re Alonso 案中，专利局认定一种通过配给有效量的抗体确定并治疗肿瘤的方法，具有可实施性，但正如联邦巡回上诉法院予以维持的，没有被充分描述。❶

　　Ariad 公司指责该原则在某种程度上不利于大学，基础性研究可能无法获得专利。但是专利法始终针对"实用技术"，❷ 即实际运用的发明❸。许多大学研究涉及基础研究，包括研究科学原理以及行为机制，❹ 大学可能没有资源或者意图去验证所有此类研究的实际效果，即发现并确认化合物对所发现机制的实际影响。这并未违反对法律的解释，而是违背法律目的。学术理论不授予专利权，不论对其后的其他可专利发明是多么具有突破性或者必要性。"专利不是狩猎许可，不因研究而给予奖赏，只是对成功的结果的补偿。"❺ 要求发明的书面描述将专利保护范围限制在实际完成的"发明"的困难工作——以其主张的所有限制构思完整的以及最终的发明——向公众公开努力的成果。

　　如果该种研究不符合专利保护要求，可能导致减少部分创新动力，尽管 Ariad 公司没有提供任何对于创新步伐或者大学获取专利数量产生确定影响的证据。但涉及研究计划的权利要求也将成本转嫁于下游研究，打击其后的发明。书面描述要求的目的是取得适当的平衡，并且书面描述原则是通过给予实际发明以激励且并不"试图占先其尚未实现的未来"。❻ 正如联邦巡回上诉法院反复强调，书面描述要求的目的是"确保排他性权利的范围，正如权利要求所阐明的，不超出专利说明书所描述的发明人对该技术领域贡献范围"。❼ 其作为专利授权的交换并且确保公众获取有意义的公开，在一定期限内排除对该发明的使用。❽

---

❶ 545 F. 3d 1015, 1021—22, 1022 n.6. (Fed. Cir. 2008).
❷ U. S. Const. art. I, § 8, cl. 8.
❸ Brenner v. Manson, 383 U. S. 519, 532—36(1966).
❹ Rochester, 358 F. 3d 916.
❺ Id. at 930 n.10(quoting Brenner, 383 U. S. at 536).
❻ Fiers, 984 F. 2d at 1171.
❼ Rochester, 358 F. 3d at 920 [quoting Reiffin v. Microsoft Corp., 214 F. 3d 1342, 1345(Fed. Cir. 2000)].
❽ Enzo, 323 F. 3d at 970.

2. 因为联邦巡回上诉法院再次维持原有的书面描述原则,且认为没有理由背离陪审团有关该要求属于本案事实的应用,因此,联邦巡回上诉法院经过全院庭审,采纳如下分析。

(1) 联邦巡回上诉法院再审了对 Lilly 公司要求依法律判决动议的驳回决定。❶ 在 CytoLogix Corp. v. Ventana Med. Sys., Inc. 案中,根据联邦第一巡回法院判决和《联邦民事诉讼规则》第 50 条(a)款第(1)项,授予依法律判决,"没有充分的法律证据基础供陪审团合理认定"非动议方。❷ "专利被假定为有效,并且该假定只能被清楚的、令人信服的反面证据推翻。"❸

Ariad 公司解释所研发的'516 号专利客体"耗费数年努力的工作、极高的技巧以及非凡的创造力——以至于发明人的第一要务是发现、命名并且描述以前未知的细胞成分对于该发明是必要的属性"。Lilly 公司提供了来自 David Latchman 没有争议的专家证词,认为发明领域十分不可预测。因此,该发明属于新的、不可预测的领域,该领域的已有知识和现有技术不足。❹

(2) Ariad 公司主张的方法包括减少 NF-êB 活性的单一步骤。Lilly 公司认为所主张的权利要求未获得书面描述支持,因为'516 号专利的说明书没有充分公开其主张的减少 NF-êB 活性是如何实现的。双方当事人一致同意'516 号专利的说明书假定三类分子,特异性抑制剂、显性的干扰分子,以及诱导分子,可以减少 NF-êB 活性。Lilly 公司认为该公开并未比研究计划更具有价值,并且专利权人没有如 Rochester 案中所描述的满足交换条件。Ariad 公司则认为 Lilly 公司的观点不符合依法律判决的要求,因为 Ariad 公司并未实际主张该分子。据 Ariad 公司称,因为所主张的权利要求中没有与该分子相应的术语,其有权主张没有描述该分子的方法。但是,Ariad 公司的法律观点是有缺陷的。

在 Rochester 案中,正如上面所讨论的,联邦巡回上诉法院认定极为相似的方法权利要求因缺乏书面描述无效。❺ (认定专利无效。因为"Rochester 没有提交任何普通熟练技术人员能够基于说明书的含糊的功能描述确定任何化合物的证据";❻ 认定涉及 DNA 分子概括性权利要求未得到获取分子方法的书面

---

❶ CytoLogix Corp. v. Ventana Med. Sys., Inc., 424 F. 3d 1168, 1172(Fed. Cir. 2005)(applying First Circuit law).

❷ Guilloty Perez v. Pierluisi, 339 F. 3d 43, 50(1st Cir. 2003).

❸ Enzo, 424 F. 3d at 1281[citing WMS Gaming Inc. v. Int'l Game Tech., 184 F. 3d 1339, 1355(Fed. Cir. 1999)]; 35 U.S.C. § 282.

❹ Capon, 418 F. 3d at 1359.

❺ 358 F. 3d at 918—19.

❻ Fiers, 984 F. 2d at 1170—71.

案例一 Ariad Pharmaceuticals Inc. 诉 Eli Lilly And Company 案

描述支持；❶ 认定涉及遗传物质的宽泛的属的权利要求无效，因为说明书只公开了特定的种类）Ariad 公司试图从种类上区分 Rochester、Fiers 和 Eli Lilly 公司案，因为这些案件的权利要求明确包含未描述的合成物。例如，在 Rochester 案中，方法权利要求记载了宽泛的化合物种类，联邦巡回上诉法院认定专利说明书描述不充分：

> 一种在人体内有选择地抑制 PGHS-2 活性的方法，包括向需要该种治疗的人体施加一种有选择地抑制 PGHS-2 基因产物的非甾体类化合物。

Ariad 公司试图将这些案例划归为无效。无论所主张权利要求是否记载化合物，Ariad 公司仍然必须描述实施所主张方法的某种方式，Ariad 公司承认说明书只是建议使用三类分子以实现削弱 NF-êB 的功能。因此，要满足对所主张权利要求的书面描述要求，说明书必须通过充分公开能够削弱 NF-êB 活性的分子，证明 Ariad 公司掌握所主张的方法，以致"满足发明人公开专利所基于的技术知识以及证明专利权人掌握其所主张发明的责任"。❷

（3）另外，Ariad 公司认为'516 号专利的说明书以及 Tom Kadesch 的专家证词向陪审团提供所主张方法书面描述充分的实质证据。"判断专利因不符合《美国专利法》第 112 条第 1 款而无效是事实问题，且联邦巡回上诉法院再次审查陪审团有关符合书面描述要求实质证据的事实认定。"❸

但是，Ariad 公司的许多书面描述证据，在法律上与'516 号专利的公开内容是否向本领域技术人员表明发明人自 1989 年 4 月 21 日起——'516 号专利的有效申请日，掌握所主张的属类发明无关。双方当事人争议'516 号专利的有效申请日，以及详细的、精心设计的特别裁决模式，陪审团被要求在两个可能日期间进行选择：1989 年 4 月 21 日以及 1991 年 11 月 13 日。陪审团选择 1989 年并且双方当事人对此认定均未上诉。可能是由于先有权日期的不确定，Ariad 公司的许多证据实际上指向后面的日期。因为书面描述是根据申请日——1989 年 4 月 21 日判断，在本案中——普通本领域技术人员在 1990 年或者 1991 年所知内容不能作为实质证据向陪审团提供，证明所主张权利要求得到书面描述充分支持❹（认定书面描述分析自"申请日"开始）。

根据 Rochester 案，'516 号专利必须充分描述所主张的减少 NF-êB 活性的方法，包括充分描述 Ariad 公司认可对于实施该方法必要的分子。'516 号专利说明书假定了三类可以减少 NF-êB 活性的分子：特异性抑制剂、强力干扰分

---

❶ cf. Eli Lilly, 119 F. 3d at 1567—68.
❷ Capon, 418 F. 3d at 1357.
❸ PIN/NIP, Inc. v. Platte Chem. Co., 304 F. 3d, 1235, 1243 (Fed. Cir. 2002) (citing Vas-Cath, 935 F. 2d at 1563).
❹ Vas-Cath, 935 F. 2d at 1563—64.

美国专利诉讼要案解析

子以及诱导分子。联邦巡回上诉法院再次审查说明书的公开内容，判断是否存在支持陪审团裁定的实质证据，陪审团裁定书面描述证明说明人掌握所主张的发明。

特异性抑制剂是"能够阻止（削弱或消除）NF-êB"在细胞核与DNA结合的分子。❶ 在说明书中唯一的特异性抑制剂示例是I-êB，一种自然产生的分子，其功能是使NF-êB处于不活跃状态，直到细胞受到某种外部影响。❷ Ariad公司几乎所有的有关I-êB公开的证据都依靠图43。Ariad公司的专家Kadesch博士证实图43公开了编码I-êB的DNA序列，并且根据此公开，他认为书面描述要求通过公开特异性抑制剂得到满足。❸ 但是，正如Ariad公司所承认的，图43直到1991年才公开。因为图43并不存在于1989年申请中，Kadesch有关其能够作为供陪审团判断的实质证据的证词也不成立。❹ Kadesch博士有关I-êB的另一证词是其存在于1989年并且普通技术人员可以通过实验分离自然的I-êB。❺ 在该发明的文本中，含糊的功能性描述且有待进一步研究都未构成特异性抑制剂的书面公开。[注6] 在Eli Lilly公司案❻中（认定书面描述要求不仅仅是"希望或计划获得所主张化学发明"；"描述使所主张发明显而易见，该描述未能充分满足对发明的书面描述要求"），为降低NF-êB活性而使用I-êB的方法被认为没有构成书面公开。

> [注6] 此外，地区法院认定，在不公平行为规则背景下，图43是不恰当的和不完整的❼。'516号专利发明人，作为彼时世界上本领域的大多数熟练技术人员之一，直到该申请提交2年后，才公开I-êB的结构，说明在1989年本领域技术人员不可能提供该知识。

强力干扰分子是"NF-êB分子的截短形式"。❽ 该截短可能"保留DNA的结合部位，但是缺少RNA聚合酶活化部位"。同样地，强力干扰分子"可以确认并且结合NF-KB与核DNA的结合部位，但是，该结合可能是没有效果的"。换言之，强力干扰分子可以阻止自然NF-êB诱发其目标基因的表达。说明书没有提供这种分子的示例。此外，说明书证实强力干扰分子只能在

---

❶ '516 patent col. 37 ll. 44—45.
❷ Id. at col. 37 ll. 48—49.
❸ Trial Tr. 53；57—58；60；78—85, Apr. 27, 2006.
❹ Vas-Cath, 935 F. 2d at 1563—64.
❺ Trial Tr. at 62—85.
❻ Eli Lilly, 119 F. 3d at 1566.
❼ Ariad Pharms., 529 F. Supp. 2d at 123—25 （认定错误材料）.
❽ '516 patent col. 38 l. 11.

案例一　Ariad Pharmaceuticals Inc. 诉 Eli Lilly And Company 案

"DNA结合部位和NF-êB的DNA聚合酶部位处于分子的不同位置"时发挥作用。陪审团也听取了Kadesch博士的证词，"'516号专利本身没有在其文本公开DNA结合部位和NF-êB的RNA的初步活化部位，事实上，是可分离的或者处于不同位置的"，"这是公正的表述"。考虑'516号专利发现NF-êB，如果他们不知道两个部位是相互区别的，本领域普通技术人员同样也不知情。假使普通技术人员可以发现这一信息，也不会改变联邦巡回上诉法院的结论，即对强力干扰分子的描述"只是代表了对未来研究的希望或者可论证的计划"。❶如Ariad公司所主张的，熟练的技术人员在1989年申请提交后立即实际执行这一教示，也是不充分的。❷

诱导分子"用于模仿基因表达通常会被NF-êB诱导的某区域。在本案中，NF-êB可能结合该诱导分子，因此，无法结合其自然目标❸"。与前述两种分子类似，诱导分子是假设提出，但不同于该两种分子的是，说明书提出诱导分子的样本结构。正如Kadesch所解释的，诱导分子是DNA低核苷酸，且因为说明书公开具体的样本序列，说明书无疑向本领域普通技术人员充分描述了实际分子。然而，这并未回答说明书是否充分描述使用那些分子降低NF-êB活性的问题。说明书全文公开了一种使用诱导分子降低NF-êB活性的方法，NF-êB"可以结合该诱导分子"，因此"能够产生负性调控"。预言性的样本通常用于化学技术领域，他们的确充分满足书面描述要求。但是这一公开与其说是"样本"，不如说仅仅涉及所期望的结果。正如Latchman博士指出，在诱导分子表和降低NF－KB活性之间没有描述其联系。

Ariad公司证据中还依据1990年出版物，该证据报道了Kadesch博士所讨论的使用诱导分子降低NF-êB活性。此外，作为法律问题，因为优先权日期确定为1989年，其后公开的出版物不能证明本案发明人在1989年申请提交时能够使用诱导分子降低NF-êB活性。Kadesch所用于支持其观点的论据同样是错误的。[注7]

> [注7] Kadesch博士证明从事诱导分子研究的科学家在1990年11月发表其研究成果，可能先于1989年提交申请的'516号专利掌握该技术。即使如此，这一事实也并非证据，即便是真的，在没有进一步证据支持该论点时，一个研究团队并不能必然代表本领域普通技术人员的知识。

联邦巡回上诉法院再次审查了Kadesch博士证词的所有其他部分，Ariad

---

❶ Fiers, 984 F. 2d at 1171；参见 Eli Lilly, 119 F. 3d at 1567(书面描述明显不充分)。
❷ Vas-Cath, 935 F. 2d at 1563—64(认定书面描述分析自申请日起产生)。
❸ '516 patent col. 37 ll. 51—54.

23

公司声称向陪审团了提供有关三种分子的实质证据，并且联邦巡回上诉法院相信其不足以作为法律问题。[注8] 实际上，Ariad 公司所列举的大多数证词多与发明人是否自 1989 年优先权日起掌握所主张发明无关。'516 号专利没有公开工序，甚至预期性地降低 NF-êB 活性的方法示例，以及没有完全的合成任何预期能够降低 NF-êB 活性的分子。申请时的技术状态历时久远且并不确定，Ariad 公司只有不充分的现有技术知识以填补其公开中的漏洞。❶

> [注8] Kadesch 博士确实给出了概括性结论，他认为发明人在 1989 年掌握所主张的发明。这一结论性证词，正如下文所示，缺少陪审团在考虑'516 号专利的说明书时可以依据的任何有实际根据的内容，不能构成实质证据。此外，掌握发明必须通过专利申请的书面描述表明，但此处没有表明。❷

无论陪审团采用哪种线索认定假设的诱导分子，都不能承载这些概括性权利要求的广阔范围。❸ 此处，说明书不过描述了诱导分子结构以及没有补充描述的假设，他们可能被用于降低 NF-êB 活性。然而，所主张权利要求太过宽泛。联邦巡回上诉法院因此得出结论，陪审团有关所主张权利要求得到充分书面描述的裁决缺乏实质证据，因此所主张权利要求无效。

（三）结论

基于前述原因，联邦巡回上诉法院认定'516 号专利所主张的权利要求因缺乏书面描述而无效，法院没有阐明其他的有效性问题，这些问题之前的审判庭已阐明。法院保留原审判庭判决的第二部分❹，维持地区法院对没有不公平行为的认定。兹判决如下：

部分撤销，部分维持。

三、案件解析

现行《美国专利法》第 112 条第 1 款明确规定："说明书应该包括发明的，

---

❶ Capon, 418 F. 3d at 1358（在不可预测的科学领域所公认的，判断发明人被授权的有效范围，承认科学的可变性是适当的）。

❷ Rochester, 358 F. 3d at 926（归根结底，专利说明书必须满足书面描述要求）。

❸ LizardTech, 424 F. 3d at 1345（认定"阅读专利后，本领域技术人员不能理解"专利权人已经发明的属类方法，专利只公开了一个实施例）；Reiffin, 214 F. 3d at 1345—46（指出"排他权利的范围"禁止"超出发明人对专利说明书所表述技术领域贡献的范围"）；Fiers, 984 F. 2d at 1171（主张所有的实现效果的 DNA，没有限定实施方法，不符合描述要求，试图占先其尚未实现的成果）；cf. Carnegie Mellon, 541 F. 3d at 1126（认定 E. coli ploA 基因的狭隘描述没有充分支持来自于细菌源的基因的广泛全力要求）。

❹ 560 F. 3d 1366 (Fed. Cir. 2009).

案例一 Ariad Pharmaceuticals Inc. 诉 Eli Lilly And Company 案

以及制造和使用该发明的方式和方法的书面描述,以完整、清楚、简洁和确切的术语教示本领域技术人员,或者最密切相关人员,能够制造和使用该发明,并且应该阐明发明人所预期的实施其发明的最佳实施例。"就制定法对书面描述要求的规定,存在多种不同的解读。有人认为存在单独的书面描述要求;有人认为不存在单独的书面描述,书面描述要求就是对可实施性的描述要求;而由于在司法实践中书面描述要求多用于涉及优先权的案例,亦有人认为书面描述要求存在,但仅适用于修改后的权利要求。鉴于对书面描述要求理解的巨大分歧,以及该问题日益增加的关注度,联邦巡回上诉法院在本案中对该问题进行了明确阐述。

(一)单独的书面描述要求是专利法的基本规则

1793 年《美国专利法》已经明确规定,申请人必须提供发明的书面描述,1836 年《美国专利法》增加了权利要求条件以后,最高法院开始运用独立于可实施性的描述要求。例如,在 Schriber-Schroth 案中,根据当时有效的第 112 条第 1 款版本,法院认定涉及带有"极度刚性网"的内燃机活塞的专利并未充分描述修改后的权利要求,该权利要求记载了弹性网。虽然原有的说明书教示了弹性网的使用,但仅描述了涉及极度刚性网的发明,并未描述修改后权利要求所主张的弹性网。权利要求不能由此获得支持。尽管法院没有清楚表明发明的描述要求独立于可实施性,但法院实践完全体现了这一原则。国会将该条文重新编撰入 1952 年《美国专利法》,并且没有立法历史表明国会试图删除《美国专利法》中的这一要求。联邦巡回上诉法院认为:"国会再次颁布制定法时并没有改变该条款,可假定国会意识到了对该条款的司法解释并且采纳了该解释。"联邦巡回上诉法院进一步指出,根据制定法的构词规则,法律不能使用非必要词。如果国会曾经有意图将可实施性作为第 112 条第 1 款的唯一描述要求,制定法就会采取不同方式撰写。国会可以将制定法撰写为"说明书应该包括发明的书面描述,以完整、清楚、简洁和确切的术语教示本领域技术人员能够制造和使用该发明",或者"说明书应该包括制造和使用发明的方式和方法的书面描述,以完整、清楚、简洁和确切的术语教示本领域技术人员能够制造和使用该发明",而不是现行《美国专利法》所规定的"说明书应该包括书面描述发明,以及制造和使用该发明的方式和方法,以完整、清楚、简洁和确切的术语教示本领域技术人员"。

由此,联邦巡回上诉法院认为不论是制定法还是司法先例,甚至国会的立法意图,都可推定为存在单独的书面描述要求。联邦巡回上诉法院明确指出,对描述发明的单独要求是《美国专利法》的基本规则。

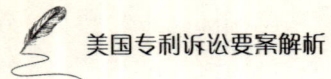

（二）书面描述要求的范围

在以往的司法实践中，一般将说明书中的书面描述作为申请人修改权利要求的依据。书面描述的主要功能在于确保权利要求的修改不超出原有说明书的公开范围。而本案则针对未经修改的权利要求是否也存在单独的书面描述要求展开激烈争论。虽然第112条第1款对书面描述的要求多用于涉及优先权的案例，但法律并未表述"说明书应该包括发明的书面描述以判断优先权"。因此，联邦巡回上诉法院在本案判决中明确表示，制定法和法律先例都没有将书面描述要求限定于优先权案件或者区分原有的和修改后的权利要求，独立的书面描述存在且适用于所有权利要求。联邦巡回上诉法院指出，满足书面说明要求不仅仅是重复专利说明书中的权利要求文字——以原专利说明书相同用语出现的一般权利要求文字，如果未能支持所主张的专利保护的范围，则并不能满足书面描述要求。书面描述要求并非服务于可实施性，而是两个要求都共同服务于确定专利排他权范围不超出发明人对专利申请所涉技术领域贡献这一目标。虽然大多数时候书面描述要求和可实施性要求都相辅相成，但在某些案例中，满足可实施性要求的发明并不一定满足书面描述要求，反之亦然。这一特征在化学和生物领域尤其明显，但并不限于这两个领域。

（三）书面描述要求的衡量标准

联邦巡回上诉法院在本案中明确提出对书面描述要求的衡量标准，即发明人自申请日起掌握其所主张的发明。该掌握通过描述发明来表明，该描述包括所有其主张的限制。即使申请人并非必须精确描述所主张的客体，该描述亦必须清楚地使本领域技术人员确定申请人所主张专利的发明。描述发明的功能，而没有描述发明是什么，该描述是不充分的。联邦巡回上诉法院还进一步列举了功能性权利要求，尤其是概括性权利要求，对于概括性权利要求书面描述是否充分，可以考虑是否公开具有代表性数量的种类、是否充分公开结构特征以及结构与功能间的相互联系。

（四）单独的书面描述要求在本案的实际运用

本案所涉'516号专利，主张一种通过降低细胞中NF-êB活性来调控细胞对外部刺激反应从而治疗疾病的方法。根据前述原理，联邦巡回上诉法院认定，'516号专利必须充分描述该方法，包括充分表述必要的实施该方法的分子。'516号专利假定了三类减少NF-êB活性的分子：特异性抑制剂、强力干扰分子以及诱导分子。上诉法院分别批驳了这三种分子符合充分描述要求的观

案例一　Ariad Pharmaceuticals Inc. 诉 Eli Lilly And Company 案

点。首先，Ariad 公司通过图 43 公开了特异性抑制剂的示例 I-êB，但该图的公开时间在专利申请日之后，且含糊的功能性描述以及尚待进一步研究，不能构成特异性抑制剂的书面公开；其次，说明书并未提供强力干扰分子的示例；再次，说明书虽然公开诱导分子的示例结构以及使用诱导分子降低 NF-êB 活性的方法，但并未描述诱导分子与降低 NF-êB 活性之间的联系，这种预言性的示例只是期望的结果，而非真实掌握的发明。联邦巡回上诉法院最终得出结论，'516 号专利所主张的权利要求因缺乏书面描述而无效。

（五）本案影响

联邦巡回上诉法院在本案中明确提出了单独的书面描述要求，统一了对《美国专利法》第 112 条第 1 款有关书面描述要求理解的诸多分歧，体现了其对于明确专利审查标准、提升专利质量的一贯态度。而纵观欧洲与日本，并未明确规定单独的书面描述，美国作为知识产权强国，开此先例，其影响必然深远。

1. 被告 Lilly 公司公司是 1876 年成立的知名制药公司，目前是全球十大药厂之一，季度利润超过 10 亿美元。本案被诉两项产品中 Evista 作为其拳头产品，占 Lilly 公司公司利润的 20% 以上，Xigris 也以其高昂的售价闻名。Ariad 公司是一家生物技术制药公司，作为'516 号专利的专属被授权人，在专利授权当天即提起诉讼，其并非专利实施主体。一审判决 Lilly 公司公司败诉，赔偿金额高达 6500 万美元。如果 Ariad 最终胜诉，本案无疑是非专利实施主体的巨大胜利，也是对专利实施主体的巨大打击。本案名为专利侵权纠纷，实为经济利益的较量。Ariad 的专利最终被判定无效，联邦巡回上诉法院在本案中提出，书面描述的客体也就是专利保护的对象应是发明人已掌握的结果，而不是对该结果的希望或计划，是付诸实施或视为付诸实施，是对发明成果的补偿而不是对研究的奖励。这一判决在某种程度是对专利实施主体的一种保护，有利于稳定健康的知识产权经济环境。

2. Ariad 诉 Lilly 公司案判决后，美国专利商标局局长大卫·卡波斯发表文章对该案判决结果表示欢迎。卡波斯称，联邦巡回上诉法院在该案中阐述的原理已经运用于美国专利商标局 2001 书面描述指南以及 2008 年修订版书面描述培训材料。2005～2010 年，865 件最终驳回申请的驳回决定时间超出 4.5 年。以书面描述为由的驳回约占驳回申请总量的 9.7%。书面描述要求是审查功能性权利要求或者结果导向性权利要求的有力工具。书面描述要求是维护美国专利制度统一性并且阻止保护范围过度宽泛专利的重要手段。本案之后，依据书面描述要求驳回的比率无疑会攀升。

3. 对专利实施主体尤其是大型企业而言，往往期望以最小的公开获得最大的专利保护范围。联邦巡回上诉法院在本案中反复强调，书面描述要求的目的是确保排他性权利的范围正如权利要求所述，不超出专利说明书所描述的发明人对该技术领域贡献范围。单独的书面描述要求对申请人的公开内容提出了更明确和更细致的要求，企业为确保自身专利的有效性，必然需要调整其专利战略，平衡专利公开与技术秘密之间的关系。而对于大学、小企业和小发明家而言，由于缺乏实施专利的能力，也可能缺少资金进一步研究发明的潜在用途，基础性研究可能较难获得专利授权。

在撰写专利申请时，也应充分考虑书面描述要求，尤其是涉及概括性权利要求的化学和生物类发明，应重视对具体的具有代表性数量的种类的描述，重视对发明对象的结构及功能间联系的描述。

参考文献

[1] 吕炳斌. 专利说明书充分公开的判断标准之争 [J]. 中国发明与专利，2010，82 (10).

[2] 魏衍亮. 浅析美国专利制度中的书面描述要求 [J]. 安徽大学法律评论，2003，5 (2).

[3] 耿露，丁锦希，邵蓉. 美国生物药品专利书面说明要求的启示 [J]. 上海医药，2011，32（4）51—53.

[4] 大卫·卡波斯. 书面描述——确定权利要求范围的有用工具（Written Description-Little Used Perhaps, But Extremely Useful to Ensure Claims are Appropriately Scoped）[EB/OL]. [2010-05-05]. http://www.uspto.gov.

[5] 美国专利商标局. 书面描述培训材料（Written Description Training Materials）[EB/OL]. [2008-03-25]. http://www.uspto.gov.

Bernard L. Bilski 和 Rand A. Warsaw 诉 David J. KAPPOS 案

——可专利主题判断标准

◎李丽娜

> **摘要**：从方法一词出现在《美国专利法》中以来，美国各界已经为如何限定"方法"争论了几十年。Bilski 案所涉专利申请为一种通过对冲以降低商品贸易领域价格波动风险的方法，经由美国专利商标局专利审查、专利申诉与抵触委员会申诉、联邦巡回上诉法院审理到美国最高法院调卷审判，各方对于驳回涉案专利申请均无异议，但对于运用何种标准判断"方法"，尤其是商业方法各执一词。最终美国最高法院以抽象概念为由对本案做出判决。这是其自 1981 年以来首次对《美国专利法》所规定的专利主题种类予以规范。本文记载了美国最高法院对本案的判词全文，并对本案判决后对知识产权界各方的影响进行了分析。

一、案情回顾

专利申请人 Bernard L. Bilski 和 Rand A. Warsaw（统称为"申请人"）申请保护一种通过对冲以降低商品贸易领域价格波动风险的方法。美国专利商标局审查员认为该发明属于一种抽象概念并且解决的是纯粹的数学问题而不包括任何在技术领域中的实际应用，驳回了该申请。专利申诉与抵触委员会（简称"委员会"）同意审查员有关该申请仅涉及抽象概念的观点，认为发明并未产生"实用、具体和有形的结果"，维持了该驳回。申请人上诉至联邦巡回上诉法院，联邦巡回上诉法院依然维持委员会的驳回决定，并进一步将"机器或转换"标准确定为根据《美国专利法》第 101 条判断方法可专利性的唯一标准。申请人请求联邦最高法院再审本案，最高法院于 2009 年 6 月 1 日颁发调卷令并最终于 2010 年 6 月 28 日对该案做出判决。最高法院维持了联邦巡回上诉法院的判决结果,但驳斥其认定"机器或转换"标准作为可专利主题唯一判断标准的论断,最高法院明确表示,商业方法在一定条件下符合《美国专利法》第101条规定的可专利性要求。

二、法院判词

Kennedy 大法官撰写除 II-B-2 和 II-C-2 部分外的法庭意见。Roberts、Thomas 和 Alito 大法官附议法庭意见全文,Scalia 大法官附议除 II-B-2 和 II-C-2 之外的部分。Stevens 大法官提交协同意见,Ginsburg,Breyer 和 Sotomayor 大法官附议。Breyer 大法官提交协同意见,Scalia 大法官附议第 II 部分。

本案的问题集中于是否能够向用于商业领域的发明授予专利。专利申请主张一种指导买方和卖方如何避免离散经济中价格波动风险的方法。就所主张发明不属于专利法范围的问题有3种观点:(1) 没有与机器结合并且没有物质转换;(2) 涉及商业经营的方法;(3) 仅仅是抽象概念。上诉法院按照第一种观点进行判决,认为所谓的"机器或转换"标准是判断《美国专利法》第101条所规定"方法"可专利性的唯一标准。

(一)

上诉人申请就所主张的发明寻求专利保护,该发明阐述能源市场的买家和卖家如何避免、对冲价格变化的风险。独立权利要求是权利要求1和4。权利要求1描述一系列指导如何对冲风险的步骤。权利要求4将权利要求1中阐明的概念套入简单的数学公式。权利要求1包括以下步骤:

(1) 通过所述供货商以及所述商品消费者之间的一系列交易,所述消费者基于历史平均值以固定价格购买所述商品,所述固定价格与所述消费者的风险状态相对应。

(2) 确定所述商品的市场参与者,其与所述消费者具有相反的风险状态。

(3) 通过所述供货商与所述市场参与者之间以第二固定价格进行一系列交易,以所述一系列市场参与者交易来平衡所述一系列消费者交易的风险状态。

其余权利要求解释如何运用权利要求1和4来让能源供货商和消费者最小化市场能源需求波动导致的风险。例如,权利要求2主张"如权利要求1所述的方法,所述商品是能源并且所述市场参与者是运输经销商"。一些权利要求还提出运用常见的统计学方法以确定权利要求4中公式的输入值。例如,权利要求7提出使用公知的随机分析方法来确定卖方能够"从历史气候条件下的每项交易"中获利多少。

案例二　Bernard L. B lski 和 Rand A. Warsaw 诉 David J. KAPPOS 案

专利审查员驳回上诉人的申请，认为其并未以具体的设备实施并且仅仅使用抽象概念解决纯粹的数学问题，而不受任何实际应用的限制。因此，发明不属于技术领域。❶ 专利申诉与抵触委员会予以维持并得出结论，申请仅涉及思维步骤，而没有转换为物质，属于抽象概念。

联邦巡回上诉法院全院庭审本案并且予以维持。案件产生了5种不同的观点。专利法学生可以研究这些学术观点并从中获益。

首席法官 Michel 撰写法庭意见。法院驳回其之前判断所主张发明是否属于第 101 条规定的可专利"方法"的标准——是否产生"实用的、具体的和有形的结果"——正如 State Street Bank & Trust Co. v. Signature Financial Group, Inc. 案❷和 AT&T Corp. v. Excel Communications 案❸。在 Bilski 案中，法院认定所主张的方法符合第 101 条可专利要求的条件是：（1）与特定的机器或设备结合，或者（2）将特定的物转换为不同状态或物质。法院得出结论，"机器或转换标准"是"统领第 101 条分析的唯一标准"，因此"也是判断第 101 条方法可专利性的标准。"运用"机器或转换"标准，法院认定上诉人的申请不属于可专利主题。Dyk 法官撰写了单独的补充意见，为法院的审理方法提供了历史支持。

3位法官撰写了异议意见。Mayer 法官认为上诉人的申请"不符合专利保护要求，因为其属于商业经营的方法"。他建议就可专利性采纳技术标准。Rader 法官认定上诉人的权利要求是不可专利的抽象概念。只有 Newman 法官不同意有关上诉人的申请不属于第 101 条范围的结论。她并非认为申请应该获得授权，而只是认为该问题应该发回重审，以进一步判断该申请是否符合其他条款的可专利性要求。

本法院授予调卷令。❹

（二）

1. 第 101 条定义了根据《美国专利法》可授予专利的主题。

"凡发明或发现任何新颖而实用的方法、机器、产品、组合物，或其任何新颖而实用之改进者，可按本法所规定的条件和要求获得专利。"

因此，第 101 条确定了4种独立的可获得专利保护的发明或发现种类：方法、机器、产品和组合物。通过选择此类宽泛的术语，以全面的"任何"

---

❶ App. to Pet. For Cert. 148a.
❷ 149 F.3d 1368,1373(1998).
❸ 172 F.3d 1352,1357(1999). In re Bilski,545 F.3d 943,959—960,and n.19(C. A. Fed. 2008)(en banc).
❹ 556 U.S. 129 S.Ct. 2735,174 L. Ed. 2c 246(2009).

（any）修饰。国会明确预期专利法应该具有广泛的范围。❶ 国会对可专利主题采取这一宽容的方法是为了确保"创造力应该获得慷慨的激励"。❷

法院的判例就第 101 条宽泛的可专利原则提供了 3 种明确的例外："自然规律、物理现象和抽象概念。"❸ 虽然这些例外并非制定法所规定，但与可专利方法必须是"新的和实用的"这一理念保持一致。并且，无论如何，这些例外已经界定了制定法的范围，作为法律内容遵循先例可追溯至 150 年前。❹ 这些例外所包含的原理是，这些例外是"人类知识宝库中的一部分，所有人都可以自由获取，并且不得被任何人独占"。❺

第 101 条的可专利主题要求只是门槛性的标准。即使发明符合方法、机器、产品或组合物的要求，所主张发明要获得《美国专利法》保护也必须满足"该法的其他条件和要求"。那些要求包括该发明必须是新颖的（参见第 102 条），非显而易见的（参见 103 条），并且得到完整和清楚的描述（参见第 112 条）。

本案涉及发明的主张属于第 101 条所规定的"方法（process）"。第 100 条（b）款定义"方法"如下：

"方法、技术或者方式（method），包括对已知方法、机器、产品、组合物或材料的新的使用。"

法院首先考虑两个根据第 101 条提出的"方法"专利的绝对限制，如果获得采纳，将阻止本案上诉人的申请获得专利："机器或转换"标准和商业方法专利无条件排除。

2. 根据上诉法院的阐述，发明属于"方法"只有："（1）与特定机器或设备结合，（2）将特定的物转换为不同状态或物质。"❻ 本法院不止一次提醒法院不应该将立法未表达的内容解读为《美国专利法》的限制和条件。❼《美国专利法》与所有的制定法解释一样，"除非额外限定，'词语应该按照其平常的、当代的、普遍的含意解释'。"❽ 法院根据词典定义解读第 101 条术语"产

---

❶ Diamond v. Chakrabarty, 447 U.S. 303, 308, 100 S.Ct. 2204, 65 L. Ed. 2d 144(1980).
❷ Id., at 308—309, 100 S.Ct. 2204[5 Writings of Thomas Jefferson 75—76(H. Washington ed. 1871)].
❸ Chakrabarty, supra, at 309, 100 S.Ct. 2204.
❹ Le Roy v. Tatham, 14 How. 156, 174—175, 14 L. Ed. 367(1853).
❺ Funk Brothers Seed Co. v. Kalo Inoculant Co., 333 U.S. 127, 130, 68 S.Ct. 440, 92 L. Ed. 588(1948).
❻ 545 F. 3d, at 954.
❼ Diamond v. Diehr, 450 U.S. 175, 182, 101 S.Ct. 1048, 67 L. Ed. 2d 155(1981)(Chakrabarty, supra, at 308, 100 S.Ct. 2204.
❽ Diehr, supra, at 182, 101 S.Ct. 1048[Perrin v. United States, 444 U.S. 37, 42, 100 S.Ct. 311, 62 L. Ed. 2d 199(1979)].

案例二 Bernard L. Bilski 和 Rand A. Warsaw 诉 David J. KAPPOS 案

品",❶ 以及根据一般用途解释术语"组合物"。❷

在本法院案例法中,任何《美国专利法》术语偏离其普通含义的意见都只是对自然规律、物理现象和抽象概念这些例外的解释。❸ 本法院并没有表示,这些已有例外的存在给予法官自由处置权去强加其他不符合法律文本以及制定法目的和意图的限制。对于将任何形式的人类行为作为"方法"的企图的担心,通过确保权利要求符合第101条要求可以解决。

采纳"机器或转换"标准作为唯一的判断"方法"(与作为重要的和有用的标准相对)构成的标准,违背了制定法解释原则。第100条(b)款规定"术语'方法'意味着方法、技术或者方式,并且包括对已知方法、机器、产品、组合物或材料的新的使用"。法院没有意识到任何"平常的、当代的、普遍的含义",❹ 在定义术语"方法、技术或者方式"时要求这些术语与机器相结合或转换为其他物质。被上诉人要求法院根据文理解释原则,参考第101条的其他可专利种类——机器、产品和组合物——将"方法"的含义限定于"机器或转换"。根据这一原则,"含糊不清的术语可能通过与其相关的邻近词语给予更准确的定义"。❺ 这一原则不可在此处应用,因为第100条(b)款已经明确定义了术语"方法"❻(当制定法包括明确定义时,最高法院必须遵循该定义)。

上诉法院错误地得出结论,认为最高法院已经认可"机器或转换"标准作为唯一标准。在Cochrane v. Deener 案❼中,确实将"方法"解释为"一种行为,或一系列行为,施加于客体并使其转换和转变为不同状态或物"。但是,更多新近案例已经驳回了这一意见的宽泛含义;并且,无论如何,后面的案件显示法院并未试图将该标准作为穷尽的或排他的标准。在 Gottschalk v. Benson 案❽中,法院指出"物转换和转变为不同状态或物质是判断不包括特定机器的方法性权利要求可专利性的标准"。同时,其明确反对如果不满足机器或转换标准,方法就不可专利的观念。Flook 案采用了相似的思路,假定即使不

---

❶ Chakrabarty, supra, at 308, 100 S. Ct. 2204[American Fruit Growers, Inc. v. Brogdex Co., 283 U. S. 1, 11, 51 S. Ct. 328, 75 L. Ed. 801(1931)]。

❷ Chakrabarty, supra, at 308, 100 S. Ct. 2204[引用 Shell Development Co. v. Watson, 149 F. Supp. 279, 280(DDC 1957)]。

❸ Parker v. Flook, 437 U. S. 584, 588—589, 98 S. Ct. 2522, 57 L. Ed. 2d 451(1978)。

❹ Diehr, supra, at 182, 101 S. Ct. 1048。

❺ United States v. Stevens, 559 . S. 130 S. Ct. 1577, 1587, 176 L. Ed. 2d 435(2010)。

❻ Burgess v. United States, 553 U. S. 124, 130, 128 S. Ct. 1572, 170 L. Ed. 2d 478(2008)。

❼ 94 U. S. 780, 788, 24 L. Ed. 139(1877)

❽ Gottschalk v. Benson, 409 U. S. 63, 70, 93 S. Ct. 253, 34 L. Ed. 2d 273(1972)。

美国专利诉讼要案解析

符合"机器或转换"标准,也可能授予有效的方法专利。

最高法院的先例将"机器或转换"标准确立为判断所主张发明是否符合第101条方法规定之有用的和重要的线索、调查工具。"机器或转换"标准并非判断发明是否属于可专利"方法"的唯一标准。

正如Dyk法官在其深思熟虑的历史回顾中所解释的,在早期,特别是工业时代,不满足机器或转换标准的发明确实极少被授予专利。❶ 但是,随着时代变化,技术和其他发明正在以不可预期的方式发展。例如,直到近代以前一度激烈争议的,"《美国专利法》已有原则可能禁止就几乎所有能够想象的计算机程序授予有效专利"。❷ 但是,这一事实并不意味着不可预见的发明,例如计算机程序,总是不可专利的❸(Diehr案中大多数意见认定包含计算机程序的模制橡胶流程属于可专利主题)。第101条是"旨在囊括新的和不可预见发明的动态条款"。❹ 拒绝对国会没有预期领域的发明提供专利保护的绝对规则,可能与《美国专利法》的立法目的相悖。❺

"机器或转换"标准可能为衡量那些工业时代的相似方法提供了充足依据——例如,基于物理或其他实体形式的发明。但是,有理由质疑该标准是否应该作为判断信息时代发明可专利性的唯一准则。正如众多法庭之友意见所述,"机器或转换"标准可能对软件、先进的医疗诊断技术以及基于线性编程、数据压缩和数字信号控制的发明造成了不确定性。❻

在运用"机器或转换"标准于新型技术的实践中,法院可能质疑其复杂和精细,这使其冒混淆更大目标的危险,即确保有价值的发明在不触犯公众领域的前提下获得专利。

Rader法官的异议意见涉及一些这种困难。❼ 因此,在判断之前未预期的发明是否符合可专利的"方法"时,要求法院将自己限定在询问"机器或转换"标准涉及的问题可能毫无意义。第101条的术语暗示新技术可能出现新的

---

❶ 545 F.3d, at 966—976(补充意见)。
❷ Diehr, 450 U.S., at 195, 101 S.Ct.1048(STEVENS, J., 异议)。
❸ id., at 192—193, 101 S.Ct.1048(大多数意见)。
❹ J.E.M.Ag Supply, Inc. v. Pioneer Hi-Bred Int'l, Inc., 534 U.S.124, 135, 122 S.Ct.593, 151 L.Ed.2d 508 (2001)。
❺ Chakrabarty, 447 U.S., at 315, 100 S.Ct.2204。
❻ Brief for Business Software Alliance(商业软件联盟意见)24—25;Brief for Biotechnology Industry Organization(生物技术行业组织意见)et al.14—27;Brief for Boston Patent Law Association(波士顿专利法协会意见)8—15;Brief for Houston Intellectual Property Law Association(休斯顿知识产权法协会意见)17—22;Brief for Dolby Labs.Inc.(杜比实验室),et al.9—10。
❼ 545 F.3d, at 1015。

案例二 Bernard L. Bilski 和 Rand A. Warsaw 诉 David J. KAPPOS 案

问题。例如，在 Benson 案❶中就有提及（将方法专利定格在旧技术上，而不给层出不穷的相关新技术预留空间，并非最高法院的目的）。

需要强调的是，法院现在并没有评论任何特定发明的可专利性，也没有认定上述信息时代的技术应该或不应该获得专利保护。本时代使越来越多人可能掌握创新，也为专利法增加了新的困难。随着越来越多的人试图创新并且因此为其发明寻求专利保护，专利法面临在保护发明人和不可授予专利权发明，即对那些人们通过对一般原理的独立的、有创造性的运用而发现的方法授予专利权之间保持平衡的巨大挑战。本意见不可解读为就该平衡应该向哪方倾斜提供倾向性观点。

3.

（1）第 101 条同样消除了术语"方法"绝对排除商业方法的广泛争议。第 100 条（b）款使用术语"方式"定义"方法"，至少作为文本内容并且考虑《美国专利法》的其他限制和本法院先例，可能至少包括某些从事商业的方式。例如，《韦氏新国际词典》❷将"方式"定义为"从事任何事情的有序的程序或者方法、有规律的手段或者方式；即，在调查或者说明中采取的一整套措施"。法院没有意识到任何有关"方式"的"平常、当代、普遍含义"的观点将商业方法排除在外。尚不清楚对商业方法专利的范围，又或者是否应该排除使商业经营更加有效的技术❸（对于商业方法专利尚缺乏准确的定义）。

有关商业方法绝对不属于第 101 条范围的观点，进一步被联邦法律明确期望至少存在一些商业方式专利的事实削弱。根据《美国专利法》第 273 条（b）款（1）项，如果专利持有人基于"方式专利"主张侵权，被诉侵权人可以主张在先使用抗辩。仅仅出于抗辩的目的，"方式"被定义为"从事或者经营商业的方式"。❹ 换言之，通过许可此抗辩，制定法本身承认可能存在商业方式专利。第 273 条对"方式"的定义实际上不能改变之前所颁布的制定法的含义。但是第 273 条的作用是阐明其理解，即商业方式仅仅是一种"方式"，也就是说，至少在某种情况下，符合第 101 条的可专利要求。

有关商业方式在任何情况下都不可专利的结论可能使第 273 条毫无意义。这可能违背了解释制定法条款的准则，即对任何制定法条款的解释不能致使其

---

❶ Benson, supra, at 71,93 S. Ct. 253.

❷ Webster's New International Dictionary 1548(2d ed. 1954).

❸ Business and Financial Method Patents, Innovation, and Policy（商业和金融方式专利、创新和政策），56 Scottish J. Pol. Econ. 443, 445(2009).

❹ § 273 (a) (3).

他条款冗余。❶ 当然，这一准则适用于解释美国法典中的任何两个条款，即使国会是在不同时间颁布该条款。❷ 制定法解释准则不能被司法推理出于不同立法者在颁布后续条款时的主观目的所推翻。因此，虽然第273条似乎为某些商业方式专利的可能性预留了空间，这并非暗示对此类专利的主张具有宽泛的可专利性。

（2）仅仅因为商业方法专利在近代之前极少被授权，将第101条解释为排除所有的商业方法，产生了许多之前所讨论的困难。同时，一些商业方法专利由于含糊和不确定的效力而产生了特殊问题。❸ 信息时代赋予人们更快速和熟练地进行统计分析和数学计算的新能力，能够为更有效地完成大量商业任务设计流程。如果在考虑此类专利申请时不设置足够高的门槛，美国专利商标局和法院可能会被专利申请和诉讼淹没，创造性的努力和积极的改变将遭遇寒流。

为了寻求限定规则，最高法院的先例就抽象概念的可专利性提供了有用的工具。实际上，如果上诉法院就主张商业经营方法的专利申请，成功地限定更狭窄的类型或种类，并且规定该种类因为表现出例如试图就抽象概念主张专利而不可专利，这一结论有可能与具有强制力的先例保持一致。但是，在该限制和制定法文本规定的其他限制之外，《美国专利法》至少为某些方法的存在预留了空间，即某些明确描述为商业方式的方法属于第101条可专利主题。

因此，即使特定的商业方式符合"方法"的制定法定义，并不意味着该申请所主张的方式应该被授予专利。为了获得专利保护，所主张发明都必须是新颖的（第102条）、非显而易见的（第103条）并且得到完整和清楚的描述（第112条）。这些条件在调整《美国专利法》强度时发挥关键作用，即在保护发明人以激励创新和授予不符合立法意图的专利而阻碍进步之间保持平衡。

（三）

虽然根据法院驳斥的两种宽泛和文本的理由，上诉人的申请并非绝对不属于第101条范畴，但这并不意味着其就是第101条规定的"方法"。上诉人就对冲风险的原理和该原理在能源市场的运用申请专利保护。法院对本案的处理依据集中在最高法院对Benson案、Flook案和Diehr案的判决，而不是采取可能产生广泛和不可预见影响的绝对规则，上诉人的权利要求不属于可专利的

---

❶ Corley v. United States, 556 U.S. ——, ——, 129 S.Ct. 1558, 1566, 173 L.Ed.2d 443 (2009).

❷ Hague v. Committee for Industrial Organization, 307 U.S. 496, 529—530, 59 S.Ct. 954, 83 L.Ed. 1423 (1939) (opinion of Stone, J.).

❸ eBay Inc. v. MercExchange, L.L.C., 547 U.S. 388, 397, 126 S.Ct. 1837, 164 L.Ed.2d 641 (2006) (KENNEDY, J., 补充意见).

案例二　Bernard L. Bilski 和 Rand A. Warsaw 诉 David J. KAPPOS 案

方法，是因为其试图就抽象概念获得专利。事实上，法院所有法官都一致同意本案中所争议的专利申请不属于第 101 条范畴，因为其所主张的是抽象概念。

在 Benson 案中，法院审查一项涉及将二进制编码的十进制数码转换为纯粹的二进制码的运算法则的专利申请是否属于第 101 条规定的"方法"。❶ 法院首先解释"抽象原则是基本原理；原由；动机；这些是不可专利的，都不能主张排他权"。❷ 法院随即认定所争议的申请不是"方法"，而是不可专利的抽象概念。"人们不能就思维获得专利。但如果将数码转换为纯二进制数码的公式在本案中获得专利，这就可能成为现实。"❸ 相反观点认为，其完全占先（preempt）数学公式，且在实践中运算法则本身是不可专利的。

在 Flook 案中，法院继 Benson 案后审查另一个逻辑步骤。该案申请试图就石化和炼油行业中催化转化过程的监测警戒条件的程序获取专利。该申请的唯一创新就是使用❹数学算法。Flook 案认定该发明不是可专利的"方法"。法院承认所争议的发明，不同于 Benson 案中的算法，Flook 案算法被限制于石化和炼油行业，从而其他行业仍然能够自由运用。❺ 然而，Flook 案驳斥了"后续解决步骤的观念，即不论该步骤本身如何常规和显而易见，都能够将不可专利的原理转换为可专利的方法"。法院得出结论，该案所争议的方法不符合第 101 条可专利要求，并非因为其包含数学算法，而是因为一旦该算法被假设为现有技术，该申请从整体考虑则不包含任何可专利的发明。正如法院其后解释的，Flook 案代表禁止向抽象概念授予专利的主张，该主张不能被试图将算法限制在特定技术领域运用或者增加不具意义的后续解决步骤所规避。❻

最终，在 Diehr 案中，法院对 Benson 案和 Flook 案中阐明的原则进行了限定。Diehr 案中的申请主张以前未知的"模制未加工、未硫化的合成橡胶为硫化精品"的方法，通过计算机运用数学算法完成一些步骤。❼ Diehr 案阐明，虽然抽象概念、自然规律或者数学公式不能专利，"但自然规律或者数学公式的申请相对于已知结构或者方法可能是值得专利保护的"。Diehr 案强调需要整体考虑发明，而不是"将权利要求分解为旧的和新的要素，然后在分析过程中忽略旧的要素"。最后，法院得出结论，因为权利要求并未"试图就数学公式获取专利，而是模制橡胶产品的行业方法"，属于第 101 条可专利主题。

---

❶ 409 U.S., at 64—67, 93 S.Ct. 253.
❷ Id., at 67, 93 S.Ct. 253(Le Roy, 14 How., at 175, 14 L.Ed. 367).
❸ 409 U.S., at 71, 93 S.Ct. 253.
❹ 437 U.S., at 585—586, 98 S.Ct. 2522.
❺ 437 U.S., at 589—590, 98 S.Ct. 2522.
❻ Diehr, 450 U.S., at 191—192, 101 S.Ct. 1048.
❼ 450 U.S., at 177, 101 S.Ct. 1048.

根据这些先例,上诉人的申请明显不是可专利的"方法"。上诉人申请中的权利要求1和4解释了对冲或者避免风险的基本原理:"对冲是商业体系中一直盛行的基本经济实践和金融入门课程教授内容。"❶ 权利要求1中所描述的对冲原理以及权利要求4中所归纳的数学公式,正如Benson和Flook案中所争议的算法,都是不可专利的抽象概念。如果上诉人就风险对冲获得专利,就可能占先这一方法在所有领域中的运用,并且可能在实际上对抽象概念授予垄断权。

上诉人的其余权利要求是如何在商品和能源市场运用对冲原理的广泛示例。Flook案已经明确,将抽象概念限定于一个应用领域或者增加象征性的后续解决步骤不会使该原理符合可专利性。那就是上诉人申请中其余权利要求的实际作用。这些权利要求试图就能源市场对冲风险这一抽象概念的运用,以及通过指导已知的随机分析技术的运用以帮助确立一些输入方程式的输入值来获取专利。事实上,这些权利要求对潜在的抽象原则所增添的内容甚至比Flook案中的发明还要少,Flook案发明至少限定在操作催化转化器时警示危险这一较狭窄的领域。

最高法院再次拒绝向《美国专利法》强加不属于法律文本内容的限制。本案的专利申请根据最高法院的先例以抽象概念的不可专利性为由驳回。因此,在第100条(b)款所规定的术语定义以及回顾Benson案、Flook案和Diehr案中的指示之外,法院不需要进一步限定可专利"方法"的构成内容。

法院意见不应该被解读为认可联邦巡回上诉法院在过去对第101条的解释。❷ 上诉法院认为应该将"机器或转换"标准明确作为排他的标准,因为案例法并没有充分确定限制商业方法专利的较不极端的方式,包括(但不限于)Benson案、Flook案和Diehr案中最高法院对专利申请的法庭意见。最高法院不批准将"机器或转换"标准作为排他标准,但最高法院没有阻止联邦巡回上诉法院研究其他进一步深化《美国专利法》目的以及不违背文本的限制准则。

维持上诉法院判决。兹此判决。

三、案件解析

从方法一词出现在《美国专利法》中以来,美国各界已经为如何限定"方

---

❶ 545 F.3d, at 1013(Rader, J., 异议意见);D. Chorafas, Introduction to Derivative. Financial Instruments 75—94 (2008); C. Stickney, R. Weil, K. Schipper, & J. Francis, Financial Accounting: An Introduction to Concepts, Methods, and Uses 581—582(13th ed. 2010); S. Ross, R. Westerfield, & B. Jordan, Fundamentals of Corporate Finance 743—744(8th ed. 2008).

❷ State Street, 149 F.3d, at 1373; AT & T Corp., 172 F.3d, at 1357.

案例二　Bernard L. Bilski 和 Rand A. Warsaw 诉 David J. KAFPOS 案

法"争论了几十年，其中最难以界定并且引发争议最激烈的就是商业方法专利。从最初完全禁止商业方法获得专利，到 State Street Bank 案的放宽，再到联邦巡回上诉法院规定"机器或转换"标准作为唯一的判断准则，商业方法专利的发展可谓大起大落，经历了从无到有、从严到宽再严的过程。美国最高法院对 Bilski 案的判决是其自 1981 年以来首次对《美国专利法》所规定的专利主题种类予以规范。业界对本案的判决结果寄予厚望。但最高法院最后仅根据 Benson 案、Flook 案和 Diehr 案，以抽象概念不属于可授权方法为由做出判决，而不是采用可能具有大范围不可预知影响的绝对标准。甚至没有就何为抽象概念提出较具体的指导。

本案最大的影响不在于以抽象概念为由驳回专利申请，而在于否决了"机器或转换"标准的唯一性。

（一）美国各界的反应

面对最高法院的保守判决，业界在失望之余也呈现了不同反应。

1. 正面态度

这一判决对于软件和诊疗行业也许是好消息，生物技术行业组织以及先进医疗技术协会纷纷对此表示欢迎，认为联邦巡回上诉法院将"机器与转换"作为可专利主题的唯一判断标准过于严格，而最高法院的判决意见将更有利于创新。美国法学会和美国律师协会也认为对《美国专利法》的宽泛解释将为更广泛的主题打开大门，能够激励未来重要但尚未可知领域的创新。国际许可贸易工作者协会（LES）亦表示，本案的判决将对从卫生保健到高科技领域的众多行业都产生重要影响，有利于维持平衡、有效的专利制度，为发明人和消费者提供更多机会。

2. 反面意见

联邦最高法院的 Stevens 大法官在 Bilski 案中提交协同意见，明确反对最高法院对于"任何其本身不属于抽象概念或自然规律的方法步骤都可能构成《美国专利法》第 101 条所规定之方法"的宽泛见解，认为应该将商业方法列入不可专利主题的范畴。Stevens 大法官表示，尽管一种方法不会仅仅因为是用于商业活动而不具备可专利性，但仅仅描述商业活动的方法不符合第 101 条对方法的规定。效仿和通过效仿获得的改良对于发明本身和竞争来说都是必要的。即使没有专利保护，公司也有充足的动力去发展商业方法，因为使用更有效商业方法的公司会获得市场竞争的回报。在很多情况下，并不能通过鼓励公开披露而推动商业方法专利的发展。目前，对于商业方法专利究竟是促进还是阻碍美国商业的发展依然没有定论。Stevens 大法官提醒，商业方法创新是一个连续的不断充实的过程,效仿可能会刺激创新,而专利可能成为障碍。

(二) 可专利主题判断标准的进一步细化与发展

1. 法院

部分人士寄望于 Bilski 案后的相关案件能够提供更多有关方法专利的指导与信息,如美国最高法院在 Bilski 案判决后对 Mayo Collaborative Sciences 诉 Prometheus Laboratories Inc. 案❶、Classen Immunotherapies Inc. 诉 Biogen IDEC 案❷和 Association for Molecular Pathology 诉 Myriad Genetics, Inc 案❸ 发出调卷令并将案件发回联邦巡回上诉法院以根据 Bilski 案判决重审。Mayo 案涉及一种基于病人血液中的化学反应调整药物剂量的可重复方法,Classen 案涉及一种判断免疫接种程序表对于治疗免疫相关病症是否有效的方法,而 Myriad 案涉及一种判断人体乳腺癌和卵巢癌的 BRCA-1 和 BRCA-2 基因序列的专利。由此可见,Bilski 案所确立的原则将运用于众多领域并得以丰富。

2. 美国专利商标局的理解与实践

美国专利商标局被寄望于运用其对法律法规的理解以及过去几十年中的审查经验进一步细化可专利主题的判断标准,使其更具有可操作性。

美国专利商标局于 2010 年 7 月 27 日就可专利主题颁布最新的《过渡性指南》,该指南秉承最高法院对 Bilski 案的判决原则,不再过度强调"机器或转换"标准,而建议更多从总体上考虑多方面不同要素以判断所主张方法是否属于可专利主题,并非依据某个单独要素直接决定。新指南列出了根据抽象概念原理判断方法类权利要求是否属于可专利主题的诸多要素,但是,对于每个可运用的要素的重要性以及如何通过组合这些要素而做出正确判断缺乏进一步指导。

3. 立法

2011 年 9 月 16 日,美国总统奥巴马正式签署《美国发明法案》为法律。这一《美国专利法》60 年来最大的变化中也包括了对商业方法的规定。法案第 18 条 "涵盖商业方法专利的过渡方案" 明确要求美国专利商标局制定一个有效期为 8 年的过渡性授权后重审方案来审视商业方法专利的有效性,所涉商业方法专利范围包括金融产品或服务中进行数据处理的操作方法或相应设备,但不包括技术发明。这一条款无疑也受到了 Bilski 案判决的影响。而美国专利

---

❶ Mayo Collaborative Sciences v. Prometheus Laboratories Inc., 130 S. Ct. 3543(2010).
❷ Classen Immunotherapies Inc. v. Biogen IDEC, 130 S. Ct. 3541(2010).
❸ Association for Molecular Pathology v. Myriad Genetics, Inc., 132 S. Ct. 1794(2012).

案例二　Bernard L. Eilski 和 Rand A. Warsaw 诉 David J. KAPPOS 案

商标局最终制定的审视商业方法专利有效性的授权后重审方案也令人期待。

美国法院一再强调，《美国专利法》第 101 条不是授予专利的首要和唯一门槛。正如 Bilski 案所体现的，判断方法的标准可能影响可专利主题的判断，但不一定会改变对整个专利效力判断的最终结果。也许正是因为专利申请还需通过《美国专利法》第 102、第 103、第 112 条的考验，最高法院在充分考虑相关利益平衡的基础上，放弃了确立一件里程碑案件的机会，将联邦巡回上诉法院跨出的历史性大步拉了回来，对 Bilski 案做出了较为中庸的判决，始终为一些商业方法专利保留了准入机会。Bilski 案作为商业方法案例的一个分水岭，以后一定还会有更具指导意义的案例浮出水面。

参考文献

[1] 刘银良．美国商业方法专利的十年扩张与轮回 [J]．知识产权，2010 (6)．
[2] 李倩，李丽娜．专利适格客体的判断标准 [J]．发明与专利．2010，84 (12)．
[3] 李丽娜．为更广泛的专利主题打开大门——美国最高法院对 Bilski 案做出终审判决 [J]．中国发明与专利，2010 (8)．

Mayo Collaborative Services 诉 Prometheus Laboratories, Inc. 案

——诊疗方法的可专利性

◎马美怡

> **摘要：** 方法专利的可专利主题判断标准是美国各界长期以来的争论热点，本案涉及两项诊疗方法专利。普罗米修斯实验室的两项专利是通过分析药物在患者血液中的代谢程度和药效的关系，确定该药物的最佳使用剂量。随后，梅奥诊所开发了一种类似的检测方法，但其推荐用量的范围不同。普罗米修斯实验室起诉梅奥诊所侵犯其专利权，梅奥诊所则要求法院裁决普罗米修斯实验室的专利权无效。美国最高法院最终判决普罗米修斯实验室的专利无效，认为其仅仅是自然法则，不符合《美国专利法》第101条可专利性的要求。该判决在美国医药生物领域引起重大反响。个性化的医疗方法不可避免地涉及对自然法则的应用，该判决做出之后，何种应用能申请专利仍不明朗，但似乎透露了缩减对该种专利保护力度的趋势。

一、案情回顾

1998年，普罗米修斯实验室（Prometheus Laboratories, Inc.，以下简称普罗米修斯）就使用巯基嘌呤治疗自身免疫性疾病的诊断测试方法申请了两项专利，US6,355,623（以下简称'623）和US6,680,302（以下简称'302）。该诊断测试方法通过分析巯基嘌呤（thiopurine）类药物在患者血液中的代谢程度和药效的关系，确定该药物的最佳使用剂量，医生据此可以调节药物的使用剂量，对不同的病人使用最佳的药量。普罗米修斯把这个检测方法出售给各医院和诊所，其中包括梅奥（Mayo Collaborative Services and Mayo Clinic Rochester，梅奥诊所及梅奥协作服务公司，以下统称梅奥）。后来，梅奥开发了一种类似的检测方法，但其推荐的代谢物程度范围不同。2004年6月，梅奥宣布使用其自己的检测方法，并打算出售。普罗米修斯随即向加利福尼亚地区案例三　Mayo Collaborative Services 诉 Prometheus Laboratories, Inc. 案

南部地区法院（以下简称地区法院）起诉梅奥侵犯其专利权。

2005 年 11 月，地区法院裁定梅奥的检测方法侵犯了'623 的权利要求。2007 年 1 月，梅奥提出动议，要求法院裁定普罗米修斯的专利无效。2008 年 3 月，地区法院判定普罗米修斯的专利权无效。法院认为，涉案专利主张的是有关特定巯基嘌呤药物代谢程度与药效及毒性的关系，而该关系属于自然现象，是通过人体作用而形成的关系，不符合《美国专利法》第 101 条可专利的主题。

2008 年 5 月，普罗米修斯上诉至联邦巡回上诉法院。2009 年 9 月，联邦巡回上诉法院判决维持普罗米修斯的专利权。法院认定涉案专利的"配给"药品和"判断"药品代谢水平两个步骤将自然规律转换为对这些规律的实际应用，符合该法院 2008 年在 Bilski 案中根据《美国专利法》第 101 条对可专利主题设定的"机器或转换"标准，因此，具有可专利性。

2010 年 6 月，美国联邦最高法院（以下简称最高法院）鉴于其在 Bilski 一案中做出的决定，撤销联邦巡回上诉法院的判决，发回重审。最高法院在 Bilski 一案的判决中，否决了联邦巡回上述法院提出的"机器或转换"测试法作为判断方法专利是否符合《美国专利法》第 101 条唯一标准的观点，但是最高法院同时肯定了这一测试方法对于解释专利授予条件来说是一种"有用并且重要的线索"。2010 年 12 月，联邦巡回上诉法院仍然认定涉案方法专利属于可专利主题。梅奥随后向最高法院申请再审，2011 年 6 月，最高法院提审该案。

2012 年 3 月 20 日，最高法院对梅奥诉普罗米修斯案做出终审判决，推翻联邦巡回上诉法院的判决，认定涉案诊疗测试方法不可专利。最高法院认为，涉案专利的权利要求陈述了某种自然法则，其他的发明步骤均在业内周知的、惯常的、科学界已从事的活动范围内，从整体上看，这些步骤结合在一起，并不足以将不可专利的自然法则转化为可专利的对自然法则的应用。即新发现的自然法则不可授予专利；新发现的自然法则的应用，如果主要依靠已知的现有技术，一般也不可授予专利。

二、法院判词

《美国专利法》第 101 条定义了可获专利的主题，即："凡发明或发现任何新的、实用的方法、机器、产品、或者物质合成，或任何新的、实用的改进，可按本法所规定的条件和要求取得专利权。"❶

---

❶　35 U.S.C. § 101.

长期以来，最高法院对该条款持有一个重要的不成文的例外，即自然法则、自然现象和抽象概念不能获得专利权。❶ 因此，最高法院在 Chakrabarty 案中写道："地球上发现的一种新矿石或野外发现的一种新植物都不构成可专利主题。同样地，爱因斯坦不能为他著名的 E＝mc² 定律申请专利；牛顿也不能以加速定律获得专利。此类发现是自然现象，对所有人开放，对任何人不保留排他权利。"❷

"自然现象，即使是新发现的自然现象，智力活动，及抽象的智力概念都是不能被授予专利的，因为这些是科学技术工作的基本工具。"❸ 如果这些工具通过获取专利而得到独占权，那么其对创新的阻碍将大于对创新的促进。

最高法院认识到，对这条例外原则解释过宽将抽去专利制度的精髓。在某种程度上，所有发明都是体现、使用、反映、依赖于对自然规律、自然现象或抽象概念的应用。因此，在 Diehr 案中，最高法院指出"一个方法不可被授予专利，不仅仅是因为它包括了自然规律或数学运算法则"。❹ 还补充道，"将自然规律或数学公式应用于已知的结构或方法中，可能值得专利保护"。❺ 在马凯无线电电报公司诉美国无线电公司案中，Stone 法官强调了类似的观点：❻

"一个科学真理或其数学表达，不是可专利的发明，但利用科学真理的知识创造出来的新颖、实用的结构可能是可专利的。"❼

还可以参考 Funk 案❽中的观点，即"如果一项发明来源于对自然规律的发现，其必须由对自然规律的应用而形成新的且实用的结果"。

而且，最高法院亦已在 Benson 案中表明，为了使不可专利的自然规律转换为符合专利条件的该规律的申请，除了对自然规律添加"应用"字样，还需要做更多。❾

本案处于这些基本原则的交集。涉案专利权利要求涉及方法，即在使用巯

---

❶ Diamond v. Diehr, 450 U.S. 175, 185, 101 S. Ct. 1048, 67 L. Ed. 2d 155 (1981); Bilski v. Kappos, 130 S. Ct. 3218, 3233—3234, 177 L. Ed. 2d 792 (2010); Diamond v. Chakrabarty, 447 U.S. 303, 309, 100 S. Ct. 2204, 65 L. Ed. 2d 144 (1980); Le Roy v. Tatham, 14 How. 156, 175, 14 L. Ed. 367 (1853); O'Reilly v. Morse, 15 How. 62, 112—120, 14 L. Ed. 601 (1854); Neilson v. Harford, Webster's Patent Cases (韦氏专利案) 295, 371 (1841) (英国案例也有类似讨论).

❷ Chakrabarty, supra, at 309, 100 S. Ct. 2204 [Funk Brothers Seed Co. v. Kalo Inoculant Co., 333 U.S. 127, 130, 68 S. Ct. 440, 92 L. Ed. 588 (1948)].

❸ Gottschalk v. Benson, 409 U.S. 63, 67, 93 S. Ct. 253, 34 L. Ed. 2d 273 (1972).

❹ 450 U.S., at 187, 101 S. Ct. 1048 (Parker v. Flook, 437 U.S. 584, 590, 98 S. Ct. 2522, 57 L. Ed. 2d 451 (1978)).

❺ Diehr, supra, at 187, 101 S. Ct. 1048.

❻ Mackay Radio & Telegraph Co. v. Radio Corp. of America, 306 U.S. 86, 59 S. Ct. 427, 83 L. Ed. 506 (1939).

❼ 450 U.S., at 188, 101 S. Ct. 1048 (Mackay Radio, supra, at 94, 59 S. Ct. 427).

❽ Funk Brothers, supra, at 130, 68 S. Ct. 440.

❾ Benson, supra, at 71—72, 93 S. Ct. 253.

案例三 Mayo Collaborative Services 诉 Prometheus Laboratories, Inc. 案

基嘌呤治疗自身免疫性疾病时，帮助医生判断其使用剂量过低还是过高。该权利要求主旨是应用自然规律描述血液中特定巯基嘌呤代谢物的浓度与用药剂量无效或引起有害的副作用的可能性之间的关系。最高法院必须确定其主张的方法是否将不可专利的自然规律转换成了有关该自然规律的一项符合专利条件的申请。最高法院的结论是，这些方法并未达成该效果，因此，这些方法不可获得专利。

上述结论是根据法庭判例对特定权利要求考察的结果。那些判例警示法院，不能仅根据起草者的技术来解读可专利性，而不考虑"禁止自然规律获得专利的原则"；❶ 对因过宽而占先（preempt）对自然规律的应用的方法，不能支持其专利权；❷ 并且法院坚持认为，那些以自然规律的应用为关键点，并且还包含其他元素或元素的组合的方法，有时能构成"创新的概念"，这时，重要的是确保该专利的实践比基于自然规律本身的专利更加有意义。❸ 禁止对抽象概念授予专利，即使将对公式的应用限制在特定技术环境，或添加无关紧要的后续解决步骤（postsolution activity），也不能改变这一状况。❹

最高法院发现涉案专利权利要求中所涉方法，并不满足这些条件。特别是，在权利要求所涉方法中（除了自然规律之外）包括该领域研究人员已知的、惯用的、约定俗成的行为。同时，维持该专利将对其所依赖的自然规律的应用增加不必要的风险，阻碍在进一步的研发中对这些自然规律进行应用。

（一）

1. 涉案专利涉及利用巯基嘌呤治疗自身免疫性疾病，例如克罗恩氏疾病（crohn's disease）和结肠溃疡（ulcerative colitis）。当患者摄取了巯基嘌呤化合物后，其身体对药物进行代谢，导致其血液中形成代谢物。因为人们对巯基嘌呤的代谢方式不同，同样剂量的巯基嘌呤对不同人的作用不同，使得医生很难确定给定的剂量对某个患者是否过高，因而引发有害副作用；或剂量过低，因而没有治疗效果。

由此，产生了涉案专利所展现的发明。科学家已经知道在患者血液中特定代谢物的水平，包括，特别是 6-硫鸟嘌呤（6-thiguanine）及其核苷酸（6-TG）和 6-甲硫基嘌呤（6-methyl-mercaptopurine，简写为 6-MMP），与特定

---

❶ Flook, supra, at 593, 98 S. Ct. 2522.
❷ Morse, supra, at 112—120; Benson, supra, at 71—72, 93 S. Ct. 253.
❸ Flook, supra, at 594, 98 S. Ct. 2522; Bilski, supra, at 3218, 130 S. Ct. at 3230.
❹ Diehr, supra, at 191—192, 10 1S. Ct. 1048.

剂量的巯基嘌呤可能导致有害或被证实无效的可能性相关。❶ 已有的研究建议检测 6-巯基嘌呤（6-MP）代谢物的水平，以用于预测硫唑嘌呤（azathioprine）或 6-巯基嘌呤的临床效果和耐药性。❷ 但该领域并不知道代谢物水平与有害作用或无效可能性之间的精确关系。在这个问题上，本案专利的权利要求展现了研究人员所发现的精确鉴定这些关系的方法。

具体地说，涉案的美国专利 6,355,623（简称'623）和 6,680,302（简称'302）发现，患者血液中 6-硫鸟嘌呤或 6-甲硫基嘌呤的代谢物的集合高于特定水平（分别为每 8×10^8 个红血细胞中 400 皮摩尔和 7000 皮摩尔），意味着该剂量对该患者有可能过大，当患者血液中 6-硫鸟嘌呤的代谢物的集合低于特定水平（大约为每 8×10^8 个红血细胞中 230 皮摩尔），意味着该剂量有可能过小以至于难以奏效。

涉案专利权利要求试图以一套方法展现上述研究。和联邦法院一样，最高法院以'623 的权利要求 1 为例，其中描述了主张的方法中的一种，如下：

一种疗效最佳的方法，用来治疗一种免疫调控的胃肠失调，其包括：

（1）向具有所述免疫调控的胃肠失调的对象配给一种提供 6-硫鸟嘌呤的药物；以及

（2）确定 6-硫鸟嘌呤在该具有免疫调控的胃肠失调的对象中的含量，

其中每 8×10^8 个红血细胞中 6-硫鸟嘌呤含量少于约 230 皮摩尔，表示随后需要对该对象增加该药物量，以及

其中每 8×10^8 个红血细胞中 6-硫鸟嘌呤含量高于约 400 皮摩尔，表示随后需要对该对象减少该药物量。❸

就目前而言，最高法院假设该专利中的其他权利要求与权利要求 1 没有重大不同。

2. 被告普罗米修斯实验室有限公司（简称普罗米修斯）是'623 和'302 专利的唯一的、排他的专利权人。其出售了本案专利所描述的诊断检测方法。经过一段时间的商洽，梅奥诊所及梅奥协作服务公司（统称梅奥）购买了这些检测方法，并进行使用。但是 2004 年，梅奥宣布打算开始使用并出售自己的检测方法。该检测方法使用略高的代谢物含量来确定药物毒性（每 8×10^8 个红血细胞中 6-硫鸟嘌呤为 450 皮摩尔，及每 8×10^8 个红血细胞中 6-甲硫基嘌呤为 5700 皮摩尔）。普罗米修斯随即提起专利侵权诉讼。

---

❶ 美国专利 6355623。

❷ Cuffari, Théorêt, Latour, & Seidman, 6-Mercaptopurine Metabolism in Crohn's Disease: Correlation with Efficacy and Toxicity, 39 Gut 401(1996).

❸ '623, col. 20, ll. 10—20, 2 App. 16.

案例三 Mayo Collaborative Services 诉 Prometheus Laboratories, Inc. 案

地区法院认为梅奥的检测方法侵犯专利'623的权利要求7。在解释该权利要求时，法院采纳了普罗米修斯的观点，即梅奥检测方法中的毒性风险含量数据与专利权利要求中的数据过于相似，难以构成显著区别。梅奥使用的数据（450）与该权利要求中给出的适当的误差幅度的数据（400）过于接近。地区法院还接受了普罗米修斯的观点，认为医生在使用梅奥的检测方法时会侵犯专利权，即使其没有按照检测数据调整治疗决定。因此，法院将权利要求解释为"表示需要增加"（或"需要减少"），不限于医生确实在检测结果建议需要调整剂量的代谢物含量范围增加（或减少）了剂量的情况。还可参见被上诉人答辩意见：所主张的方法可以描述为一种方式，即"通过利用个性化代谢物测量以告知巯基嘌呤剂量标准从而改进治疗"的方法。

尽管如此，地区法院最终批准了梅奥主张的即决判决动议。法院的理由是，该专利实际上是在主张自然规律或自然现象，即巯基嘌呤代谢物含量与巯基嘌呤药物剂量的毒性及功效之间的关联性，而这是不可专利的。

在上诉中，联邦巡回上诉法院推翻该裁定。法院指出，除了这些自然关联性之外，权利要求所涉方法具体分为（1）配给某一患者巯基嘌呤药物，（2）确定产生的代谢物含量。法院认为，这些步骤，包括了通过人体或人体血液的转换。因此，法院认为该专利"将专利垄断权限制在合理的明确范围内"，满足联邦巡回上诉法院有关"机器或转换标准"，因此该权利要求符合《美国专利法》第101条。❶

梅奥申请最高法院调卷再审。最高法院批准该申请，撤销上诉法院判决、发回案件，要求联邦巡回上诉法院参照 Bilski 案件重审。❷ Bilski 案阐明"机器或转换标准"不是可专利性的决定性标准，而仅是一个重要且有用的线索。在重审中，联邦巡回上诉法院重申了其先前的结论。法院认为，将"机器或转换标准"仅作为一个重要且有用的线索，尽管如此，还是得出了清晰且令人信服的结论，即权利要求没有将自然规律包括在内，也没有占先自然关联性。❸ 梅奥再次提出调卷申请，最高法院予以批准。

（二）

普罗米修斯的专利体现了自然规律，即血液中特定代谢物浓度与巯基嘌呤药物剂量无效或有害的可能性之间的关系。例如，权利要求1，宣称如果（摄

---

❶ 581 F. 3d 1336, 1345, 1346—1347(2009).
❷ 130 S. Ct. 3218, 177 L. Ed. 2d 792.
❸ 628 F. 3d 1347, 1355(2010).

入了一定剂量巯基嘌呤药物的某一患者）血液中 6-硫鸟嘌呤的含量超过每 $8×10^8$ 个红血细胞中 450 皮摩尔，则给药剂量有可能导致毒副作用。当采取人工行为（配给巯基嘌呤药物）的时候能引发上述关联性在某个特定人身上表现，上述关联性基本不依托任何人工行为而独立存在。上述关联性是人体代谢巯基嘌呤化合物的结果，其纯粹是自然过程。而一个仅描述该关系的专利就仅仅是陈述自然规律。

最高法院面临的问题是，权利要求是否实质上不仅是简单描述这些自然关联性。更准确地表达这个问题，也就是说，专利的权利要求是否在其对关联性的陈述中加入了足够的条件以使得其描述的方法符合应用自然规律的方法的可专利资格？最高法院相信这个问题的答案是否定的。

1. 如果一个自然规律是不可专利的，那么陈述自然规律的方法也不可专利，除非该方法添加额外特征以提供切实的保证，保证该方法不是有意独占自然规律本身。例如，一个专利不能仅陈述自然规律，继而加上"应用规律"的说明。设想，爱因斯坦不能主张仅由"告诉线性加速器的操作人去参考加速定律来决定一定质量的物质所产生的能量（反之亦然）"组成的方法来为其著名定律获取专利。阿基米德也不能主张仅由"告诉造船者参考浮力定律来决定是否目标对象可以浮起"组成的方法来为其著名的浮力定律获得专利保护。

涉案权利要求中还有什么？每个权利要求表述的步骤告诉医生们关注研究人员发现的关联关系。为此，该权利要求表述了一个"配给"步骤，一个"确定"步骤和一个"其中"步骤。这些附加步骤本身不是自然规律，但也不足以转变权利要求的本性。

首先，"配给"步骤仅引入相关的人员，即采用巯基嘌呤治疗某种疾病的医生。这一人员是已经存在的人员；早在这些权利要求予以主张之前，医生就采用巯基嘌呤治疗自身免疫性失调的患者。无论如何，禁止对抽象概念授予专利，即使将对公式的应用限制在特定技术环境，也不能改变这一状况。❶

其次，"其中"步骤仅告诉医生相关的自然规律，此外，至多添加了一个建议，即医生在治疗患者时应参考那些规律。也就是说，这些步骤告诉相关人员有关规律，希望其在做出相关决定时适当地使用那些规律（相当于爱因斯坦告诉线性加速器的操作人有关基本原理，并希望他们在相关情况下使用该原理）。

第三，"确定"步骤告诉医生通过此类方法测定血液中相关代谢物的含量，完全不涉及医生或实验人员所要使用的测量方法。正如'623 专利中所述，确

---

❶ Bilski, 130 S. Ct., at 3230(Diehr, 450 U. S., at 191—192, 101 S. Ct. 1048).

案例三　Mayo Collaborative Services 诉 Prometheus Laboratories, Inc. 案

定代谢物含量的方法是本领域已知技术。❶ 事实也如此，科学家在对代谢物含量与巯基嘌呤化合物的功效及毒性的关系的研究中测量代谢物是常规步骤。❷ 因此，该方法是告诉医生使用该领域工作的科学家所使用的便于理解的、常规的、传统的行为。纯粹的"常规的或显而易见的""预解决步骤"（pre-solution activity）通常不足以将不可专利的自然规律转变为可申请专利的对该规律的应用。❸ 抽象概念不能通过添加无关紧要的后续解决步骤而获得专利❹。

第四，前面已经对这 3 个步骤分别进行了考察，现在再将这 3 个步骤作为一个以前并不存在、对自然规律没有任何添加的有序组合来考虑。Diehr 案中指出，方法中各步骤的一个新组合可能被授予专利权，即使该组合的所有构成部分在形成组合前都是已知且普遍使用的。❺ 任何人想要应用这些自然规律都必须先配给巯基嘌呤，再测量产生的代谢物浓度，因此，该组合整体上，除了指导医生在治疗患者时应用适用的规律，并没有更多实际意义。

结论是，这 3 个步骤仅仅告诉医生从根据关联性形成的推论中获取数据。把这个问题化繁为简来说，即，权利要求将某个自然规律告知相关的人员；每一个附加步骤都是由科学界已经使用的便于理解的、常规的、传统的步骤组成；而且把这些步骤作为一个整体来看，除汇总了单个步骤之外，没有更多实际意义。鉴于上述原因，最高法院认为，这些步骤不足以将不可专利的自然关联性转变为可申请专利的对该关联性的应用。

2.

（1）通过详细分析指导性判例，强化了最高法院的结论。最直接相关的案例是 Diehr 案和 Flook 案，两个案件中体现了相似的自然规律的方法，对于其专利性，法院得出了相反的结论。Diehr 案的方法（维持专利权有效）阐述了原料铸型方法，未硫化橡胶塑成各种硫化、塑型产品。方法采用了一个已知的数学公式，即阿列纽斯（Arrhenius）公式，来决定什么时候（取决于压模机中的温度、橡胶在压模机中的时间及橡胶的厚度）断于压力。通过以下组成步骤达到效果：①连续监控压模机中的温度，②将产生的数据输入能运用阿列纽斯公式不断重新计算压模机开启时间的计算机，③配置计算机，使其能在恰当的时间发出信号，使"一个装置"断开压力。❻

---

❶　623, col. 9, ll. 12—65, 2 App. 11.
❷　623, col. 8, ll. 37—40, id., at 10.
❸　Flook 437 U. S., at 590, 98 S. Ct. 2522; Bilski, 561 U. S., at ——, 130 S. Ct. at 3230.
❹　Diehr, supra, at 191—192, 101 S. Ct. 1048.
❺　Diehr, supra, at 188, 101 S. Ct. 1048
❻　Diehr, 450 U. S., at 177—179, 101 S Ct. 1048.

法院指出，基本的数学公式，如同一个自然规律，是不可专利的。但该案的整个方法符合授予专利的条件，因为附加的步骤把公式结合到方法中，形成一个整体。这些附加步骤包括"将橡胶装入一个压力装置，关上压模机，不断确定压模机中的温度，通过运用公式和使用数字计算机不断重新计算恰当的硫化时间，并在恰当的时间自动断开压力"。其中没有任何暗示表示所有这些步骤或这些步骤的组合，是根据上下文显而易见的、已经在使用的或是纯粹的惯例。因此，该专利权人并没有"寻求占先对该公式的运用"，而是仅寻求对"其所主张的方法中与运用该公式相关联的所有其他步骤的排他权"。其他步骤显然根据《美国专利法》的要求在公式之外添加了一些有意义的东西，使得该方法转变成对公式进行应用的发明创造。

Flook案中的方法（被判不可专利）提出了一种在催化碳氢化合物时调整"警报临界值"的方法。某一运行条件下，例如温度、压力、流速，在转换过程中持续监控，当超过特定"警报临界值"时提示无效或危险。所主张的方法相当于一个用于更新这些警报临界值的改进系统，通过如下步骤实现：①测量当前变量水平，例如温度；②运用一个显而易见是新颖的数学算法计算当前的警报临界值；③调整系统以反映新的警报界数值。❶

和Diehr案一样，法院指出，基础的数学等式和自然规律一样，是不可专利的。但Flook案的特点在于其主张的方法除了"为计算警报临界值的更新提供一个不可专利的公式"，没有做任何事。❷ 和Diehr案的方法不同，它并没有解释公式中使用的变量是如何选择的，权利要求也没有揭示任何涉及发挥作用的化学方法，或引发警报或调整警报临界值的方式。❸ 因此，方法中的其他步骤并没有将权利要求限定在某个特定的应用。此外，"碳氢化合物催化转化中涉及的化学方法，……对化学方法的参数进行监测、使用警报临界值触发警报、警报临界值的数值必须重新计算并重调的想法，以及使用计算机进行'自动监控报警'"都是公知的，此处的关键问题是，置公式于一旁后，在所主张的对公式的应用中没有任何"创新的理念"。法院写道：后续解决步骤纯属惯用或显而易见，不能将不可专利的原则转化为可专利的方法。

本案的权利要求展现了一个有关可专利性的案件，它比Diehr案中（符合专利条件）的权利要求要弱，且不比Flook案中（不可专利）的权利要求更强。排除掉相关人员之后，即那些调整巯基嘌呤剂量的人，权利要求剩下的仅

---

❶ 437 U.S., at 585—587, 98 S. Ct. 2522.
❷ Flook, supra, at 586, 98 S. Ct. 2522.
❸ Diehr, supra, at 192, n. 14, 101 S. Ct. 1048; Flook, 437 U.S., at 586, 98 S. Ct. 2522.

案例三　Mayo Collaborative Services 诉 Prometheus Laboratories, Inc. 案

是告诉医生要：①测量（不知用何种方式）相关代谢物的当前水平，②应用特定的（不可专利的）、权利要求中阐述的自然规律计算毒性或无效性的当前界值，和③根据规律重新考虑药物剂量。这些指导方法并没有在自然规律中添加任何特殊的东西，除了在该领域已采用的已知的、惯用的、约定俗成的行为。同时，既然为了应用该自然规律，所讨论的步骤必须按顺序进行，那其结果也仅是告诉医生在治疗患者时如何运用该规律。Diehr 案中涉及的方法并未呈现这种特点；Flook 案中涉及的方法大致是这种特点。

（2）对于仅添加惯用步骤，其他案件给出了进一步的参考意见。对自然规律、自然现象及抽象概念进行高度概括性的详细说明，并不能使这些规律、现象及概念转变为可专利的。本法院曾详细讨论过一个英国案例，即 Neilson 案，该案涉及一项专利权利要求，其中的法律问题与本案的问题十分相似。该专利申请权利要求如下：

"为改进空气在火炉、锻炉、熔炉中产生热量的应用，需要一个鼓风装置。按如下方式使用本发明：将鼓风装置所产生的空气波或气流传入一个空气罐或容器以显著加强气流的持续性；利用管、导管或孔穿过或从该器皿或容器中进入火中，所述容器依靠人工加热其外部至一定的温度。"❶

英国法院认为，所要求的方法不仅指导使用者利用热空气比冷空气能更有效促进燃烧这个原理，还阐述该原理如何通过一种创新方式来应用。帕克男爵（Baron Parke）代表法院写道：

"很难将 Neilson's 的权利要求从阐述原理的专利说明书中区分出来，在一些法官的意识里首先认为这非常难；但经过整体考虑后，法院认为原告不仅只主张一个原理，而是一个具体体现了原理的机器，是很有价值的机器。法院认为该案必须这样来考虑，假设这个原理是公知常识，原告率先发明了通过给熔炉添加一个机械装置来应用该原理的方式；他的发明如下：在鼓风装置和熔炉之间，提出一个用于加热空气的容器。对这个容器，通过加热容器外部使空气得到加热，从而，实现将原来的冷空气气流在已加热的状态下进入熔炉的目标。"❷

因此，所主张的方法不仅包括自然规律，还包括几个非惯用的步骤，例如加入了容器、对容器外部加热以及将空气吹入熔炉，将权利要求限定为一个对原理具体、实用的应用。

对 Bilski 案，法院认为权利要求包含了一个规避价格变化风险的方法，举

---

❶ Morse, 15 How. 62, at 114—115.
❷ Neilson v. Harford, Webster's Patent Cases(韦氏专利案例), at 371.

例说明，以固定价格与卖方协议购买商品，反映了卖方想规避价格下降的风险的愿望，而以固定价格将商品卖给消费者，反映了消费者想规避价格上涨的风险的愿望。一个权利要求描述该方法；其他权利要求将该方法简化为一个数学公式。❶ 法院认为对"对冲原理"的描述是"一个不可专利的抽象概念"。事实是，一些权利要求将规避风险限定为用于期货及能源市场，并指明"公知的随机分析方法可以用于帮助确立输入公式的数据"，这并不破坏在Flook案中确立的结论，即"将一个抽象概念限定在某一使用领域或添加象征性的后续解决步骤，并不能使该概念可专利"。

最后，对Benson案，法院考察了在一个通用数字计算机上将二进制编码的十进制数字转为纯二进制数字的数学方法的可专利性。该权利要求的"主旨是涵盖在任何类型的通用数字计算机上对所要求的方法的任何使用"。❷ 法院认为"一个依靠科学真理创造的新颖且实用的结构"有可能是可专利的。❸ 但法院认为仅在一个物理设备，即计算机上实现一个数学原理并不是该原理的可专利的应用。该数学公式"除了与一个数字计算机有关系，并无具有价值的实际应用"。❹ 因此，该权利要求（正如本案所涉权利要求）过于宽泛；与一个仅宣称"运用运算法则"的权利要求并无实质区别。

（3）法院再三强调上述最后一个观点，即专利制度不能因不恰当的束缚对自然规律的进一步应用而抑制进一步的研究发现。因此，在Morse案中，对赛谬尔·摩尔斯（Samuel Morse）的一般权利要求，即"利用电流或电偶电流，……不论如何去开发，用于在任意远程制造或印刷可读字符、字母或符号"，法院判定不可专利。❺ 法院解释道：

"也许随着科技的进步，将来某个发明家可能会发明一种不采用原告说明书中阐述的任何方法或组合，而利用电气或电流的手段远程记录或打印的方式。那种发明可能会是不那么复杂、不易出故障、建造费用或运行费用不那么高昂。然而，如果该专利涵盖了这项发明，不经专利权人的许可，该发明家就不能使用这项发明，而公众也无法从中受益。"

与之类似，在Benson案中，法院指出涉案权利要求过于抽象和笼统的涵盖了对所涉数学公式的已知和未知的应用。❻ 在Bilski案中，法院指出，允许

---

❶ 130 S. Ct., at 3223—3224.
❷ 409 U. S., at 64,65,93 S. Ct. 253.
❸ Id., at 67,93 S. Ct. 253(Mackay Radio, 306 U. S., at 94,59 S Ct. 427).
❹ Benson, supra, at 71,93 S. Ct. 253.
❺ 15 How. 62, at 86.
❻ 409 U. S., 93 S. Ct. 253. at 67,68.

案例三 Mayo Collaborative Services 诉 Prometheus Laboratories, Inc. 案

上诉人就风险对冲获取专利,将垄断这种方法在所有领域的运用。❶ 对 Flook 案所持观点,法院的解释是,主张的方法仅是一个计算新警报界值的公式,其可能涵盖大范围的潜在使用。❷

综上,反映了一个事实,即,即使对那些发现新自然规律的人授予专利以作为回报,很可能会鼓励他们去发现,但总的来说,那些规律和原理都是"科学和技术工作的基本工具"。❸ 因此,对那些专利授权、限制对其使用,将有阻碍在那些规律和原理上进一步创新的危险,当一个已专利的方法实际上仅为一个"应用自然规律"的指导说明,或阻止了进一步的发明而不是能够为潜在的发现提供适当的依据,那么这一危险就变得迫在眉睫。有学者认为,有关"方法"专利的一个问题是,权利要求中阐述得越抽象,越难确定其精确的涵盖范围。其风险存在于专利权人并没预见的较宽泛的情形中。❹ 还有学者认为,将基本原理排除在专利法保护外反映了"基本原理获得专有权后可能产生潜在的巨额寻租利润,还有施加在这些基本原理的潜在使用者身上的巨额交易成本"。❺

本案所讨论的自然规律是狭义的规律,可能存在有限的应用,但体现这些规律的专利权利要求涵盖了这个关系。其告诉医生治疗时测量代谢物的浓度,并根据权利要求中描述的统计关系考察测量结果。为此,它约束了医生后续的治疗决定,不论有或没有根据所描绘的运用其关联性的推论来调整治疗。并且,将普罗米修斯所述关联性与后续发现的代谢物特性、人体生理学或患者的个性化特征相结合,可能阻碍更精确推荐疗法(例如梅奥实验中所展示的)的研究。同样的,其"确定"步骤采用了高度概括的语言,涵盖了在测量代谢物后使用所述关联性的所有方法,包括后续发现的使用新方式测量代谢物水平的方法。

最高法院不需要,也不能,现在就确认本案中的步骤是否是最惯用的,权利要求的这些特征足以证明其无效性。在这里,正如最高法院已经阐述的,这些步骤并没在自然规律上添加任何有意义的东西。不同的是,一个典型的新药

---

❶ 130 S. Ct., at 3231.

❷ 437 U. S., at 586, 98 S. Ct. 2522.

❸ Benson, supra, at 67, 93 S. Ct. 253.

❹ generally Lemley, Risch, Sichelman, & Wagner, Bilski 案后的生活(Life After Bilski), 63 Stan. L. Rev. 1315 (2011)(下文简称 Lemley)(讨论《美国专利法》第 101 条对这个观点的体现);参阅 C. Bohannan & H. Hovenkamp, 无拘无束地创造(Creation without Restraint):促进发明的自由和竞争(Promoting Liberty and Rivalry in Innovation) 112 (2012).

❺ W. Landes & R. Posner, The Economic Structure of Intellectual Property Law(知识产权法的经济结构)305—306(2003).

专利或对已存在药物的新用途专利，专利的权利要求并不限定在对自然规律的特定应用。对本案最根本的担忧是，这些专利约束了太多的对自然规律的后续运用，这也加强了最高法院的结论，即，排除掉所有偏离案例法先例的诱惑，专利中所描述的方法是不符合专利条件的。

（三）

最高法院曾站在普罗米修斯的角度考虑过几个其他争议点。但这些思考并没有把我们引向不同的结论。第一，联邦巡回上诉法院在此之前维持专利有效性，依据本法院有关"将一个物品转换和缩减至不同的状态或物质，是涉及不包括特定机器的方法的权利要求可专利性的线索"的决定。❶ 联邦巡回上诉法院以其中包括了配给巯基嘌呤通过人体转换及血液转换而分析血液以决定代谢物浓度为由，认为所主张的方法符合专利条件。❷

上述第一个转换，无论如何都是不相关的。正如最高法院指出的，"配给"的步骤仅有助于挑选出可能适用自然规律的个体人群。而第二个步骤，如果不是血液转换，有可能满足专利条件，那么科学家应开发一种不涉及此类转换的、完全不同的系统来决定代谢物浓度。无论如何，最高法院声明"机器或转换"方法对于可专利性是一个"重要且有用的线索"，并没有说、也没有示意该方法是考核"自然规律"的唯一标准。鉴于此，该专利不满足条件。

第二，普罗米修斯的观点是，因为其专利权利要求中体现的特定自然规律是狭义和特指的，该专利应该维持有效。因此，建议最高法院对其不论是目前还是将来在其他领域中有可能严重妨碍的有关该自然规律的创新划出界线。❸

但这里最根本的是一个与之相关的问题：相对于对未来创新的贡献，对未来创新的阻碍到底有多大。一个基于狭义自然规律的专利对未来研究所产生的阻碍，可能不会与一个基于爱因斯坦相对论的专利有一样重大的阻碍。如最高法院在上文中指出的，即使一个狭义的自然规律（正如本案中的）也会阻碍未来的研究。

从任何角度来看，本案并不以不同自然规律而区别，不论其依赖的原则是否足够狭义。例如，Flook 案认为狭义的数学公式不可专利。❹ 这是可以理解

---

❶ Benson, supra, at 70—71, 93 S. Ct. 253; Bilski, supra, at ——, 130 S. Ct., at 3225—3227; Diehr, 450 U. S., at 184, 101 S. Ct. 1048; Flook, supra, at 588, n. 9, 98 S. Ct. 2522; Cochrane v. Deener, 94 U. S. 780, 788, 24 L. Ed. 139 (1877).

❷ 628 F. 3d, at 1356—1357.

❸ 被上诉人辩词 42—46；Lemley 1342—1344（讨论类似的问题）。

❹ Flook 案, 437 U. S. 584, 98 S. Ct. 2522, 57 L. Ed. 2d 451.

案例三 Mayo Collaborative Services 诉 Prometheus Laboratories, Inc. 案

的。法院和法官并不适合做出需要区分不同自然规律的判决。而且，以往案例已经做出明确指示，禁止对自然规律、数学公式及那些类似的适合作为基础的"构成部件"的概念授予专利权。

第三，政府主张，实际上任何不仅是陈述一个自然规律的步骤都应该将一个不可专利的自然规律转换成足以满足《美国专利法》第 101 条的要求的、潜在的可专利的应用（见法庭之友提供的诉讼摘要）。政府没必要相信，仅在自然规律的基础上进行了最低限度的扩展的权利要求（如本案的权利要求）应当获得专利。按其中的观点，其他法定条款能起到这种筛选功能，如，《美国专利法》第 102 条强调权利要求的方法需要具有新颖性，第 103 条要求不能"相对于现有技术是显而易见的"，第 112 条要求"完整、清晰、简洁、准确"的描述。按照这些观点，本案的专利权利要求不满足第 102 条规定的新颖性要求。

虽然如此，但这一方法可能使"自然规律"例外原则相对于第 101 条可专利性的要求形同虚设。这一方法与已有法律并不相一致。相关案件根据第 101 条得出结论，而非后面的条款做出裁定。一个人可以"发明"一个机器或一个产品，其可以是太阳下人类所制造的一切东西，但其必须满足第 101 条的可专利性要求。❶

最高法院认为，在评估附加步骤的重要性时，采用第 101 条考察可专利性，有时可能包括第 102 条的新颖性。但并不总是需要这样做。如果全部转用后续条款来考察可专利性，认为那些条款能够起到其不能胜任的作用，将带来重大的法律不确定性风险。

那么自然规律，包括新发现的（及新颖的）自然规律在政府主张的"新颖性"考察中扮演什么角色呢？直观来看，就是可以推测一个新发现的自然规律是新颖的。政府主张观点的大意是，判断自然规律整体新颖性的时候，可以不考虑其组成部分的新颖性。❷ 但适用第 102 和第 103 条时，对于把自然规律作为现有技术的一部分情况并没有规定如何处理。❸ Diehr 案中指出，必须把专利的权利要求作为一个整体考虑。如果用第 102 和 103 条评估专利申请时故意驳回所有的自然规律，那么将"使得所有发明创造都不可专利，因为所有的

---

❶ Bilski, 130 S.Ct. 3218, 177 L. Ed. 2d 792; Diehr; Flook; Benson, 409 U.S. 63, 93 S.Ct. 253, 34 L. Ed. 2d 273. H. R. Rep. No. 1923, 82d Cong., 2d Sess., 6(1952).

❷ 参见美国法庭之友提供的法律意见书 27。

❸ Diehr, 450 U.S., at 188, 101 S.Ct. 1048.

发明创造都可以归结为依赖于自然原理,从而一旦被发现,就使其实施显而易见"。❶

第112条仅要求"对发明创造的描述必须完整、清楚、简洁、确切,使得本领域技术人员能够制造和使用"。该条款并没有关注如果自然规律(或其等同物)满足这些条件,把自然规律作为例外可能带来的风险,即对自然规律授予专利将在很大程度上阻碍未来的创新。❷

基于上述考虑,最高法院决定不采用政府用第102、第103及第112条来代替第101条来考察的建议,第101条已建立较好的考察标准。

第四,一些法庭之友支持普罗米修斯,认为如果驳回本案的专利权,那么将对医疗研究者进行有价值的发现产生巨大的干扰,尤其是针对诊断研究。其中还包括对新的自然规律的研究发现,这类研究耗资巨大,且"使得美国在这一领域处于世界领先",是需要保护的。❸

其他医学专家,指出出于相反方面的政策考虑,强烈反对保持该专利权有效的判决。美国医学会、美国医学遗传学学院、美国医院协会、美国人类遗传学协会、美国医学院办会、分子病理学协会,及其他医学组织指出,如果"有关人体对疾病和医学治疗自然反应的权利要求被允许获得排他权利,结果将有大量的排他权利产生,阻碍那些必须保持大范围可用性、以便医师们能够提供可靠医疗服务的关键科学数据的使用"。❹

这些观点存在如此之大的差异,对此最高法院并不诧异。专利保护归根结底是一把双刃剑。一方面,所承诺的排他的权利保护为创造、发明和发现提供了资金动力。另一方面,过量的排他权将阻碍信息的传播,这些信息本可以许可、切实激励发明,例如通过提升已取得专利权的想法的使用价格,要求潜在使用者控制成本、花费时间检索已有专利、提起专利申请、需要协商形成不同

---

❶ Id., at 189, n.12, 101 S.Ct.1048. 参见 Eisenberg,时代的智慧还是永久管业限制(Wisdom of the Ages or Dead Hand Control?)Bilski 案后诊断方式的可专利主题(Patentae Subject Matter for Diagnostic Methods After In re Bilski),3 Case W. Res. J. L. Tech. & Internet 1, ___ (forthcoming, 2012)(原稿第85—86页,在线地址 http://www.patentlyo.com/files/eisenberg.wisdomordea dhand.patentlyo.pdf(2012年3月16日访问,在 Clerk of Court's case file 中也可查到));2 D. Chisum, Patents § 5.03[3](2005).

❷ Lemley 1329—1332《美国专利法》第101和112条之间的主要区别(outlining differences between §§ 101 and 112);Eisenberg, supra, at——(manuscript, at 92—96)(similar). Compare Risch, 万物可专利(Everything is Patentable), 75 Tenn. L. Rev.591(2008)定义《美国专利法》第101条的最低条件(defending a minimalist approach to § 101) with Lemley(反映了 Risch's 的思想变化).

❸ 参见被上诉人辩词52。

❹ 参见美国医学遗传学学会提出的法律意见书7;法律意见引 A6、A16,指出西欧大部分地区不对医疗方法授予专利。App. to Brief for Association Internationale pour la Protection de la Propriete Intellectuelle et al. as *Amici Curiae* A6, A16.

案例三 Mayo Collaborative Services 诉 Prometheus Laboratories, Inc. 案

的许可协定。同时，专利制度的基本规则必须管理众多不同领域的人类创新行为，在这些规则作用下产生的效果是，努力在这些因领域而不同的利益之间取得平衡。❶

最终，法院在做出任何需要背离现有一般法则的决定前必须考虑再三，以免形成一个新保护规则看起来符合某一领域的需求，但却对另一领域产生不可预知的后果。法院必须认识到，国会才是能起草更为精细适当的法规的人选。❷ 法院无须从政策的角度来决定是否须要增加对其余自然法则的诊断方法的保护。

出于上述原因，法院得出结论，本案所涉专利实质上是在主张作为基础的自然规律本身。权利要求因此无效。撤销联邦巡回上诉法院的判决。

最高法院兹此判决。

三、案件解析

方法专利的可专利主题判断标准是美国各界长期以来的争论热点，但最高法院一直没有给出广泛适用的绝对标准。《美国专利法》禁止对自然规律、自然现象和抽象概念给予专利保护，但是任何的发明或创新都不可避免地包含对自然规律的应用，那么什么样的附加步骤才能起到实质性的作用，使基于自然规律的发现转化成可受到专利保护的发明呢？

本案所涉及的诊疗方法专利是近年来个性化药物研究蓬勃发展的重要代表。个性化药物似乎是医药行业研发的发展方向。根据个体差异研制药物，能向患者提供诊断测试和更具针对性的治疗。这种全新的疗法为医药行业带来可观的利润和发展预算，因此，各公司十分积极地为医疗检查方法申请专利。对于本案，如果美国最高法院维持专利有效，会有越来越多的类似专利，病人的治疗成本将大幅增加；如果美国最高法院撤销专利权，相当于缩减了医药行业的经费来源，则会打击医药行业的研发动力。本案的法官认为，普罗米修斯实验室的专利是对自然规律的垄断，会抑制新的发明创造。法官写道：爱因斯坦也不能为他那著名的 $E=mc^2$ 申请专利保护；也不能仅仅因为告诉线性加速器的操作人参考这一方程来决定一定质量的物质所产生的能量而申请专利。

专利制度是把双刃剑，鼓励创新和抑制创新。美国最高法院对此，一方面希望尽量平衡各方利益，使专利制度不过分扩张，从而影响未来的科技发展和市场的有序竞争；另一方面不希望过分缩限专利的保护范围，影响厂商的未来

---

❶ 参见 Bohannan & Hovenkamp, 无拘无束的创新 (Creation without Restraint), 第 98～100 页。
❷ 比较《美国专利法》第 161～164 条，植物专利的特殊规则。

研发动力。正如法官在判决的最后所指出的,最高法院必须在做出需要背离既有一般法则的决定前考虑再三,以免形成一个看起来符合某个领域的需求,但却对另一个领域产生不可预知后果的新保护规则。国会才是起草法规的适当人选。因此,最高法院无须从政策的角度来决定是否须要增加对基于自然法则的诊断方法的保护。

从判决内容来看,美国最高法院虽然对应用自然规律的方法专利并没有给出通用标准,但清楚地阐明了以下观点:第一,发现自然规律本身并不具有可专利性;第二,对于自然规律的应用,如果是仅包括该领域公知的、惯用的知识,那么该应用亦不符合可专利性的要求;第三,如果符合《美国专利法》的要求,对于自然规律的应用是有可能获得专利权的。同时,本案的判决结果进一步明确了联邦巡回上诉法院所采取的"机器或转换"标准的效力,即该标准是判断方法专利的重要线索,但并非是决定性的、唯一的标准。

在2010年6月Bilski案的基础上,对专利权利要求书中究竟该如何对方法进行描述才能接近可专利要求的问题上,本案似乎拨开一层薄雾。从近来美国立法和司法的发展变化可窥一斑,截至2005年左右的追求扩大专利保护的势头已然消减,目前趋势似乎是要带回到一个强调各方均衡的阶段。在处理诊疗方法、商业方法这些方法类专利的策略上,本案将对后续案件将产生重大影响,对其他国家也具有很强的可借鉴性。

参考文献

[1] 李丽娜. 可专利主题的判断标准 [J]. 中国发明与专利,2010 (12):101-104.

[2] 美国最高法院. 最佳代谢范围的检验方法不具有授予专利资格 [J]. 中国专利与商标,2012 (2):108.

[3] Prometheus unsound[EB/OL]. The Economist. [2012-05-24]. http://www.economist.com/node/21551087.

[4] 孙远钊. 如何超越自然法则的步骤可以获得专利?——美国联邦最高法院的大难题 [EB/OL]. 群创智财月刊. [2012-03-30]. http://www.uipex.com/monpub_show.aspx?ID=MP12033014462785.

[5] Take it personally, A legal fight over a new generation of medicine [EB/OL]. The Economist. [2011-12-10]. http://www.economist.com/node/21541445.

David J. KAPPOS 诉 Gilbert P. HYATT 案

——诉讼新证据

◎谢 静

> **摘要**：专利申请人 Gilbert P. Hyatt 向美国专利商标局提交了名称为"拥有多重缓冲输出装置的改良记忆体系"的专利申请，涉及处理图像信息的计算机显示系统。由于该发明的部分权利要求项未得到说明书的充分支持，美国专利商标局审查员驳回了该申请。美国专利申诉与抵触委员会驳回了申请人重新审理的请求。在地方法院提起民事诉讼时，Hyatt 提交了涉及问题争议点的新证据，但法院以其未能就为何没在更早阶段提交声明的过失行为做出解释为由，拒绝采纳新证据，基于美国专利商标局行政记录驳回其诉求。Hyatt 不服，向联邦巡回上诉法院上诉。联邦巡回上诉法院进行了全院庭审，支持了申请人的诉求，认为本案属于《美国专利法》第145 条的民事诉讼，该诉讼允许申请人提交未向美国专利商标局提交过的新证据，从而对美国专利商标局的驳回决定提出质疑，法院必须重新考虑新的事实所涉及的问题。本案将"《美国专利法》第145 条民事诉讼中，是否允许申请人提交新证据"这一百年来备受美国专利业界关注的议题，再次推到了风口浪尖。

一、案件回顾

吉尔伯特·P. Hyatt（以下简称 Hyatt）是美国专利申请第 08/471,702 号（以下简称 702 号申请）的唯一记名发明人，发明名称为"拥有多重缓冲输出装置的改良记忆体系"，涉及处理图像信息的计算机显示系统。

Hyatt 于 1995 年 6 月 6 日提交 702 号申请。在提交时，702 号申请包括 238 页的说明书、40 页的图表和 15 项权利要求。Hyatt 提交了数次涉及附图和说明书的修正在内的初步修正，并增加了 74 项新的权利要求。

在官方通知书中，审查员以多种理由驳回了所有审理中的权利要求，包括放弃、显而易见性以及重复授权。Hyatt 提交了一份回复，对涉及放弃、显而易见性的驳回意见进行反驳，并对相关权利要求进行修正以使之与他的其他同时待审申请的权利要求有所区别。不仅如此，Hyatt 还取消了部分原有权利要求并增加了一些新的权利要求，使权利要求总数达到 117 项。

审查员告知 Hyatt，其提交的回复不够充分，理由是 Hyatt 未能在说明书中就其修正以及新增的权利要求标明其新颖性或予以支持。最终，审查员发出审结通知书，驳回了全部 117 项权利要求。审查员将某些权利要求的主题归类为"说明书中缺少支持"，并根据《美国专利法》第 112 条第 1 款予以驳回，理由是不符合说明书撰写和授权要求。其他驳回理由包括显而易见性类和重复授权等。

Hyatt 向美国专利申诉与抵触委员会（以下简称委员会）提起申诉，在长达 129 页的申诉书中，他对审查员的每一个驳回理由进行反驳。对于撰写要求的驳回，Hyatt 驳称审查员所认定的缺少充分的书面说明在其说明书中具有"广泛的基础"。Hyatt 提交了一份表格，其中列举了说明书中包含了审查员所反对的"专业术语"的特定页面。就某些术语，Hyatt 还标明了说明书中描述相关术语的图表和页面位置。

委员会推翻了审查员有关显而易见性和重复授权的驳回。关于撰写要求的驳回，在按照要求就说明书进行审议后，委员会推翻了审查员所有有关说明书撰写要求和授权要求的驳回，包括 38 项涉及待审的权利要求以及其他 79 项涉及此类驳回的权利要求，指出审查员所认定的书面撰写不充分的特征中，有的属于充分披露，有的则属于根本未主张权利。鉴于此，Hyatt 在委员会阶段成功打败了 93% 的审查员驳回意见。

Hyatt 提交了重新审理的请求，但委员会未进行实质审理即予以驳回，理由是 Hyatt 提起的新诉求完全可以在之前即向审查员或委员会提交。

就此，Hyatt 依照《美国专利法》第 145 条向哥比亚地区法院提起针对美国专利商标局局长的民事诉讼。Hyatt 提交了一份针对说明书撰写的驳回的书面声明，针对审查员的驳回意见予以详细解释和说明。

地方法院认为，Hyatt 可以在更早的时候，即委员会审议其专利申请之前即提出此声明。Hyatt 对其未在委员会程序阶段提交声明不存在合理理由，"Hyatt 未能就其为何没在更早阶段提交声明的过失行为做出解释，因此，地区法院无须就行政程序结束之后过失性提交的证据进行审议"。法院以委员会的事实认定为实质性证据进行审理，做出了待审权利要求因不符合说明书撰写要求而不能获得专利的即决判决。

在上诉法院阶段，上诉法院通过全院庭审支持了 Hyatt 的诉求，认定本案

案例四　David J. KAPPOS 诉 Gilbert P. HYATT 案

属于《美国专利法》第 145 条的民事诉讼，该诉讼允许申请人提交未向美国专利商标局提交过的新证据，从而对美国专利商标局的驳回决定提出质疑，法院必须重新考虑新的事实所涉及的问题。

卡波斯局长于 2012 年 1 月 9 日向最高法院提起上诉。最高法院签发调卷令。2012 年 4 月 18 日，最高法院宣布维持上诉法院的判决，裁定卡波斯局长败诉。

二、法院判词

最高法院法官托马斯做出如下判决：

1. 关于以获得专利权为目的而针对美国专利商标局局长的民事诉讼，《美国联邦证据法》和《美国联邦民事诉讼程序法》中没有任何规定就申请人在已提交证据之外提交新证据的权利做出限制。

2. 如果新证据针对事实争议点，地区法院须基于新证据以及美国专利商标局行政记录开展 de novo❶ 事实裁决。

维持原判，发回重审。

根据 1952 年《美国专利法》，如果专利局的审查员驳回了一件申请，申请人可向专利商标局的专利申诉与抵触委员会提起复议。如果委员会也驳回了申请，申请人可适用《美国专利法》第 141 条直接向巡回上诉法院起诉。或者，申请人可适用《美国专利法》第 145 条提交针对美国专利商标局的民事诉讼，该诉讼允许申请人提交未向美国专利商标局提交过的新证据。

被告 Hyatt 提交了一件涉及大量权利要求的专利申请。专利审查员以书面描述不充分为由驳回了全部权利要求。Hyatt 向申诉与抵触委员会提起上诉，委员会仅支持了其部分诉求。按照《美国专利法》第 145 条，Hyatt 向地方法院提起民事诉讼，但地方法院拒绝考虑 Hyatt 就其缺乏书面描述的权利要求撰写的适当的书面描述，而将审议范围限于行政记录。适用《行政程序法》（APA）的温和的"真实证据"标准审议了美国专利商标局的行政记录后，地方法院做出了支持局长的即决判决。在上诉中，联邦巡回上诉法院撤销了地方法院的判决，支持了专利申请人在第 145 条诉讼中可提交新证据的诉求，并明确了相关行为只受《联邦证据法》以及《美国联邦民事诉讼程序法》的约束。上诉法院还列举了在先判例，即当出现相反证据时，地方法院必须启动重新审查事实裁决程序，以将相关证据纳入考虑范围。

---

❶ De novo 是上诉法院对原审法院的 3 种审判标准之一，另外两种是 Clearly erroneous 和 Arbitrary and capricious。在依照 de novo 标准进行审理时，《行政程序法》（APA）规定当事人可以提交新的书证。

判决：《联邦证据法》和《美国联邦民事诉讼程序法》中不存在任何规定，就专利申请人在第 145 条诉讼中就已提交申请之外增加新证据的权利加以限制。如果新证据针对事实争议点，地区法院须基于新证据以及美国专利商标局行政记录开展重新审查事实裁决。

（1）第 145 条，从其清晰的条款内容看出，既未就地方法院的诉讼程序做出有关证据的特殊限定，也未就美国专利商标局事实认定的审理建立更高标准。但是，局长主张行政法的背景原则是有关新证据可采纳性的适用规则，且该原则就第 145 条诉讼建立了有关审议的温和标准。然而，正如局长所主张，第 145 条诉讼的司法审议并非仅限于行政记录，因为地方法院应当采纳并考虑新证据。地方法院在审理案件时，必须扮演"事实认定者"的角色。并且，如果美国专利商标局的事实认定与新证据出现抵触，则不可适用《行政程序法》的温和标准来审议美国专利商标局的事实认定。不仅如此，"行政救济穷尽"原则（指在法律规定了行政救济的情况下，当事人首先应当利用一切可能的行政系统内部的救济手段，然后才能请求法院给予救济的法律原则）的根本目的是"避免过早介入行政程序"，这一原则并不适用，理由是美国专利商标局程序在第 145 条诉讼启动伊始即告终结。

（2）1870 年《美国专利法》，即制定法修订本第 4915 号的核心理念，在第 145 条中大多得到原封不动的保留。因而根据第 4915 号做出的判决对该法院有关第 145 条的理解亦适用。Butterworth 诉 United States ex rel. Hoe 案及 Morgan 诉 Daniels 案均对 4915 诉讼的实质加以阐述，但能感觉到这两个案子的判决似乎存在一些出入。Butterworth 案定义为一件新启动的民事诉讼，其目的是获得有利于专利申请人的重新审理判决；而 Morgan 案将其定义为根据温和标准提起的、旨在对行政机构的决定进行司法审议的诉讼。两个案件存在明显的区别，然而，这是因为它们强调的是不同的情况。前者涉及专利申请人就其申请被驳回而起诉；后者则涉及抵触审查程序，目前由第 146 条而非第 145 条管理，该条款下不允许提交新证据。在本案中，地方法院只涉及第 145 条的诉讼，该程序允许向地方法院提交新证据，因此，**Butterworth 案适用为本案的在先判例**。鉴于此，地方法院在审理涉及第 145 条诉讼时，应当考虑所有可采纳的证据，同时也不能仅考虑未能向美国专利商标局提交的新证据。关于在第 145 条诉讼中的新证据提交，只适用《美国联邦证据法》和《美国联邦民事诉讼程序法》的规定，并且，如果向地方法院提交的新证据涉及事实认定的争议点，则地方法院需要开展重新审理事实认定，同时考虑新证据以及此前已向委员会提交的证据。

（3）然而，地方法院应当考虑，申请人是否有机会在此前向美国专利商标

案例四 David J. KAPPOS 诉 Gilbert P. HYATT 案

局提交该新证据，从而决定该证据的证明效力。

托马斯法官宣读了法庭意见：

1952年《美国专利法》赋予其专利申请被专利商标局驳回的专利申请人挑战美国专利商标局决定的机会，专利申请人可向联邦地区法院提起针对美国专利商标局局长的民事诉讼。在这一诉讼程序中，申请人可向地方法院提交其未曾向美国专利商标局提交的新证据。这一案件需要考虑两个问题。首先，最高法院必须决定是否存在有关限制申请人向地方法院提交新证据的规定。基于在下面要阐述的理由，最高法院认定，除《美国联邦证据法》和《美国联邦民事诉讼程序法》之外，不存在任何涉及证据的限制性规定。其次，最高法院必须确定地方法院在考虑新证据时应当适用的审理标准。在这个问题上，最高法院认为，地方法院在出现涉及争议问题点时，必须重新审理事实认定。但是，在决定该证据的证明效力时，地方法院应确认申请人在此前是否有机会向美国专利商标局提交该证据。

（一）

《美国专利法》（1952年）建立了有关美国专利商标局审查专利申请的程序。专利审查员首先要确定申请人是否满足专利法所规定的专利授权要件。如果审查员驳回了申请，专利申请人可向美国专利商标局专利申诉与抵触委员会提起复审申请。如果委员会也驳回了申请人的诉求，《美国专利法》向不满意的申请人提供了两个选择以对委员会的决定进行司法审议：（1）根据《美国专利法》第141条，直接就委员会的裁决向联邦巡回上诉法院提起上诉；（2）依照《美国专利法》第145条，向哥伦比亚特区地方法院提起民事诉讼。[注1]

> [注1] 2011年9月16日，美国总统签署《美国发明法案》。该法对《美国专利法》做出了重大改变，其中若干条款与本案相关。例如，该法将第145条民事诉讼的管辖地由美国哥伦比亚地方法院变为美国弗吉尼亚东区地方法院；将专利申诉与抵触委员会更名为专利审判与上诉委员会等。没有一方认为，该法会对当前审议的问题产生实质影响，本案所有参考和引用信息均来源于该法立法之前。

在针对第141条的诉讼中，联邦巡回上诉法院在审议美国专利商标局的决定时，必须基于在美国专利商标局阶段的相同行政记录。因此，申请人在该程序下没有提交新证据的机会。在此前的判例中，❶最高法院已确认了适用于联邦巡回上诉法院审议涉及美国专利商标局事实认定的法律。最高法院认为，

---

❶ Dickinson v. Zurko, 527 U.S. 150, 119 S. Ct. 1816, 144 L. Ed. 2d 143(1999).

美国专利诉讼要案解析

《行政程序法》适用于涉及第 141 条的诉讼，因此联邦巡回法院只有在获得"实质性证据的支持"时，才能否定美国专利商标局的事实认定。

在 Zurko 一案中，最高法院也注意到，与第 141 条诉讼不同，第 145 条诉讼允许申请人向地方法院提交未曾向美国专利商标局提交的新证据。这一提交新证据的机会极为重要，至少是由于美国专利商标局通常不接受口头证词。但是，最高法院尚未确认，是否存在相关规定，限制此类程序中申请人提交新证据的权利；以及地方法院在审理相关证据时应当依据的恰当标准。

（二）

1995 年，被告 Hyatt 提交了一件专利申请，经过修正之后，该申请包含的权利要求共 117 项。美国专利商标局的专利审查员就各权利要求做出了缺乏充分的书面描述的驳回决定。参见《美国专利法》第 112 条 [（专利申请的）文书必须包含一份说明书，描述所申报的发明、制作与使用该项发明的方式和工艺过程]。Hyatt 向委员会申诉，委员会批准了其中 38 项权利要求，但驳回了其他权利要求。Hyatt 随即依据第 145 条向联邦地区法院提起了针对美国专利商标局局长的诉讼，即本案的原告。

为推翻委员会关于专利申请缺乏充分的书面说明书支持的结论，Hyatt 向地方法院提交了一份书面声明。声明中，Hyatt 指出专利说明书中的哪些部分，在他看来，已经支持了那些委员会认为不具专利性的权利要求。地方法院决定不予采纳 Hyatt 的声明，因为申请人"无权提交新证据，至少在缺少其未向专利局提交该证据的正当理由时"。由于被排除的声明是本案涉及第 145 条的诉讼中由 Hyatt 提交的唯一新证据，地方法院需要考虑的所有证据仅剩下美国专利商标局的行政记录。因此，地方法院适用《行政程序法》的温和"实质性证据"标准审议了欧洲专利局的全部事实认定结果。基于该标准，地方法院做出了支持美国专利商标局局长的即决判决。

Hyatt 上诉至联邦巡回法院。陪审团根据多数意见做出决定，认为《行政程序法》对第 145 条诉讼的新证据引入予以限制，因此地方法院的审理并非"完全的重新审理"。联邦巡回法院同意就该案进行全院庭审并撤销了地方法院的即决判决。全院庭审首先判定，"国会有意赋予申请人在第 145 条诉讼中自由提交新证据的权力，该行为仅受适用于其他各类民事诉讼的法律法规管辖，即《美国联邦证据法》和《美国联邦民事诉讼程序法》"，即使是申请人不拥有其未向美国专利商标局提交该证据的合理理由。回顾在先判例，法院还认定，当第 145 条诉讼中引入了新的、有冲突的证据时，地方法院必须进行重新审理的事实认定，以将相关证据考虑在内。最高法院发布调卷令，维持原判。

案例四　David J. KAPPOS 诉 Gilbert P. HYATT 案

（三）

美国专利商标局局长对联邦巡回法院的判决的两方面内容均表示不服。首先，局长主张认为，地方法院只有在证据提交人在美国专利商标局的初审阶段没有合理的机会提交相关证据时，才能采纳新证据。其次，局长主张，当出现新证据时，地方法院只有在新证据明显证明美国专利商标局的事实认定存在错误时才能将之推翻。这两项主张均基于一个原则，即第145条建立了一个有别于典型的民事诉讼的特殊程序，因此，该程序由其他程序规则所管辖。为支持其对第145条的解释，局长引用了行政法的背景原则以及早于第145条的专利法规的在先实践。基于以下讨论的理由，最高法院认为上述因素既不能证明为适当的新证据规则，也不是有关第145条事实认定审议的更高标准。

1. 关于局长的上诉诉求，最高法院首先解读第145条的规定。该条授权对美国专利商标局审批意见不予认同的申请人"通过针对局长的民事诉讼获得救济"。该条进一步解释了，地方法院"应当就该申请人有资格就其发明获得专利权做出判决，正如在其与美国专利商标局决定有关的各权利要求中所说明的那样，亦如本案事实所表明的那样，而且判决应当授权局长依照法律要求授予该专利权"。在该条款中，第145条既未就地方法院程序做出特殊的证据限定，也未建立涉及美国专利商标局事实认定的审议的更高标准。

2. 由于第145条的文本中没有对其主张给予明确支持的表述，局长辩称该法的解读应当基于行政法的传统原则，国会已在《行政程序法》中使其法典化。局长指出，第145条要求地方法院审议美国专利商标局，一个拥有特殊职责和专家团队的行政机构所做出的合理决定。因此，局长主张认为，地方法院应当尊重美国专利商标局的事实认定。局长进一步指出，既然传统原则要求当事人必须首先用尽其行政救济，那么地方法院只有在当事人没机会向行政机构提交相关证据时才采纳相关新证据。

最高法院不同意局长有关"行政法的背景原则是适用于决定新证据是否具有可采纳性的标准，需要在第145条诉讼的审议中采用温和标准"的主张。《行政程序法》规定，对行政决定的司法审议须仅限于相关行政记录。但正如局长所承认，由于地方法院应当考虑新证据，第145条诉讼并不受限于此。当地方法院这么做时，其必须扮演"事实认定者"的角色。在这一情形下，地方法院适用温和标准来审议与新证据相冲突的美国专利商标局的事实认定即没有多大意义。美国专利商标局，无论其职责或专家是怎样出色，也无法就未曾出现的证据提出意见。因此，地方法院必须开展重新审理的事实认定，而不是做一个《行政程序法》所设想的"复审法院"。

美国专利诉讼要案解析

最高法院还做出结论，行政救济穷尽原则不适用于第145条诉讼。局长声称申请人必须在第一阶段向美国专利商标局提交所有的可获得证据，从而允许美国专利商标局正确地适用《美国专利法》做出必要的事实认定。但正如法院在此前的判例中所说，行政救济穷尽原则的根本目的之一"当然是避免对行政程序的过早介入"。这一基本原理在本案中并不适用，由于第145条诉讼启动之时，美国专利商标局的程序已经完结。不仅如此，第145条并未提供美国专利商标局重新审议新证据的机会，且该程序中并不存在这一迫切要求，而地方法院与上诉法院不同，前者拥有接受新证据，并发挥"事实认定者"作用的权力和能力。基于第145条诉讼的上述特点——至少在那些向地方法院提交了涉及事实争议点的案件中——最高法院未被局长关于"第145条诉讼中对行政记录进行审议时适用温和原则"这一意见说服。

3. 就"法律文本或行政法的背景原则都不构成第145条诉讼中的证据限制或事实认定审议的更高标准"得出结论之后，最高法院对国会1952年颁布第145条时的证据和程序规则进行审视。尽管第145条为相对现代化的法规，但该条款中的文字源于1870年时的《美国专利法》，且第145条的历史可以追溯到1835年时的《美国专利法》。因此，最高法院首先从1836年《美国专利法》入手，美国专利商标局的前身美国专利局依该法建立，且该法第一次规定了对专利局决定的司法审议。

（1）1836年《美国专利法》第123~124条授权专利申请人可在其申请与其他申请相抵触的情形下向联邦地区法院提起衡平法诉讼。3年后的1839年《美国专利法》中，国会拓展了该条款，允许针对以任何理由被驳回的申请均可提起司法审议。根据上述法律，任何不满意审结决定的专利申请人均可提起衡平法诉讼，要求地方法院"裁定"申请人是否"有资格，根据《美国专利法》的规定和原则，就其发明拥有并获得专利"（1836年《美国专利法》第124条）。

1870年，国会再次修订《美国专利法》，在行政审议中增加中间过渡层，并就地方法院的程序进行了语言描述。根据1870年《美国专利法》，被初级审查员驳回申请的申请人可首先向由3名主任审查员组成的三人委员会提起申诉，然后向专利局局长，最后由哥伦比亚地区最高法院进行全院审理。[注2]值得注意的是，国会将法院的审理定义为基于"提交给局长的证据"的"上诉"。1870年《美国专利法》保留了其上诉被局长或哥伦比亚最高法院驳回的申请人通过向地方法院提起衡平法诉讼获得救济的规定。地方法院，通过与哥伦比亚最高法院基于行政记录的上诉所不同的程序，将"裁定"申请人是否"有资格，根据法律规定，就其发明获得专利，正如本案事实所表现"。1878年，国

案例四 David J. KAPPOS 诉 Gilbert P. HYATT 案

会修订了 1870 年《美国专利法》中的这一条款，出现了制定法修订本第 4915 条。该条款是第 145 条的直接前身。因此，当事各方均同意制定法修订本第 4915 条以及就该条进行解释的司法决定将影响最高法院对第 145 条的理解。

[注2] 哥伦比亚地区最高法院是国会在 1863 年通过设立的审判法庭。尽管该法院通常属于初审法院，当涉及全院庭审时，该法院也会发挥上诉法院的作用。

(2) 法院通过下面两个不同的案例对第 4915 条诉讼的本质进行了阐述：Butterworth 诉 United States ex rel. Hoe 和 Morgan 诉 Daniels 案。在 Butterworth 案中，法院裁定内政部长无权审议专利局长在一件抵触案件中所做的决定。在该案的讨论中，法院将第 4915 条给予的救济做了如下描述：

"根据衡平法实践及其程序，美国法院中的程序拥有专利法赋予的基本权限。这并非针对专利局提起的技术性申诉，像哥伦比亚地区最高法院的案件审理那样，必须限于该局的记录，而是基于提交的所有证据以及各方的争议点来准备并审理的。"

Butterworth 法庭还引用了许多更低法院的案例，这些案件都不约而同地将第 4915 条诉讼解释为与专利局此前的审理"完全独立"的诉讼，并清楚地表明当事各方可根据"衡平法院的规则和实践""自由地提交其他证据"。

10 年后，在 Morgan 案中，法院再次面临涉及第 4915 条的诉讼案件。在该案中，当事一方就专利局的事实认定进行质疑，但任何当事方都没有在地方法院阶段提交其他证据。该案的审理法院将当事双方的争议描述为"对已经由得到全面授权的陪审团做出过决定"的问题的事实争议，并将因此发生的地方法院程序不定义为一个独立的民事诉讼，而是"事实上是一种本质在于驳回判决的诉讼"。

基于这一观点，法院认定，行政机构的事实认定不会"仅由优势证据"就能推翻。

将 Buttherworth 和 Morgan 两个案件结合起来看，最高法院也许会察觉到这两个案件的判决似乎有所出入。Butterworth 案似乎是将第 4915 条定义为一件新启动的民事诉讼，其目的是获得有利于专利申请人的重新审理判决；而 Morgan 案似乎是将其定义为根据温和标准提起的，旨在对行政机构的决定进行司法审议的诉讼。为解决这一明显差异，局长要求最高法院将 Butterworth 案作为个案而忽视该案中的阐述，将 Morgan 案作为本案的在先判例。他认为，Butterworth 案"未就第 4915 条诉讼中哪些新证据是可接受的或此类诉讼应适用哪种审理标准进行明示"。局长还指出，Morgan 案与此不同，明确地建立了地方法院在相关程序中应适用温和标准进行审议，适用行政法的传统原

则。最高法院对局长的立场不予支持。[注3]

[注3] 双方当事人均引用了多个下级法院的判例,用以支持各自对相关条款的理解和观点,但由于这些案件过于多样,难以就国会颁布第145条的目的予以明确解释。

最高法院认为,对两个案件存在明显区别的最好解释,就是"因为它们所处的情况不同"这一事实。Butterworth案讨论的是第4915条诉讼的特点,涉及对专利局审批结果失望的专利申请人向委员会的驳回决定发起挑战。尽管这方面的讨论并非必须,但Butterworth的判决表明,这并非是一种已经得出结果的审判,使最高法院更加倾向于将其驳回。在Butterworth案中,法院详细地审议了各种提供申请人从专利局长的决定中获得救济的相关规定,做出了内政部长没有责任卷入此类程序中的决定。法院进一步调查了低级法院有关第4915条诉讼特征的决定,并总结其观点为"巡回法院中一致且正确的实践"。最高法院注意到,法院在其后的3个案件中重申了Butterworth案对于第4915条程序的合理解读。

另外,Morgan案从另一个角度对于涉及此类案件的不同情况进行审理。首先,Morgan案涉及的是抵触审查程序。尽管抵触程序之前是由第4915条管理的,但目前是由《美国专利法》中的另一条独立条款来管辖,而非第145条。此外,Morgan并不涉及在地方法院是否可以提交新证据的程序。

(3) 由于本案中最高法院关心的焦点只是第145条诉讼,而该程序允许向地方法院提交新证据。Butterworth案比Morgan案更适于引导本案的判决。在Butterworth案中,法院认为第4915条诉讼应当"按照衡平实践的一般流程和程序"来审理,且"应当根据所有提交的合理证据以及各方利用来准备并听审"。同样,最高法院认为,地方法院在审理第145条诉讼的时候应当考虑"所有提交的合理证据",而不仅仅是未曾向美国专利商标局提交的新证据。就此,最高法院同意联邦巡回法院有关"国会的意图是,申请人在第145条诉讼中可自由提交新证据的行为适用于所有民事诉讼中的法律规定,即《美国联邦证据法》和《美国联邦民事诉讼程序法》"。

最高法院还同意联邦巡回上诉法院一直以来的观点,即"当涉及事实争议点的新证据被提交于地方法院时,需要同时基于该新证据以及委员会此前已经获得的证据开展重新审理的事实认定"。正如最高法院在Zurko案中所指出,在第145条诉讼中引入新证据时,地方法院要扮演事实认定者的角色。地方法院必须评估新证据和其他证据的可信度,确定新证据与现有行政记录的一致性,进而决定新证据的证明效力。地方法院只有在重新审理的基础上才能做出决定。此外,重新审理的标准也适用Butterworth案的法院的意见,第4915

条诉讼的听证和审理"基于所有利益点"并"根据有关衡平实践的一般流程和程序"来进行。

4. 尽管最高法院驳回了局长有关审理第 145 条诉讼的更严格的证据规则以及更高的标准,最高法院同意联邦巡回法院的判决:地方法院应当,根据其判断力,"考虑案件涉及的在先程序以及美国专利商标局的事实认定,从而决定对于申请人新提交的证据给予多少权重,决定新证据的证明效力"。

尽管美国专利商标局拥有专业的专家团队对专利申请进行评估和审查,但地方法院不能因此简单尊重美国专利商标局也许是基于完全不同的事实所做出的事实认定。"如果美国专利商标局未能获得所有的事实素材,其所做判断将丧失重要性。"因此,最高法院的结论认为,地方法院尊重美国专利商标局决定的合适做法是,基于法院更为广泛的判断力决定第 145 条诉讼中新提交的证据具有多少证明效力。

局长警告说,允许地方法院考虑所有新提供的证据并开展重新审理的事实认定,将鼓励专利申请人出于将相关证据首次提交给非技术专家来审议的目的,而有意向美国专利商标局隐瞒相关证据。最高法院认为这种假想并不现实。如果申请人采用这种策略,将新证据提交给地方法院审议,将是有意在美国专利商标局阶段破坏其权利要求,寄希望于通过第 145 条诉讼获得有利于自己的投机行为。

(四)

基于上述理由,最高法院的结论是,《美国联邦证据法》和《美国联邦民事诉讼程序法》中没有任何规定就申请人在第 145 条诉讼中,在已提交证据之外提交新证据的权利做出限制。此外,如果新证据针对事实争议点,地区法院须基于新证据以及美国专利商标局行政记录开展重新审理事实裁决。根据上述结论,联邦巡回法院正确地驳回了地方法院的决定,该决定基于"无须考虑在行政程序之后失误性提交的新证据"而将新提交的证据排除在外。

最高法院兹维持原判。

三、案件解析

在本案中,美国最高法院阐明了在以获得专利权为目的而针对美国专利商标局局长的民事诉讼中,现有法律未就申请人在已提交证据之外提交新证据的权利做出限制。如果新证据涉及事实争议点,地区法院须同时基于新证据以及美国专利商标局的行政记录开展重新审查(de novo)事实裁决。

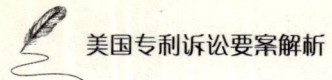
美国专利诉讼要案解析

（一）背景知识

1. 有关以获得专利权为目的的上诉与民事诉讼

根据美国法律，专利申请人如果不满专利申诉与抵触委员会❶的裁决，有两条救济途径可以选择：

一是根据《美国专利法》第141条，申请人可以就委员会的裁决向联邦巡回上诉法院提起上诉，法院将依据美国专利商标局的记录来审查委员会的裁决。

二是根据《美国专利法》第145条，申请人可以向哥伦比亚特区地方法院❷提起民事诉讼，法院将根据案情事实判断申请人是否有权就其发明获得专利。

2. 美国有关民事诉讼中的证据的适用法律

《美国联邦证据法》和《美国联邦民事诉讼程序法》是有关民事诉讼案件中证据提交的适用法律。

（二）司法解释

本案适用的是《美国专利法》第145条。对于第145条，其前身制定法的漫长立法历史几乎可以追溯至美国局的建立，现在最高法院从其前身的第4519条开始，了解一下第145条的内容与多年来的争议点。

1. 第4915条

美国国会于1836年建立美国专利局，并根据1836年《美国专利法》（1836年7月4日）建立了专利审查机制。1836年法授权专利局局长决定申请人是否可据其申请获得专利授权。如果申请人不服局长有关其申请的决定，可向由3名审查员组织的申诉委员会提起申诉，有可能全部或部分推翻局长的决定。

由3名审查员组成的申诉委员会做出的决定在单方诉讼案件中是最终决定。然而，考虑到一旦委员会是基于与未过期专利抵触的理由做出的驳回意见，1836年法规定申请人"可以根据衡平法来获得救济"。❸ 此后，国会将申

---

❶ 该委员会依2011年9月16通过的法案更名为 Patent Trial and Appeal Board（专利审判与上诉委员会）；"抵触"程序也更名为"发明权"程序（derivation proceedings）。

❷ 根据同上生效的法律，一审法院变更为弗吉尼亚东区联邦地方法院。

❸ 据《元照英美法词典》：衡平法指的是一种向衡平法院提起初始诉讼的书面机制。对申请人的衡平法诉讼具有司法管辖权的法院可以"根据该案中涉及的优先权或发明所表明的事实，裁决该申请人有权就其发明获得专利授权"。

案例四　David J. KAPPOS 诉 Gilbert P. HYATT 案

请人由于抵触而依据衡平法获得救济的权利拓展至"所有以各种理由被驳回的专利"。❶

此后数十年间美国国会对于美国专利商标局的上诉机制进行了多次变更，但没有任何变更影响到申请人依据衡平法获得单独救济的规定。1870年，国会通过了一项旨在"修订、巩固并完善有关专利和版权的制定法"的法案，该法规定了专利局内部的三级申诉程序，以及在所有申诉程序用尽之后，申请人仍可依据衡平法寻求救济：

"无论专利申请于何时被驳回，申请人可以依据衡平法获得救济；法院可以依法裁定申请人有权就其发明获得专利权。无论最终决定是否支持其诉求，此程序涉及的所有费用均由申请人承担。"

国会在此后将此条修改为《修正制定法》的第 4915 条。

2. 第 145 条

1952 年《美国专利法》修订时，第 4915 条一分为二，分别形成《美国专利法》第 145 条和第 146 条。第 145 条是涉及单方诉讼程序的条款，规定"申请人不服申诉委员会的决定，如未向美国海关法院和联邦上诉法院提起申诉的，可以提起针对局长的民事诉讼，请求救济"。

国会强调，1952 年法"未对有关美国专利商标局决定的各种上诉和其他审议做出根本性的改变"；且此后有关第 145 条的变化均不影响本案中对该条的持续适用所做的分析。

（三）案情分析

上诉法院认定的本案焦点如下：

1. 《行政诉讼法》是否要求诉讼过程中审查行政机关的记录时要遵守第 145 条的规定？

2. 第 145 条是否规定地方法院必须启动重新审查（de novo）审查程序？

3. 如果第 145 条未曾规定地方法院的重新审查程序，那么，存在哪些有关向地方法院提交新证据的限制？

就此，最高法院做出了明确的裁定，认为：

1. 关于以获得专利权为目的而针对美国专利商标局局长的民事诉讼，《美国联邦证据法》和《美国联邦民事诉讼程序法》中没有任何规定就申请人在已提交证据之外提交新证据的权利做出限制。

2. 如果新证据针对事实争议点，地方法院须基于新证据以及美国专利商

---

❶　1839 年 3 月。

标局行政记录开展重新审查事实裁决。

从第 4915 条时代开始，围绕能否在法院阶段提交未曾向美国专利商标局提交过的新证据，美国专利律师界以及专利实践者们争议不断。

支持者认为，第 145 条提供了申请人提交未在专利局阶段提交的证据的权利，为记录在案的申诉提供了一个真正清楚明确的且有价值的可选项。第 145 条诉讼并非上诉，而是新的诉讼的开始。"你可以前往衡平法院，在公开法庭作证，把它作为一个重新开始的程序，这并非就基于已完结的倾向性的假定所做的上诉，而是你站在那儿，法庭倾听你的诉说并就是非曲直做出裁定。"

因此，作为一项针对专利局的最终检验程序，在其他所有尝试都失败的情况下，帮助应当获得奖励的发明人获得其应得奖励。这也是第 145 条最大的好处：它使人有兴趣且渴望获得专利。

支持者认为，此次 Hyatt 案件的终审判决，从大的方面来说，非常有助于促进专利申请人坚持应用专利制度获得权利，有助于专利制度的发展和完善；从小的方面来说，在专利申诉与抵触委员会的申诉程序在专利审查中的作用日益重要的当前形式下，有助于对于缓减专利申请人向专利申诉与抵触委员会提交证据的压力。

但反对方则认为，从本案的记录可以很明显地看出，尽管 Hyatt 能够在官方意见书发出之后的任何时间段，就说明书的某些位置已对所争议的限制提供了说明书撰写方面的支持做出明示，但他"拒绝予以合作，拒绝提供其所掌握的证据以就审查员的正当行为做出回应"，属于"故意不合作"。

针对此案，美国专利商标局认为，尽管最高法院指出，地方法院应当根据其判断力，考虑当前程序以及美国专利商标局的认定，从而决定对申请人的新提交证据给予多少权重。但 Hyatt 的做法得到最高法院的明确支持，将进一步助长某些申请人"恶意"不配合美国专利商标局的工作，申请人可能出于战略上的考虑，在向委员会提起申诉过程中隐藏部分证据，以便案件一旦进入地方法院时推翻其认定和裁决。这不仅使美国专利商标局的行政程序效率受到影响，还将对国家的司法资源造成浪费。

（四）借鉴与启示

本案的焦点在于"以获得专利权为目的的司法程序中是否允许申请人提交新证据"，尽管最高法院就相关争议予以明晰，但由于对此次判决可能导致的行政资源和司法资源浪费，以及鼓励申请人在专利局阶段恶意隐瞒相关证据等负面效应的担忧，可以相信，专利界仍将继续就此类案件的孰是孰非争议不断。

案例四 David J. KAPPOS 诉 Gilbert P. HYATT 案

另外,本案的判决在明确了法律规则的同时,亦在专利申请说明书的充分公开以及如何减轻申请人负担等方面,为申请人和审查员这两个专利程序中的重要个体以及专利业界带来重要启示。

关于说明书的充分公开,各国的专利法律法规都要求希望获得专利权的申请人必须向社会公众充分公开其发明创造的内容。在我国的《专利法》中也有如下规定:"说明书应当对发明或者实用新型做出清楚、完整的说明,以所属技术领域的技术人员能够实现为准。"

然而,对于说明书是否充分公开了权利要求所涉及技术的内容,都是基于申请人和审查员的主观判断,在实际的申请和审查过程中,经常出现申请人和审查员的认知存在差异的情况。

在本案中,申请人认为自己就技术所作描述已足够充分,足以使本领域的技术人员全面了解,因此无须再就每一个步骤或每一个部位进行详细标注。申请人认为审查员要求其提供进一步信息的做法属于故意为难,甚至是吹毛求疵,其目的仅是出于增加申请人的负担而非更加有效地实施审查流程。与Hyatt 类似,许多被要求补充说明书信息的申请人也认为,在各国均强调应减轻申请人负担的大环境下,以书面说明不充分为由要求申请人提供更多更详细的信息无异于与专利制度背道而驰。在不影响对申请的技术理解的前提下,审查员应更加重视说明书的内容是否充分,而不应过于强调书面说明的格式化规范。

但另一方面,从审查员角度来说,依照国家法律法规,对未满足充分公开要求的申请不授予专利授权是毋庸置疑的合理做法。而且在实际情况下,也往往存在这样一种情况,有些申请人在撰写专利申请时,希望获得专利权但又怕他人了解其申请中的一些技术要点,因此在说明书的撰写中故意有所保留,使得本领域技术人员无法实现所要求保护的技术方案,导致公开不充分。因此,审查员在审查中更倾向于严格遵守说明书的充分公开这一要求。

目前,全球专利申请大幅增长,为了更好地提高审查质量、提高审查效率,应思考如何在申请人和审查员/专利局之间架起沟通的桥梁,促进申请人更加了解并遵循法律的要求,加强审查员对申请人的理解,实现专利局/审查员与申请人在推动专利制度发展过程中的互信和互相支持。在有法可依的专利制度下,各方均切实履行法律赋予自己的义务和责任,支持专利流程的有序前进,才是促进专利制度有效发展的基础和保障。

参考文献

[1] 佟姝. 专利行政案件中几种特殊类型证据的认定 [J]. 中国专利与商标, 2011 (4).

[2] 唐先锋. 我国民事诉讼庭前证据交换制度若干问题探析 [J]. 安徽工业大学学报: 社会科学版, 2003 (5).

[3] 潘炜. 说明书公开不充分的问题 [EB/OL]. [访问日期不详]. http://www.unitalen-law.com/zhouxun2/zhouxun248/ltbl.htm.

[4] 钟馗. 说明书公开不充分与权利要求得不到说明书支持 [EB/OL]. [2008-03-10]. http://zhuanlilaw.blog.sohu.com/81343258.html.

专利权确定

案例五

KSR International Co. 诉 Teleflex Inc. 案

——显而易见性判断

◎韩志杰

> **摘要**：Teleflex 公司向美国密歇根州的联邦地区法院起诉 KSR 公司，称 KSR 的可调节油门踏板装置侵犯其 Engelgau 专利的权利要求 4。联邦地区法院使用了最高法院确定的关于 Graham 一案的框架分析以及联邦巡回上诉法院的 TSM 标准分析后认为，Engelgau 专利的权利要求 4 是显而易见的，因而无效。Teleflex 上诉至联邦巡回上诉法院，上诉法院审理后认为，地区法院在判断 Engelgau 专利权利要求 4 时不正确地运用了"教导—启示—动机"的判断标准，因而撤销联邦了地区法院的判决。KSR 向最高法院提出上诉请求并被受理。最高法院经过审理，重申了此前确立的 Graham 标准，否定 TSM 标准的僵化应用，并对涉及显而易见性判断的一些问题表明了其观点。本文详细回顾了美国在非显而易见性问题上具有里程碑意义的 KSR 诉 Teleflex 案的诉讼历史，全面介绍了美国最高法院对该案的判决，并分析了 KSR 对于美国专利领域显而易见性判断的深远影响以及本案背后所隐藏的美国专利政策调整的深刻原因。

一、案情回顾

本案调卷令请求方 KSR 公司（以下简称"KSR"）为经营客车和轻型卡车脚控油门踏板装置的加拿大公司。2002 年 11 月 18 日，被请求方 Teleflex 及其附属公司 Technology Holding（以下简称"Teleflex"）向美国密歇根州的联邦地区法院起诉 KSR，称 KSR 的可调节油门踏板装置侵犯其 Engelgau 专利（US 6,237,565）权利要求 4。

2003 年 12 月 12 日，联邦地区法院支持了 KSR 的诉求，并做出即决判决：根据 1952 年《美国专利法》第 103 条（a）款，判决 Engelgau 专利权利要求 4 因具有显而易见性而无效。

随后 Teleflex 上诉至联邦巡回上诉法院。2005 年 1 月 6 日，上诉法院裁定联邦地区法院在判断 Engelgau 专利权利要求 4 时，不正确地运用了"教导—启示—动机"的判断标准，因此撤销联邦地区法院的判决。KSR 向最高法院提出上诉请求，要求最高法院签发调卷令，对该案进行审查。2006 年 6 月 26 日，最高法院决定，对 KSR 一案签发调卷令，并审查 1982 年上诉法院所确立的"教导—启示—动机"的非显而易见性标准。

2007 年 4 月 30 日，美国最高法院最终做出判决，认定联邦巡回上诉法院以狭隘僵化的并且不符合《专利法》第 103 条和判决先例的方式分析了 KSR 案件，推翻联邦巡回上诉法院的判决，将该案件发回重审。

二、法院判词

Teleflex 公司及其下属技术持有公司（简称"Teleflex"）诉 KSR 国际公司侵犯专利权。涉案专利号为 US 6,237,565，名称为"一种安装电子刹车控制的可调节踏板装置"。专利权人为 Steven J. Engelgau，因此该专利简称"Engelgau 专利"，Teleflex 获得了该专利的独占许可。

Engelgau 专利的权利要求 4 记载一种将电子传感器安装在可调节汽车踏板上的机械装置组合，使该踏板的位置传递给计算机来控制汽车发动机的油门。当 Teleflex 指控 KSR 通过向 KSR 此前设计的踏板添加一个电子传感器而侵犯 Engelgau 专利时，KSR 根据《专利法》的规定反诉权利要求 4 应当无效，因为其主题显而易见。

《美国专利法》第 103 条（a）款禁止对下列主题授予专利：当寻求专利保护的主题和现有技术之间的差异，在发明完成时就该主题作为一个整体对于本领域的普通技术人员而言，是显而易见的。

在 Graham v. John Deere Co. of Kansas City[1] 一案中，最高法院形成了适用第 103 条的框架，其基于早期 Hotchkiss v. Greenwood[2] 案及其后续案件判决的逻辑。[3] 分析是客观的：

确定现有技术的范围和内容；查明现有技术和权利要求之间的差异；以及本领域普通技术人员的水平。在此背景下，主题的显而易见性或者非显而易见性可以确定。补充因素包括商业成功、长期未解决的需求、其他人的失败等也可以用来评价寻求保护的主题的创造性。

---

[1] 383 R.S. 1,86 S.Ct. 684,15 L.Ed. 2d 545(1966).
[2] 11 How. 248,13 L.Ed. 683(1351).
[3] 383 U.S., at 15—17,86 S.Ct. 684.

案例五　KSR International Co. 诉 Teleflex Inc. 案

尽管这些问题的次序在具体个案中可以有所不同，但是这些因素一直是调查的范围。如果法院或者专利审查员通过这些分析认为寻求保护的主题是显而易见的，则根据《美国专利法》第 103 条的规定，该权利要求无效。

为保持解决显而易见性问题的统一性和一致性，联邦巡回上诉法院使用了一种被当事人称为"教导—启示—动机"的标准（TSM 标准），根据该标准，只有结合现有技术教导的一些动机或者启示出现在现有技术、问题的本质或者本领域普通技术人员的知识中时，专利的权利要求才被证明为显而易见。❶ KSR 质疑该标准，或者至少质疑该标准在本案中的应用。鉴于联邦巡回上诉法院解决显而易见性的方式与第 103 条和最高法院的先例相冲突，最高法院颁发了调卷令。❷ 现在推翻该判决。

（一）

1. 在没有计算机控制油门的汽车发动机中，油门踏板通过拉线或者其机械连接与油门相作用。踏板臂围绕着轴心点作为杆杠。在拉线油门控制中，旋转由下压踏板拉起拉线，从而拉开化油器阀门。阀门打开越宽，释放的燃料或者气体就越多，从而增加燃烧，提高汽车速度。当司机将脚离开踏板时，由于拉线放松油门关闭，而产生相反的效果。

在 20 世纪 90 年代，在汽车上安装电脑，控制发动机运转成为常事。计算机油门根据电子信号开关阀门，而不再通过与踏板机械连接的力量来控制。逐渐地，精确调节气体和燃料的混合结构成为可能。计算机优于踏板位置的快速处理提高了燃料效率和发动机的性能。

就安装有计算机控制油门并且要对司机操作做出反应的汽车而言，计算机必须了解踏板的运动。拉线或者机械连接并不能满足此目的：在此点上，有必要使用电子传感器将机械活动转化为计算机能够理解的数字数据。

在进一步讨论传感器前，首先看一些踏板的机械设计。传统设计中，踏板可以下压或者放松，但是不能在驾驶员的脚部空间通过踏板前后滑动调节位置，结果，想靠近或者远离踏板的司机必须在座位上移动或以某种方式移动座位。在驾驶员脚部空间较大的车辆中，对于身材较小的司机而言，这不是良好的解决方式。为解决此问题，在 20 世纪 70 年代，发明人设计了一种可以改变位置的踏板。对本案比较重要的两种可调节踏板有两个美国专利 US 5,010,782（1989 年 7 月 28 日申请）（Asano）以及 US 5,460,061（1993 年 9

---

❶ Al-Site Corp. v. VSI Int'l, Inc., 174 F.3d 1308, 1323—1324 (C. A. Fed. 1999).

❷ 548 U.S. 902, 126 S. Ct. 2965, 165 L. Ed. 2d 949(2006).

月17日申请)(Redding)。Asano 专利披露一种包含踏板的支撑结构,当驾驶员调节踏板位置时,踏板的一个中心保持固定。该踏板如此设计,使得无论踏板位置如何调节,下压踏板的必需力量始终相同。Redding 专利则披露一种踏板和轴心都可调节的不同滑动装置。

就传感器而言,Engelgau 专利申请前,一些发明人就发明的计算机油门控制技术涉及的电子踏板传感器获得专利。这些发明包括:美国专利 US 5,241,936 ('936号专利)(1991年9月9日申请)披露的装置。该专利教导,检测踏板位置的传感器安装在踏板上比安装在发动机上更为可取,'936号专利披露了在踏板装置的轴心安有电子传感器的一种踏板。美国专利 US 5,063,811(1990年7月9日申请)(Smith 专利)则教导,如何防止传感器与计算机连接的线路摩擦受损,并且为避免司机脚部被污损,传感器应当置于踏板装置的固定部分而不是踏板底部。

除了踏板集成传感器的专利外,发明人也就模块传感器获得了专利。模块传感器不依赖于任何特定的踏板而独立设计,所以可以脱离支架而安装在任何种类的踏板上,使得踏板可以用于汽车的计算机控制油门系统。美国专利 US 5,385,068(1992年12月18日申请)('068号专利)披露了这样一种传感器。1994年,雪佛兰生产了一系列使用模块传感器的卡车。这种传感器安装在踏板支撑支架上,在靠近踏板位置,并与踏板围绕旋转的枢轴相啮合。❶

现有技术中也包括了传感器在可调节踏板的安装位置的专利。美国专利 US 5,819,593(1995年8月17日申请)(Rixon)披露了一种检测踏板位置电子传感器的可调节踏板装置。在 Rixon 踏板中,传感器安装在踏板底部。当踏板被下压或者放松时,Rixon 踏板的线路会受到磨损。踏板和传感器技术的问题引发了本案。

2. KSR,一个加拿大公司,制造和供应包括踏板系统的汽车零部件。福特汽车公司在1998年委托 KSR 为拉线油门控制的汽车供应可调节的踏板装置。KSR 为福特汽车公司开发了一种可调节机械踏板,并获得了美国专利 US 6,151,986(1999年7月16日申请)('986号专利)。2000年,KSR 被通用汽车公司选中作为供应商,供应雪佛兰以及通用汽车的使用计算机控制发动机的轻型卡车的踏板装置。为使得'986号专利与该轻型卡车兼容,KSR 通过设计增加了一个模块传感器。

Teleflex 是 KSR 设计和制造可调节踏板的竞争对手,其获得了 Engelgau 专利的独占许可。Engelgau 专利于2000年8月22日申请,作为1999年1月

---

❶ 298 F. Supp. 2d 581,589(E.D. Mich. 2003).

案例五　KSR International Co. 诉 Teleflex Inc. 案

26 日美国专利 US 6,109,241 申请的继续申请，并以宣誓方式宣称，发明完成日为 1998 年 2 月 14 日。Engelgau 专利披露了一种可调节的电子踏板装置，说明书中记载"简化了交通工具控制踏板装置，成本更加便宜，占用了交通工具更少的空间并且更加容易安装"。其权利要求 4 记载如下：

一种交通工具控制踏板装置包括：（1）一个可调节的安装在交通工具上的支架；（2）一个可调节踏板装置，具有在上述支架前后方向移动的踏板臂；（3）一个由枢轴支撑的，装配有所述支架和旋转轴的可调节踏板装置；（4）在所述支架上为控制交通工具系统安装的电子控制。所述装置的特征在于：所述电子控制对所述枢轴做出反应，并提供踏板臂围绕枢轴点旋转时其位置的信号。

最高法院赞同联邦地区法院关于该权利要求的论述，即该权利要求披露了一种可调节位置的踏板装置，该装置将电子踏板位置传感器安装在踏板装置的支撑构件上。通过将传感器安装在支撑构件上，在司机调节踏板时使得传感器保持在固定位置。❶

在授予 Engelgau 专利前，美国专利商标局曾经驳回了一个相似但比权利要求 4 的范围更宽的的权利要求。该权利要求没有包括电子传感器安装在固定轴点的要求。美国专利商标局认为该权利要求明显是 Redding 专利和 Smith 专利披露的现有技术的结合，解释如下：

由于现有技术资料来自研究领域，披露的目的可以在 Redding 专利技术中得以确认。因此将 Redding 专利装置在 Smith 专利教导下增加支撑构件是显而易见的。

换言之，Redding 专利提供了一个可调节踏板的例子，而 Smith 专利则解释了如何将传感器安装在踏板支撑结构上，该被驳回的权利要求仅仅是将二者结合。

尽管这样更宽的权利要求被驳回，但是权利要求 4 仍然被授权，因为它包括了固定轴心点的限制，这使得其与 Redding 专利区别开来。Engelgau 专利没有包括 Asano 专利，在 Engelgau 专利的审查中也未提及 Asano 专利。因此，Engelgau 专利申请前，美国专利商标局没有参考固定轴心的可调节踏板。该专利于 2001 年 5 月 29 日被授权，并转让给 Teleflex。

在获悉 KSR 为通用汽车所做的设计后，Teleflex 发出警告函通知 KSR 其设计将侵犯 Engelgau 专利。Teleflex 认为，任何将可调节踏板与电子油门控制结合的制造商必然会使用 Teleflex 专利中的一项或者两项技术。KSR 拒绝

---

❶　298 F. Supp. 2d, at 586—587.

美国专利诉讼要案解析

与 Teleflex 进行许可费谈判，Teleflex 因而起诉侵权，并诉称 KSR 的踏板侵犯其 Engelgau 专利和其他两项专利。此后，Teleflex 放弃了相关的其他专利的主张，而集中于本专利。目前的争论在于，KSR 为通用汽车设计的踏板是否侵犯了 Engelgau 专利的权利要求 4。Teleflex 未诉称该专利的其他 3 项权利要求受到 KSR 踏板的侵犯，也未诉称 KSR 为福特公司设计的可调节踏板侵犯了其专利。

3. 联邦地区法院做出了有利于 KSR 的即决判决，通过回顾踏板设计的历史、Engelgau 专利的范围以及相关现有技术后，该法院考虑了涉案专利权利要求的有效性。根据《美国专利法》第 282 条的规定，专利权被推定有效。联邦地区法院使用了 Graham 一案的框架分析，分析在即决判决的标准下，KSR 能否推翻该推定并且表明在发明完成时根据已经存在现有技术可以判断出权利要求 4 是显而易见的。❶

联邦地区法院根据专家证词和当事人的契约认定，踏板设计领域普通技术人员的水平是机械工程的大学生（或者同等行业经验）并且熟悉交通工具的踏板设计系统。❷ 法院随后确定了相关现有技术，包括上述专利和踏板设计。

根据 Graham 案件的指导，地区法院比较了现有技术的教导和 Engelgau 专利的权利要求，发现"几乎没有差异"。❸ Asano 专利教导权利要求 4 中除了使用传感器检测踏板位置并将其传递给控制油门的计算机之外所有东西。而该情况除外的部分在其他如'068 号专利以及雪佛兰使用的传感器中也已披露。

然而，按照联邦巡回上诉法院的判例，联邦地区法院不能仅到此为止，还需使用 TSM 标准进行判断。联邦地区法院认为 KSR 满足了该标准，理由：（1）业界的情况可能不可避免地使电子传感器与可调节踏板结合；（2）Rixon 专利提供了发展的基础；（3）Smith 专利教导了避免 Rixon 专利摩擦问题的方法，即将传感器安装在踏板的固定结构上。这就使得 Asano 专利或者与之相似的踏板与传感器相结合。

联邦地区法院关于 Engelgau 专利显而易见的结论得到专利商标局驳回决定的支持，其对比权利要求 4 更宽的权利要求予以驳回。假如 Engelgau 专利申请中包括了 Asano 专利，可以推出，专利商标局可以发现权利要求 4 显然是 Asano 专利和 Smith 专利的结合，因为它已经发现了更宽的权利要求是 Redding 专利和 Smith 专利的明显结合。最终，联邦地区法院认为，Teleflex

---

❶《美国专利法》第 103 条（a）款。
❷ 298 F. Supp. 2d, at 590.
❸ 298 F. Supp. 2d, at 590.

82

案例五 KSR International Co.诉 Teleflex Inc.案

提供的 Engelgau 专利获得商业成功并不能改变这个结论,因此发布了即决判决。

在 TSM 标准的原则下,联邦巡回上诉法院推翻了该判决,并认定联邦地区法院未严格适用该标准,未能查明本领域普通技术人员的具体理解,从而使得没有发明知识的人有动机将电子控制安装在 Asano 专利的支撑架上。联邦巡回上诉法院还认为,地区法院错误地认为需要解决问题的性质满足了 TSM 标准,因为,除非现有技术资料针对的就是专利权人试图解决的问题,否则将不会促使发明人查阅现有技术资料。❶

联邦巡回上诉法院发现 Asano 专利踏板的设计在于解决"恒定比率问题",即确保下压踏板的力量无论踏板如何调节都是相同的。然而,Engelgau 专利则旨在提供一种更简单、小巧、便宜的可调节电子踏板。至于 Rixon 专利,联邦巡回上诉法院解释说,该踏板困扰于线路摩擦,但未解决该问题。在联邦巡回上诉法院看来,Rixon 专利并未教导实现 Engelgau 专利目的的东西。然后,Smith 专利与可调节踏板不相关并且不必然涉及将电子控制安装在踏板装置支撑架的动机问题。当专利通过此方式解释后,联邦巡回上诉法院认为,这不能使得本领域的普通技术人员将传感器安装在 Asano 专利描述的踏板上。

联邦巡回上诉法院认为,将 Asano 专利与传感器结合可能一直是显而易见的尝试,但与本案无关,因为"显而易见的尝试"一直被认定为不构成"显而易见"。❷

联邦巡回上诉法院也认为,地区法院关于专利商标局驳回比权利要求 4 更宽的权利要求这一决定的考虑存在错误。其解释说,联邦地区法院的角色不是推测专利商标局对 Engelgau 专利中提及的 Asano 专利的看法,相反,联邦地区法院有义务首先推定该专利有效,然后根据现有技术做出独立的显而易见性判断。事实是,尽管专利商标局曾经驳回比权利要求 4 更宽的权利要求,但该驳回在分析中无须考虑。

联邦巡回上诉法院进一步认为,重要事实存在真正争议时,不能进行即决判决。Teleflex 提供了一名专家的证词,该证词认为,权利要求 4 与 Rixon 专利相比是"一个简单、一流并且新颖的结合特征",其他专家也认为权利要求 4 是非显而易见的,因为与 Rixon 专利不相似,传感器被安装在支撑架上而不是踏板上,这些证据满足了审判的要求。

---

❶ 119 Fed. Appx., at 288.
❷ In re Deuel, 51 F.3d 1552, 1559 (C. A. Fed. 1995).

(二)

1. 最高法院首先摒弃联邦巡回上诉法院的僵化方法。纵观最高法院关于显而易见性问题的做法，已经形成了一个广泛而灵活的方式，这与联邦巡回上诉法院的 TSM 标准不相同。可以确定的是，Graham 案件确认了"统一和明确"的要求，❶ 该原则在 Hotchkiss❷ 案件中的功能方式得到确认。❸ 总之，Graham 案件确立了一个宽泛的调查，并且请法院在合适时候考虑任何有证明意义的次级因素。

无论第 103 条的规定还是 Graham 案件的分析，都与最高法院关于就现有技术中要素的结合授予专利需予以注意的指示不冲突。最高法院一直认为，仅将已有的现有技术结合形成专利，其各自功能无任何变化，因其垄断减少了熟练工人可以获得的资源。❹ 这是对显而易见的客体不授予专利的主要原因。根据已知方法，相似技术的结合仅产生可预期效果时，很可能是显而易见的。Graham 案件后的 3 个案件的判决阐述了该原则的适用。

United States v. Adams❺ 案件与 Graham 案件相似，法院认为"湿电池"与现有技术相比有两方面不同：蓄电池中包含水而不是传统上使用的酸；并且其电极是镁和氯化亚铜，而不是锌和氯化银。法院认为，当一项专利要求保护现有技术中已知的结构，并且利用本领域熟悉的替代进行变化时，该结合一定不能产生超出预期的效果。❻ 然而，其驳回了美国政府关于 Adams 电池显而易见的诉求。法院的推论原则是，当现有技术未教导现有技术的结合时，成功发现结合的方式很可能是非显而易见的。当 Adams 发明其电池时，现有技术警示其在研发中所使用的电极存在风险。事实上，该发明以意想不到和富有成效的结合方式支持了 Adams 的设计对于本领域的普通技术人员是非显而易见的这一结论。

Anderson's-Black Rock, Inc. v. Pavement 案件❼中，法院详细说明该方式。专利的主题是两种现有技术结合的装置：热辐射燃烧器以及铺路机。法院认为，该装置并未产生新的效果：热辐射燃烧器的功能与燃烧器预期的功能一

---

❶ 383 U.S., at 18, 86 S.Ct. 684.
❷ 11 How. 248, 13 L.Ed. 683.
❸ 383 U.S., at 12, 86 S.Ct. 684.
❹ Great Atlantic & Pacific Tea Co. v. Supermarket Equipment Corp., 340 U.S. 147, 152—153, 71 S.Ct. 127, 95 L.Ed. 162(1950).
❺ 383 U.S. 39, 40, 86 S.Ct. 708, 15 L.Ed. 2d 572(1966).
❻ 383 U.S., at 50—51, 86 S.Ct. 708.
❼ 396 U.S. 57, 90 S.Ct. 305, 24 L.Ed. 2d 258(1969).

案例五 KSR International Co. 诉 Teleflex Inc. 案

样,铺路机也是如此。结合中的这两部分的功能并没有单独、连续的运转。在此情形下,尽管现有技术的结合产生了有用的功能,但对热辐射燃烧器的已有专利的性能和质量未增加任何东西,因此根据第 103 条该专利申请被驳回。

最后是 Sakraida v. Ag Pro, Inc. 案件❶中,法院从先例中得出这样的结论:当一项专利仅仅将执行自身固有功能的现有技术相结合,且该结合仅产生预期效果时,该结合是显而易见的。

这些案件隐含的原理对于解答专利权利要求为现有技术结合是否显而易见这样的问题是有指导意义的。设计动机以及其他市场动力可能促使某领域已有产品在相同领域或者不同领域的变化。如果普通技术人员可以进行实现一个可以预期的变化时,《美国专利法》第 103 条可能阻止其获得专利。同理,如果一项技术用来改善某个装置,本领域普通技术人员认识到,可以以同样的方式改善相似的装置,那么除非技术使用超出了技术人员的能力,否则该技术的使用是显而易见的。Sakraida and Anderson's-Black Rock 案是一例证。法院必须询问对现有技术既有功能的改进是否仅仅是可预期的使用。

在其他案例中遵循这些原则可能比本案更加困难,因为要求保护的主题可能不仅是简单的以已知技术替代另一项技术或者是对现有技术的一部分改善后的利用。通常,对法院而言,有必要审视多项专利的相关技术:设计领域的已知需求或者市场的现状;本领域普通技术人员的背景知识。这些都是为了确定是否有明显的理由将公知技术以专利要求的方式结合起来。为有利于审查,该分析应当清晰明确。❷显而易见性的驳回理由不能仅仅给出结论性的陈述,相反,必须存在合理的推论过程以支持显而易见性的法律结论。正如最高法院在先例中明确的那样,该分析不必寻求要求保护的具体主题的直接的准确教导,而是由法院对本领域普通技术人员的创造性步骤进行推论。

2. 为了表明结合是显而易见的,应首先阐明结合已知技术的教导、启示或者动机,海关和专利上诉法院找到了一种有益的深入分析的方法。❸正如 Adams 案件中所述,包含若干技术要素的专利不能仅因为每项技术要素都独立包含在现有技术中而被证明显而易见。查明本领域普通技术人员以发明要求的方式结合技术的原因很重要。这是因为绝大多数发明建立在长期以来未解决的问题上,绝大多数发现在一定程度上也必然是已知技术的结合。

然而,有益的分析方法不能成为僵化和强制性的教条。当 TSM 标准如此

---

❶ 425 U.S. 273, 96 S. Ct. 1532, 47 L. Ed. 2d 784(1976).
❷ In re Kahn, 441 F. 3d 977, 988(C. A. Fed. 2006).
❸ Application of Bergel, 48 C. C. P. A. 1102, 292 F. 2d 955, 956—957(1961).

适用时，就不能与最高法院的先例相一致。显而易见性分析不能受词汇"教导、启示、动机"等形式概念或者过分强调公开发表文章和授权专利内容的重要性的束缚，发明研究和现代技术的多样性也反对这种限制性分析。在很多领域，可能很少讨论显而易见的技术及其结合，并且通常是市场需求而不是科学文献推动发明趋势。对无创新的普通技术进步授予专利保护将阻碍进步，向现有技术结合授予专利，可能剥夺已有发明的价值或者实用性。

自从海关和专利上诉法院制定 TSM 标准以来，联邦巡回上诉法院无疑在很多案件中适用了该原则。TSM 标准隐含的理念与 Graham 分析并不必然冲突。但是当法院将总体原则转化为限制显而易见性调查的僵化规则时，正如联邦巡回上诉法院在本案所为，就是错误的。

3. 联邦巡回上诉法院对显而易见性调查分析的缺陷，反映在 TSM 标准的适用中。在确定要求专利保护的主题是否显而易见时，专利权人的具体动机和宣誓目的都不起决定作用。真正起作用的是权利要求的范围。如果权利要求的范围延伸及显而易见的部分，根据第 103 条其将无效。专利主题可以被证明为显而易见的方式之一是注意到在完成发明时存在已知的问题，对该问题的显而易见的解决方法已经包含在专利的权利要求中。

联邦巡回上诉法院在本案的第一个错误，是认为法院和专利审查员仅应该关注专利权人试图解决的问题。❶ 联邦巡回上诉法院未能认识到，推动专利权人发明的问题可能是专利主题的诸多问题之一。问题不在于该结合对专利权人是否显而易见，而是该结合对于本领域的普通技术人员是否显而易见。

联邦巡回上诉法院的第二个错误，是想当然地认为本领域的普通技术人员只能获得与解决相同问题有关的现有技术。Asano 专利的主要目的是解决恒定比率问题，因此该法院认为，将传感器安装在可调节踏板上的发明人没有理由考虑将其安装在 Asano 专利踏板上。然而，从常识中可知，相似的东西除了其主要目的外可能有显而易见的用途，在许多案例中，普通技术人员能够将多个专利的教导组合在一起。无论 Asano 专利踏板的主要目的为何，该设计提供了一个具有固定轴心的可调节踏板的显而易见的例子。现有技术表明，固定轴心是传感器的理想安装位置。那种认为希望制造可调节电子踏板的设计者会无视 Asano 专利踏板，因为其是为了解决恒定比率问题的观点是没有道理的。普通技术人员也是具有普通创造力的人，而不是机器人。同样的局限性分析使得联邦巡回上诉法院错误地认为，专利的权利要求不能仅由技术的结合是显而易见的尝试而被证明为显而易见。当存在设计需求或者市场压力而解决问题，

---

❶ 119 Fed. Appx., at 288.

案例五 KSR International Co. 诉 Teleflex Inc. 案

并且存在有限的可预期的解决方法时，普通技术人员有良好的理由在其技术理解的范围之内选择已知的方法。如果这取得了预期的成功，很可能不是创新而是普通技术和常识的结果。对于结合是显而易见的尝试的事实，根据第 103 条可能表明其主题是显而易见的。

最后，联邦巡回上诉法院从法院和专利审查员可能陷入的事后之明的偏见中得出错误结论。当然，调查者应当认识到事后之明的偏见可能导致的扭曲，并且必须注意防止自己的观点建立在过去信息的推论上。❶ 僵化的防范性规则使得调查者不考虑常识，根据最高法院的判例法，这样做既不必要也与判例法不一致。

最高法院注意到，联邦巡回上诉法院已经将 TSM 标准的概念予以扩展❷（最高法院的启示标准实质上相当灵活，不但允许，而且要求考虑普通常识。❸ 最高法院的显而易见性理论比较灵活，因为动机可以在现有技术中暗含，没有要求实际教导结合的僵化标准）。那些判决当然不是现在才摆在最高法院面前，也并未纠正联邦巡回上诉法院在本案中的错误。在一定程度上，可以将其分析描述为与最高法院的在先判例更为一致。对于联邦巡回上诉法院而言，最高法院的判决在将来的案例中需要重点予以考虑。最高法院认为，上述基本的误解使得联邦巡回上诉法院在本案适用的标准与专利法判决不一致。

（三）

当适用最高法院解释的标准时，肯定认定权利要求 4 是显而易见的。最高法院同意并且采纳联邦地区法院关于相关现有技术的叙述以及其对本领域普通技术人员水平的判断。正如联邦地区法院那样，最高法院认为，在 Asano 专利和 Smith 专利踏板的教导和 Engelgau 专利权利要求 4 披露的可调节电子踏板之间几乎没有差异。本领域的普通技术人员能够将 Asano 专利踏板和踏板位置传感器以权利要求的方式结合，并且能预见结合带来的好处。

1. Teleflex 辩称，因为 Asano 枢轴装置的设计，Asano 踏板不能以权利要求记载的方式与传感器结合。由此，Teleflex 推论说，即使在 Asano 专利上安装传感器是显而易见的，也不能认为权利要求 4 包含了显而易见的主题。然而，该观点未提交至联邦地区法院。在联邦地区法院，Teleflex 仅声称，推动 Engelgau 专利发明的问题不能导致将 Asano 专利与传感器结合。目前尚不清

---

❶ Graham, 383 U. S., at 36, 86 S. Ct. 684
❷ DyStar Textilfarben GmbH & Co. Deutschland KG v. C. H. Patrick Co., 464 F. 3d 1356, 1367(C. A. Fed. 2006).
❸ Alza Corp. v. Mylan Labs., Inc., 464 F 3d 1286, 1291(2006).

楚该观点是否递交至联邦巡回上诉法院。Teleflex 在联邦巡回上诉法院提出了非特定的判断性的异议,即 Asano 专利与传感器的结合并不满足权利要求 4 的限制。而且,Teleflex 一方的专家证言并不支持目前 Teleflex 的观点。唯一支持该观点的证言是 Radcliffe 的证词。

该证词称,Asano 专利和 Rixon 专利是复杂的机械连接的装置,并且造价昂贵,组装困难。Engelgau 专利解决了现有技术设计之间的困难。Engelgau 专利记载的可调节踏板以及反映踏板位置的单一枢轴的使用与支架和可调节装置枢轴之间安装的电子控制的结合,是一个简单、优雅和新颖的特征结合。通过整体阅读该证言,最佳解释是,这意味着 Asano 专利不能用来解决 Engelgau 专利所要解决的问题:提供更加便宜、更加快速以及更小巧的可调节踏板装置和电子控制的结合。

联邦地区法院认定,Asano 专利与枢轴安装踏板位置传感器的结合落入了权利要求 4 的保护范围。❶ 鉴于该认定对于地区法院判决的重要性,很显然,Teleflex 如果试图继续保留该权利要求,就应对其提出更清晰的抗辩。由于 Teleflex 未能以清晰的方式提出其答辩,联邦巡回上诉法院也对该问题保持沉默,最高法院认为联邦地区法院对该问题的结论是正确的。

2. 联邦地区法院正确地推论,在 Engelgau 专利完成权利要求 4 的发明时,对于普通技术人员而言,将 Asano 专利与一个枢轴安装踏板定位传感器结合是显而易见的。因此,存在将机械踏板转化为电子踏板的强力刺激市场,现有技术也教导了一些实现该目的的方法。联邦巡回上诉法院考虑过于狭窄,仅询问在白板上进行设计的踏板设计者是否将选择 Asano 专利和雪佛兰卡车使用并在'068 号专利公开的相似的模块传感器。然而,联邦地区法院也使用了狭窄的调查,尽管其得到了正确的结果。询问的合适的问题是,普通技术的踏板设计者在面临研究领域发展的广泛需求时,是否预见到将 Asano 专利与传感器结合的好处。

在汽车设计中,如其他领域一样,部件之间相互作用,改变一个部件通常也需要对其他部件进行调整。技术的进步使得使用计算机控制油门的发动机成为标准。结果,设计者可能设计新的踏板,但是他们也有理由让之前的踏板适应新的发动机工作。实际上,KSR 正是完善了自己此前的踏板,从而被指控侵犯了 Engelgau 专利。

对于从 Asano 专利开始的设计者,其问题是在哪里安装传感器。相应的法律问题是普通技术的踏板设计者是否发现将传感器安装在固定轴心点上是显

---

❶ 298 F. Supp. 2d, at 592—593.

案列五 KSR International Co. 诉 Teleflex Inc. 案

而易见的。以上讨论的现有技术使得最高法院得出这样的结论：即，将传感器安装在 KSR 和 Engelgau 专利的安装位置对于普通技术人员而言一直都是显而易见的。

'936 号专利教导了将传感器安装在踏板装置而不是发动机上的作用。Smith 专利接着解释了不要安装在踏板底部而是其支撑结构上。从 Rixon 专利的线路摩擦问题，以及 Smith 专利教导的踏板装置必须不能对连接线有任何下压动作，设计者将会知道将传感器安装在踏板结构的非移动部分。而传感器能够容易检测到踏板的位置的非移动点是轴心。因此设计者将遵循 Smith 专利教导将传感器安装在轴心，设计出权利要求 4 包括的可调节电子踏板。

正如开始以改善 Asano 专利适应计算机控制油门为目标，设计者也有可能采用了 Rixon 专利那样的可调节电子踏板，并且寻找避免线路磨损的解决方案。根据刚才解释的相似步骤，设计者可以从 Smith 专利中学习到如何避免传感器移动。然后，由于 Asano 专利披露了可调节踏板和固定枢轴，因此将向 Asano 专利进行学习解决该问题。

Teleflex 辩称，现有技术并未教导在 Asano 专利上安装传感器，因为 Asano 踏板体积较大，复杂并且昂贵。支持 Teleflex 该论断的唯一证据是 Radcliffe 证词，该证词仅仅表示 Asano 专利不能实现 Engelgau 专利关于制造小巧、简单和廉价的踏板的目标。证词未表明 Asano 专利存在何种缺陷不能将其完善后使之适应现代发动机。实际上，Teleflex 自己的陈述驳倒了该结论。Radcliffe 博士表示，Rixon 专利存在着与 Asano 专利同样的体积大和复杂的缺陷。然而，Teleflex 其他专家解释说，Rixon 专利的设计是通过在此前存在的机械踏板上安装传感器而形成的。如果 Rixon 踏板存在不可完善的缺陷，那么 Radcliffe 博士的证言并不表明 Asano 专利也是如此。Teleflex 可能提出了似是而非的观点，即 Asano 专利与 Engelgau 专利相比，效率低下，但是以 Engelgau 专利判断 Asano 专利将会陷入 Teleflex 要求必须避免的事后之明的偏见中。因此，Teleflex 未能证明现有技术的教导不包括使用 Asano 专利。

最后，像联邦地区法院一样，最高法院认为，Teleflex 未表明阻碍判断权利要求 4 是显而易见的补充因素。根据 Graham 案件以及其他先例可以得出权利要求 4 包含的主题是显而易见的结论。因此该权利要求未能满足第 103 条的要求。

最高法院认为无须回答 Engelgau 专利未能披露 Asano 专利是否导致该专利权有效的推论是否成立的问题，因为，即使推论有效，权利要求 4 也是显而易见的。然而，最高法院认为有必要注意该推论隐含的基本原理——也就是专利商标局以其专业知识批准了该权利要求——此处似乎有所欠缺。

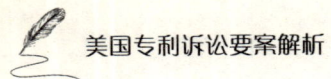
美国专利诉讼要案解析

（四）

联邦巡回上诉法院推翻即决判决的一个独立理由是重要事实问题上存在争议。最高法院不同意联邦巡回上诉法院的观点。在一定程度上，上诉法院理解了 Graham 确立的关于专家提供了有关阐述显而易见性的判断性证词后排除即决判决可能性的方式，但是它错误理解了专家证词在分析中的作用。在考虑即决判决时，联邦地区法院可以并且应当考虑专家证词，这可以解决问题或者对某些事实问题持开放的态度。然而，这不是问题的最终目的。显而易见性的最终判断是一个法律判断。❶ 现有技术的内容、专利权利要求的范围以及本领域普通技术人员的水平不存在实质争议，根据这些因素，权利要求的显而易见性非常明显，做出即决判决是合适的。Teleflex 提供的证词不能阻碍联邦地区法院对本案做出的可以进行即决判决的结论。

芸芸众生通过可以感知和触摸的世界，依靠直觉、简单逻辑、常规推论、杰出的想法甚至天赋创造出新作品。这些进步，一旦成为知识的一部分，将成为再次创新的新门槛，社会进步将建立于起点越来越高的创新水平。根据《美国专利法》，普通创新的结果并不是独占权的客体。否则，专利将扼杀而不是促进有用技术的进步。❷ 这些阻止显而易见的主题获得专利授权的前提在 Hotchkiss 案件中建立并规定在第 103 条。这些门槛必须不能被一个违背其目的的标准或者公式所限制。

KSR 提供了令人信服的证据，证明将模块化的传感器安装在 Asano 踏板的轴心在本领域普通技术人员理解范围之内的设计步骤。KSR 的陈述以及记录表明 Engelgau 专利的权利要求 4 是显而易见的。在驳回联邦地区法院的判决时，联邦巡回上诉法院以狭隘僵化的并且不符合第 103 条和先例的方式分析了该问题。兹推翻联邦巡回上诉法院的判决，发回该案且根据本意见重审。

三、案件解析

根据 1952 年《美国专利法》的规定，一项技术必须符合"三性"——新颖性、实用性以及非显而易见性才能获得专利授权。《美国专利法》第 103 条（a）款的规定使非显而易见性成为授予专利权的一个基本条件。根据第 103 条（a）款的规定，如果要求授予专利的技术主题与现有技术的区别仅在于该技术主题在做出发明时对于本领域的一般技术人员显而易见，则该要求保护的发明

---

❶ Graham, 383 U.S., at 17, 86 S.Ct. 684.
❷ U.S. Const., Art. I, § 8.

案例五 KSR International Co. 诉 Teleflex Inc. 案

不具备可专利性。显而易见性是授予专利权的"三性"条件之一，其地位之重要性不言而喻。美国对专利授权条件的认识也不是一蹴而就的，而是经过一个相当长的时期，才逐渐通过判例法和成文法将其固定下来。最初，1793年《美国专利法》规定，授予专利权的发明创造应当具备新颖性和实用性，而未明确规定非显而易见性。1836年，美国专利商标局开始以此条件审查专利申请，授予专利权。1850年，美国专利制度发生历史性变革，美国最高法院通过 Hotchkiss v. Greenwood 判例明确引入了独创性或者发明性的这一概念，形成 Hotchkiss 标准。1952年美国修改《专利法》，则奠定了美国现代专利体制的基本构架，其中主要变化之一就是在成文法中首次规定授予发明专利权的要求不仅是新颖性和实用性，还包括非显而易见性，至此美国将一个世纪内有关非显而易见性的判例法典化。1966年，美国最高法院首次在 Graham v. John Deere 一案的判决中给出了判断一项发明是否具备非显而易见性的标准，即"Graham 标准"。此后，联邦巡回上诉法院引入教导—启示—动机（TSM）标准。根据该标准，判断非显而易见性时，首先检索相关现有技术，然后明确本领域普通技术人员可以根据相关现有技术的教导和启示，产生动机将技术结合成为专利技术，否则将不能认定为专利主题具有显而易见性。该标准的优点在于避免阅读专利说明书产生事后之明，从而使得显而易见性的判断更加客观，然而，这也增加了认定专利主题的显而易见性的难度。

而 KSR 案件是近四十年来最高法院再次受理的涉及非显而易见性的专利案件，也是最高法院对联邦巡回上诉法院的 TSM 标准的审查，该案将对美国专利制度的发展具有里程碑式的意义。

本案中，联邦地区法院和上诉法院对 Engelgau 专利的权利要求 4 是否显而易见得出了相反的结论。联邦地区法院确定了 Engelgau 专利的范围以及相关现有技术、本领域普通技术人员，在使用最高法院关于 Graham 一案的框架分析后发现，现有技术的教导与涉案专利的权利要求之间几乎没有差异。联邦地区法院也运用了上诉法院的"教导—启示—动机"标准并发现，本领域的普通技术人员可以通过现有技术的启示，有动机将现有的可调节踏板装置与已经存在的电子踏板位置传感器结合，因此认定该权利要求的结合为显而易见。而联邦巡回上诉法院以地区法院错误地运用了"教导—启示—动机"标准为由推翻其判决。上诉法院认为，"教导—启示—动机"标准需要有确定的事实依据表明本领域普通技术人员的具体理解或原则可以启示其在无相关发明知识的情况下，进行技术结合。而地区法院并无具体启示或动机的事实认定，因而不能判定 Engelgau 专利为显而易见的。同时，上诉法院还区分了"显而易见的尝试"和"显而易见"的区别，并认为"显而易见的尝试"并不构成"显而易见"。

最高法院对本案进行了深入分析。首先,最高法院重申了此前确立的Graham标准,即应当从四方面的调查入手判断非显而易见性:(1)现有技术的范围与内容;(2)现有技术与权利要求的区别;(3)相关领域的一般技术水平;(4)补充考查。其次,最高法院对联邦巡回上诉法院确立的教导—启示—动机的标准进行了审查。最高法院并未否定TSM标准,而是否定了该标准的僵化应用。最高法院指出,TSM标准与最高法院的Graham分析方法并不必然冲突,但是显而易见性分析不能受"教导、启示、动机"等形式概念或者过分强调公开发表文章和授权专利内容的束缚,否则将成为僵化和强制性的教条,而与最高法院的先例不一致。再次,最高法院就一些重要问题表明了自己的观点。一是对本领域的普通技术人员的标准进行说明。即本领域普通技术人员不是机器人,而应当是具备普通创造能力的人。二是驳斥了"显而易见的尝试"不能构成"显而易见"的观点。其认为,当存在设计需求或者市场压力,而解决问题的方法有限时,普通技术人员有良好的理由在其技术理解的范围之内选择已知的方法。如果取得了预期的成功则很可能是普通技术和常识的结果。因此如果技术结合是显而易见的尝试,那么根据《美国专利法》第103条规定,其主题可能是显而易见的。最高法院对KSR案件的分析对此后美国专利的授权和诉讼将产生重要影响。

KSR案件后,美国联邦巡回上诉法院以及美国专利商标局等部门对美国最高法院关于本案的判决做出积极回应。联邦巡回上诉法院以多个具有先例意义的案件进一步阐明了KSR案的判决,包括KSR案件后涉及显而易见性的Leapfrog案件,并在2009年Kubin案中认定,KSR案的判断标准可以适用于机械技术领域之外的其他领域,如生物技术领域。

美国专利商标局于2010年9月1日在《联邦公报》上公布了新的非显而易见性审查指南。新的指南参考了24件联邦巡回上诉法院的案件,除Kubin案外,还包括:Crocs诉ITC、Depuy Spine诉Medtronic以及Eisai诉Dr Reddy's labs等案件,为审查员理解KSR案提供补充指导。美国专利商标局已经将这些案件的启示归纳为4类:(1)合并现有技术要素;(2)用已知要素替换另一已知要素;(3)显而易见的尝试原理;(4)考虑证据。

KSR案件体现了美国对专利制度的修正和调整。美国对其专利制度政策的审视早已开始,至少从1997年美国最高法院对Warner-Jenkinson案件关于等同侵权原则严格限制的判决就已开始。此后,美国采取一系列的措施和手段,这包括:2002年美国最高法院通过Festo案件的判决强化了禁止反悔原则的适用;2003年10月28日美国联邦贸易委员会发布《促进创新——竞争与专利法律政策的适当平衡》报告,指出了美国专利授权存在过多和过滥的现象,严重影响了美国的创新能力和水平;2005年美国国会众议院率先提出了专利改革法案(该法案即2011年美国通过的《美国发明法案》的前身)等。而KSR案件无疑也是美国司法界对专利制度通过判例形式进行调整的举措之一。最高法院通过KSR案件否定联邦巡回上诉法院的TSM标准的僵化应用,实际上提高了非显而易见性的判断标准,这显然有利于严格专利授权标准,清除创新程度不够的专利,从而从根本上改善专利质量,真正促进创新。

参考文献

[1] 尹新天. 专利权的保护 [M]. 北京:知识产权出版社,2005.
[2] 汤宗舜. 专利法教程 [M]. 北京:法律出版社,2003.
[3] 元照英美法词典 [Z]. 北京:法律出版社,2003.

Abbott Laboratories 诉 Sandoz, Inc. 案
——方法限定产品权利要求

◎任晓玲

> **摘要**：长期以来，美国联邦巡回上诉法院对方法限定产品（Product-by-Process）权利要求的司法解释一直存有争议。一种观点认为，由方法限定的产品的本质是产品而不是方法，因此其保护与纯粹的产品专利一样属绝对保护；第二种观点认为，专利权的保护范围应当依据权利要求书内容来确定，凡是予以记载的内容都不可忽视。在本案中，亚培公司认为弗吉尼亚东区地方法院错误地根据 Atlantic Thermoplastics Co. v. Faytex Corp. ❶案所确定的原则对涉案专利的方法步骤进行解释，即"在侵权判断中，方法限定产品权利要求中记载的方法应当作为限制条件"，而应根据 Scripps Clinic & Research Foundation v. Genentech, Inc. ❷案确定的"以方法限定产品形式记载的权利要求所定义的产品，不被其中所记载的方法所限定"的原则予以裁决。联邦巡回上诉法院对此案进行全院庭审，最终明确方法限定产品权利要求的保护范围应受到权利要求书中记载的方法的限定和定义。至此，多年来备受争议的侵权诉讼中方法限定产品权利要求解释终得以统一，但鉴于美国《专利审查程序手册》迄今仍对方法限定的产品权利要求的解释采用产品限定法，因此有关该问题的发展值得专利申请人予以进一步关注。

一、案情回顾

美国 Abbott Laboratories 和 Astellas Pharma Inc（以下总称"亚培"）公

---

❶ 970 F. 2d 834(Fed. Cir. 1992). Lupin SJ Order, 491 F. Supp. 2d at 567—68; Lupin Ltd. v. Abbott Labs., No. 3:06—CV—400(E. D. Va. May 10, 2007)(Lupin PbyP Order).

❷ 927 F. 2d 1565, 1583(Fed. Cir. 1991).

案例六 Abbott Laboratories 诉 Sandoz, Inc. 案

司是本案所涉 4,935,507（以下简称'507 号）美国专利的专属许可人。该专利在弗吉尼亚东区地方法院和伊利诺伊北区地方法院均引发侵权诉讼。

亚培公司根据'507 号专利生产的头孢地尼晶体（crystalline cefdinir）的商品名为"Omnicef"。弗吉尼亚东区地方法院受理的诉讼源于 Lupin Ltd. 和 Lupin Pharmaceuticals Inc. 公司（以下总称 Lupin 公司）申请对'507 号专利进行不侵权宣告式判决（declaratory judgment）。此前，美国食品药物管理局（FDA）已批准 Lupin 公司提出的简化新药申请（ANDA），允许其在市场上销售"Omnicef"的仿制药。Lupin 公司生产的仿制药几乎仅包括头孢地尼晶体的"晶体 B"（头孢地尼一水合物，cefdinir monohydrate）形态，而亚培公司的头孢地尼晶体产品则包含头孢地尼晶体的"晶体 A"（脱水头孢地尼，cefdinir anhydrate）形态。此外，Lupin 公司采用了不同于'507 号专利权利要求记载的制备方法制造其产品。鉴于此，Lupin 公司诉请弗吉尼亚东区地方法院确认其生产的药品未对仍处于有效期内的专利构成侵权。亚培公司随后反诉其侵权。地方法院对案件所涉专利的权利要求进行了解释，❶ 并部分核准了 Lupin 公司提出的对涉案专利的权利要求 2～5 的字面侵权和等同侵权，以及权利要求 1 的等同侵权❷诉求进行不侵权即决判决的申请。亚培公司不服，遂向联邦巡回上诉法院提交诉讼。

伊利诺伊北区地方法院受理的诉讼源于亚培公司起诉 Sandoz, Inc. 和 Sandoz GmbH（以下总称 Sandoz）公司、Teva Pharmaceuticals 和 Teva Pharmaceuticals Industries, Ltd.（总称 Teva）公司、Ranbaxy Laboratories, Ltd.、Ranbaxy Inc.、Par Pharmaceutical Companies, Inc. 和 Par Pharmaceutical 公司（所有被告方简称为 Sandoz 和 Teva）侵犯其'507 号专利。和 Lupin 公司一样，Sandoz 和 Teva 公司亦在此前提交了简化新药申请，寻求在市场上销售"Omnicef"的仿制药。鉴于此，亚培公司向伊利诺伊北区地方法院提交了临时禁制令（preliminary Injunction）申请。涉案当事方均同意采纳弗吉尼亚东区地方法院在 Lupin 案中对涉案专利申请权利要求的解释，❸ 但对若干解释存有分歧，仍需伊利诺伊北区法院再次进行诠释。❹ 最终，基于弗吉尼亚东区地方法院对权利要求所做解释，伊利诺伊北区地方法院驳回了亚培公司提出的临时禁制令申请。亚培公司不服，遂诉至联邦巡回上诉法院。

2009 年 5 月 18 日，联邦巡回上诉法院举行全院庭审，以 8 票同意、3 票

---

❶ Lupin Ltd. v. Abbott Laboratories, 484 F. Supp. 2d 448(E. D. Va. 2007)(Lupin CC Order).
❷ Lupin Ltd. v. Abbott Labs., 491 F. Supp. 2d 563(E. D. Va. 2007)(Lupin SJ Order).
❸ Abbott Labs. v. Sandoz, Inc., 486 F. Supp. 2d 767(N. D. Ill. 2007)(Sandoz PI Order).
❹ 486 F. Supp. 2d at 770—71.

反对支持了地方法院的一审判决，认定方法限定产品权利要求的保护范围应受到权利要求书中记载方法的限定，在侵权判定中，方法限定产品权利要求中记载的方法应当被视为限制条件，只有在被控侵权产品的制备方法亦落入涉案专利权利要求保护范围，方可认定该产品侵权。

二、法院判词

（一）

'507号专利共有5项权利要求，亚培公司声称其均被Lupin公司、Sandoz和Teva公司侵犯。权利要求1主张一种化学名为头孢地尼晶体的产品，并采用其特有的粉末X射线衍射（PXRD）角度峰值（angle peaks）性能予以表征（权利要求项内容略）。

上述权利要求将PXRD作为诠释其独特晶体形态的结构和特性的方式。PXRD是一种用于区分和辨别不同晶体化合物的方法，其通过将X射线束射向粉末化学制品，测量射线在接触化学制品后所反射或弯曲的路径。衍射角度和强度将因所测试化合物的类型和纯度的差异而不同。根据测试结果所生成的图表将以其中一轴标绘衍射角度，另一轴标示强度，形成针对某一化学药品每一种晶体形态的独特"指纹图"。

'507号专利并不是第一个有关头孢地尼的专利。Astellas公司的在先4,559,334（以下简称'334）号美国专利对头孢地尼的发现予以了描述，披露该化合物具有高抗微生物活性。'334号专利有效性截至2007年5月6日。

'507号专利主张62-206199（以下简称'199）号日本专利申请的优先权，其涉及两种晶体形态的头孢地尼，即"晶体A"和"晶体B"。'199号日本专利申请主张的"晶体A"和"晶体B"的定义非常明确：采用3种红外线吸收波长及16种PXRD角度和强度对"晶体A"进行限定；采用5种红外线吸收波长及21种PXRD角度和强度对"晶体B"进行表征。

尽管主张'199号日本专利申请的优先权，但'507号专利说明书披露内容却与前者明显不同。具体而言，亚培公司弃用了'199号日本专利申请中对"晶体B"的披露，而是撰构了更广泛的权利要求。由于'199号日本专利申请对"晶体A"和"晶体B"的生物化学性进行了定义，而未涉及其结构，因此上述两种晶体实际上仅能作为头孢地尼晶体的亚属物。因此，"晶体A"和"晶体B"由不同结构的晶体形态构成，在本案中即意味着不同的水合水平。

弗吉尼亚东区地方法院对权利要求术语"晶体"（crystalline）、"显示"（shows）、"多个峰值"（peaks）和"大约"（about）做出如下解释：

案例六 Abbott Laboratories 诉 Sandoz, Inc. 案

1. "晶体"即为"说明书中描述的晶体 A"。

2. "显示"要求以视觉上或是以其他合理的数据显示方式,对粉末 X 射线衍射图形予以展示,以此验证相关峰值的存在能够达到科学上可接受的确定程度。

3. "多个峰值"为"峰值"的复数形式。"峰值"存在于粉末 X 射线衍射角度中,若该角度之前或之后立即出现具有较低强度的粉末 X 射线衍射角度,其与强度测量的对应性要高于"噪声"测量的测量强度。"噪声"指由固有测量误差产生的部分 PXRD 图形,其与 PXRD 测试的主旨,即物质参量的科学重要性无关。

4. "大约"包含与粉末 X 射线衍射测试相关的固有测量误差。

弗吉尼亚东区地方法院认定权利要求 2~5 为方法限定产品类型的权利要求,并认定权利要求用语"通过……可获得"(obtainable by)将权利要求 2~5 的方法条件限定为特殊的方法和处理步骤。为证明该结论审判庭采用了 Atlantic Thermoplastics 案判例。在对 Lupin 公司的起诉中,亚培公司仅就弗吉尼亚东区地方法院对"晶体"和"通过……可获得"的解释提出异议。

(二)

不侵权的即决判决评估需进行两个步骤:一为权利要求解释;二是将合理解释的权利要求与被指控的产品、方法或组合物进行对比。尽管等同侵权属事实问题,但法院可在"没有合理的事实认定方能够认定等同"的情况下确认即决判决。❶

1. 权利要求解释

由于权利要求界定了专利的权利,❷ 那么必然"权利要求本身提供了理解特殊权利要求用语的重要指南"。❸ 但是,权利要求"作为说明书的一部分,❹ 应当依据说明书进行解释"。专利说明书提供了理解权利要求所必要的内容,并与"权利要求解释分析高度关联"❺。从通常意义上讲,两者的真实性等同,有时说明书提供了理解权利要求含义几乎无可争议的指导。例如,发明人可充当词典编纂者,赋予权利要求用语某种限定定义。同样的,发明人和申请人可

---

❶ Sage Prods., Inc. v. Devon Indus., Inc., 126 F. 3d 1420, 1423(Fed. Cir. 1997)[citing Warner-Jenkinson Co. v. Hilton Davis Chemical Co., 520 U. S. 17, 39 n. 8(1997)]。

❷ Innova/Pure Water, Inc. v. Safari Water Filtration Systems, Inc., 381 F. 3d 1111, 1115(Fed. Cir. 2004)。

❸ Phillips v. AWH Corp., 415 F. 3d 1303, 1314(Fed. Cir. 2005)(en banc)。

❹ Markman v. Westview Instruments, Inc., 52 F. 3d 967, 979(Fed. Cir. 1995)(en banc), aff'd, 517 U. S. 370 (1996)。

❺ Phillips, 415 F. 3d at 1315(quoting Vitronics Corp. v. Conceptronic, Inc., 90 F. 3d 1576, 1582(Fed. Cir. 1996))。

有意放弃或否认有可能落入权利要求范围的主题。

在审核说明书内容以澄清权利要求术语含义时，法院应注意不能从说明书中引入对权利要求范围的限制。法院亦承认说明书的鼓励和禁止使用之间"仅一线之隔"❶。当说明书描述了一个能够实现发明的单一实施例时，法院将不会限制对该单一应用使用较为广泛的权利要求用语，"除非专利权人已表明有清楚的意向使用'明确排除或限定的词语或表述'来限制权利要求范围"❷。同样，权利要求用语不能够"扩大专利保护范围，超出发明人对发明的描述"❸。因此，当权利要求本身、说明书或审批历史（prosecution history）清楚表明该发明所包含的只是被限制的结构或方法，法庭有可能对权利要求进行较为狭义的解释，限定为说明书中披露的实施例。❹

和说明书一样，审批历史由于"提供了美国专利商标局和发明人如何理解专利的证据"❺，因此也是理解权利要求含义的"固有证据"。尽管发明人和美国专利商标局间的协商时常产生不明确性，但"审批历史经常能够通过证实发明人如何理解发明而告之权利要求用语的含义，以及发明人是否在审批过程中限制发明从而导致权利要求范围变窄"。同时，在审批期间"清晰和明白无误"的陈述亦可否定权利要求的范围。❻ 同样，归因于审批历史的固有二义性，专利申请放弃原则（doctrine of prosecution disclaimer）仅适用于明确否认的情形。

（1）晶体

弗吉尼亚东区地方法院考虑了"如说明书所述"的重要告诫，❼ 并将权利要求1～5中的"晶体"解释为"晶体A"。尽管地方法院记录当事双方同意"晶体"的通常意义解释为"均一排列的分子或原子"，但法院仍依据权利要求用语本身、说明书和审批历史得出说明书所陈述的更为明确的含义。

根据'507号专利的说明书，权利要求1所列举的7个特殊PXRD角度中，"化合物（I）晶体A［头孢地尼］显示出其特有的峰值"。事实上，短语"化

---

❶ Comark Commc'ns, Inc. v. Harris Corp., 156 F.3d 1182, 1186 (Fed. Cir. 1998).
❷ Liebel-Flarsheim Co. v. Medrad, Inc., 358 F.3d 898, 906 (Fed. Cir. 2004) (quoting Teleflex, Inc. v. Ficosa N. Am. Corp., 299 F.3d 1313, 1327 (Fed. Cir. 2002)).
❸ Biogen, Inc. v. Berlex Labs., Inc., 318 F.3d 1132, 1140 (Fed. Cir. 2003) (quoting Netword, LLC v. Central Corp., 242 F.3d 1347, 1352 (Fed. Cir. 2001)).
❹ See Liebel-Flarsheim, 358 F.3d at 908.
❺ Phillips, 415 F.3d at 1317.
❻ Computer Docking Station Corp. v. Dell, Inc., 519 F.3d 1366, 1374 (Fed. Cir. 2008) (quoting Purdue Pharma L. P. v. Endo Pharms., Inc., 438 F.3d 1123, 1136 (Fed. Cir. 2006)).
❼ Lupin CC Order, 484 F. Supp. 2d at 459.

案例六 Abbott Laboratories 诉 Sandoz, Inc. 案

合物（I）晶体A"在书面说明中通篇出现，且明确"任何显现出实质上相同的衍射图形的化合物（I）的晶体都被确定为化合物（I）的'晶体A'"。鉴此，弗吉尼亚东区地方法院做出如下正确结论：

如果亚培公司有意将"晶体A"与落入权利要求1范围的其他形态头孢地尼晶体予以区别，其应当至少列出与"晶体A"有关的第8个峰值。然而，权利要求1中仅列举了上述7个"有区别的"峰值，亚培藉此确认"晶体A"与权利要求1中所列发明相同。

权利要求1界定范围所存在的问题是将"结晶体"定义为"晶体A"，只要"晶体A"具体表现为上述7种PXRD峰值限度，就可论证地放弃权利要求的冗余项。然而，为了将该发明与其他发明予以区别，说明书多次提及"本发明化合物（I）的'晶体A'"，即使已知现有技术中存在被称为"晶体B"的头孢地尼晶体，亦并未暗示所陈述的方法会产生非"晶体A"的化合物。如上所述，'199号日本专利申请对"晶体B"进行了表述。因此，亚培公司非常清楚如何描述和主张"晶体B"化合物。然而，尽管已知存在"晶体B"，亚培公司仍选择仅在'507号专利中主张"晶体A"。鉴此，审判庭合理地将术语"结晶体"限定为"晶体A"。本院认为，审判庭的解释合理地确定了权利要求1的字面范围。

与权利要求1不同，权利要求2～5并没有清楚表明上述7种PXRD峰值与'507号专利申请说明书中描述的"晶体A"明确相关。尽管如此，弗吉尼亚东区地方法院仍将上述权利要求中的"结晶体"限定为"晶体A"，审判庭对此给出了两条理由：其一，权利要求2～5中详细列举的方法步骤与说明书中"制备化合物（I）的'晶体A'"标题下披露的制备"晶体A"的方法一致；其二，'199号日本在先专利申请陈述了上述步骤以"区别'晶体A'和'晶体B'的制备方法"。

在将权利要求1～5中的"结晶体"限定为"晶体A"的考虑过程中，弗吉尼亚东区地方法院恰当地在权利要求解释中引入首选实施例。最初，"晶体A"是说明书中描述的唯一实施例。如上所论，说明书将"晶体A"作为本专利申请唯一实施例，并不能验证审判庭将权利要求范围限定于披露的单一实施例做法的合理性。如Liebel-Flarsheim案，❶"本法庭明确拒绝该论点，即若一件发明仅对一个单独实施例进行描述，专利申请权利要求的解释应当限定为该实施例"。然而在本案中，包括审批历史和享有优先权的'199号日本专利申请在内的其他内在证据，都表明了一种清晰的意图，即根据说明书和权利要求

---

❶ 358 F.3d at 906.

1中列举的7种PXRD峰值的定义,将'507号专利限定为"晶体A"。

在本案审理伊始,弗吉尼亚东区地方法院合理地考虑将'199号日本专利申请作为发明人在提交'507号专利时已知知识的相关客观证据。事实上,'507号专利主张'199号日本专利申请的优先权。此外,审判庭并没有如Pfizer案一样依据国外审批进程中代理人出具的论据或修改意见,而是仅对国外优先申请的内容予以了考虑。从'199号日本专利申请可得出一个强烈暗示,即'507号专利有意排除"晶体B"化合物。如上所论,依据'199号日本专利申请可构建出一个明确的信息,即亚培公司了解且能够对"晶体A"和"晶体B"进行描述,其可通过保留对"晶体B"的披露从而为'507号专利获得更为宽泛的权利要求,但其选择仅披露和主张"晶体A"。

此外,'507号专利的审批历史亦显示出申请人明确和有意拒绝权利要求范围超出"晶体A"。合伙发明人Takao Takaya根据在先技术'334专利的实施例14和16,以及"本申请的晶体A"实施例制备了若干实施例,撰写了有关"晶体A"较'334专利的在先实施例性能更为稳定声明。分析化学家Yoshi-hiko Okamato对此予以了确证。除上述声明外,申请人明确将该发明限制为"晶体A":"本发明主张的化合物的晶体形态的**制备方法**并不考虑作为本发明的核心。化合物的晶体形态代表本发明的创新理念,且显然'334号专利未预见或暗示上述晶体形态"。

在对说明书中的"晶体A"和'507号专利的审批历史予以高度关注后,弗吉尼亚东区地方法院恰当地将权利要求1~5中所述的"结晶体"限定为"晶体A"。

(2)对方法限定产品权利要求的合理阐释[注1]

> [注1]在公布法庭意见之前,联邦巡回上诉法院三动就法庭意见第三部分本小节内容进行了全院庭审。

弗吉尼亚东区地方法院进行的全院庭审旨在解决侵权判定中对方法限定产品权利要求的合理解释。

'507号专利的权利要求2~5首先对头孢地尼晶体产品予以描述,随后对"可获得"(obtainable)该产品的一系列步骤进行了陈述。弗吉尼亚东区地方法院正确地将权利要求2~5划归为方法限定产品类权利要求。在上诉中,亚培公司争辩地方法院错误地根据Atlantic Thermoplastics案所确定的原则对权利要求2~5的方法步骤进行解释,即"在侵权判断中,方法限定产品权利要求中记载的方法应当作为限制条件",而应根据Scripps Clinic案确定的原则予以裁决,即"对方法限定产品权利要求的正确解读应为:以方法限定产品形式

案例六 Abbott Laboratories 诉 Sandoz, Inc. 案

记载的权利要求所定义的产品，不被其中所记载的方法所限定"。法院借此机会进行全院庭审，就采用 Atlantic Thermoplastics 案所确定的原则判定方法限定产品权利要求的范围予以阐明。

在 Atlantic Thermoplastics 案中，法院着重考虑了涉案专利的方法限定产品权利要求 26 的保护范围："该具有抗冲击性能的内置鞋底由权利要求 1 中所主张的方法制备。"专利权人极力主张，由不同方法所制备的具有市场竞争性、与其产品难以区别的内置鞋底侵犯了其专利申请权利要求 26。法院拒绝了专利权人的主张，并阐明制造方法对于以方法界定产品的权利要求具有限定作用。

该裁决能够在联邦最高法院的在先判例中找到广泛支持。根据 Smith v. Goodyear Dental Vulcanite Co. 案，❶ "详述的方法可同构成产品的材料一样作为发明的一部分"。根据 Goodyear Dental Vulcanite Co. v. Davis 案，❷ "在制作齿板的材料以及构造齿板的方法都被使用的情况下，方可构成专利侵权"。❸ 在上述案例中，最高法院始终认为，方法限定产品权利要求中记载的限定产品的方法是具有强制性的限定。此外，美国海关和专利上诉法院以及美国索赔法院的案例法均遵循了同样的原则。根据 In re Hughe 案，❹ 确认"真实的产品权利要求"范围要比方法限定产品权利要求"更为广泛"。与此同时，美国索赔法院在先审理的 Tri-Wall Containers 案❺亦遵循了该原则。

此外，联邦地区法院亦适用了同样的原则，即以权利要求中记载的方法限定产品权利要求。根据 Hide-Ite Leather v. Fiber Prods 案，❻ "有一条公认的规则，即尽管一件产品有可能由除制备方法之外的方式明确其特征，但如果在该产品的权利要求中未对此予以描述，却以方法的形式进行了说明，那么，未通过该方法制备的产品不应视为侵犯该权利要求"。与根据 Paeco, Inc. v. Applied Moldings, Inc 案，❼ "因产品权利要求描述一种制备方法而获得的专利，

---

❶ 93 U.S. 486, 493, 23 L. Ed. 952(1877).

❷ 102 U.S. 222, 224, 26 L. Ed. 149(1880).

❸ Merrill v. Yeomans, 94 U.S. 568, 24 L. Ed. 235(1877); Cochrane v. Badische Anilin & Soda Fabrik, 111 U.S. 293, 4 S.Ct. 455, 28 L. Ed. 433(1884)(BASF); The Wood-Paper Patent, 23 Wall. 566, 90 U.S. 566, 596, 23 L. Ed. 31 (1874); Plummer v. Sargent, 120 U.S. 442, 7 S.Ct. 640, 30 Page 10566 F. 3d 1282, 9) U.S.P.Q. 2d 1769(Cite as: 566 F. 3d 1282)© 2012 Thomson Reuters. No Claim to Orig. US Gov. Works. L. Ed. 737(1887); Gen. Elec. Co. v. Wabash Appliance Corp., 304 U.S. 364, 58 S.Ct. 899, 82 L. Ed. 1402(1938); see also Atl. Thermoplastics, 970 F. 2d at 839—42(discussing each of these cases).

❹ 496 F. 2d 1216, 1219(CCPA 1974).

❺ 187 Ct. Cl. 326, 408 F. 2d 748, 751(1969).

❻ 226 F. 34, 36(1st Cir. 1915).

❼ Paeco, Inc. v. Applied Moldings, Inc., 562 F. 2d 870, 876(3d Cir. 1977).

其对由不同制备方法生产的相同产品不具有专有权"。事实上，联邦巡回上诉法院的在先判例也体现了该原则。根据 Thorpe 案，❶ "基于该原因，即使方法限定产品的权利要求受到方法的限定和定义，但可专利性的判断仍取决于产品本身"。

长期以来，最高法院一直强调在方法限定产品型权利要求中方法步骤的限定要求。在 BASF 案❷中，法院对一件有关人造茜素（alizarine）专利进行了审议。该专利明确主张"人造茜素，由蒽（anthracine）或其衍生物，依照本申请中描述的任一方法或任何有可能产生类似结果的方法制备而成。"该专利说明书概述了一种用于制造人造茜素的方法，涉及蒽或其衍生物。几千年来，茜素一直被用作一种红色纺织染剂，按照传统方法萃取自洋西根，天然茜素含有化学物质 $C_{14}H_8O_4$。在诉讼时，市场上销售的"人造茜素"不尽相同，从近乎全天然茜素、茜素和蒽紫红素（anthrapurpurine）化合物，到完全不含茜素的纯红紫素（purpurine）不等。因此，茜素和人造茜素均为现有技术，而被告方的产品含有近 60% 的蒽紫红素。鉴于此，最高法院在审判过程中明确地将因忽视方法限定产品权利要求中方法限定引起的专利保护范围和有效性的问题结合在一起：

原告方所主张的被告方的产品为其 4,321 号专利中描述的人造茜素，其在物理、化学和染料特性上都与原告专利申请中涉及的人造茜素产品相似。但该专利仅定义产品为由 4,321 号专利所描述方法制备的产品。因此，若不能表明被告方主张的产品由 4,321 号专利所描述的方法制得，或不能表明涉案产品不能由其他方法所制备，则不能确定被告方的产品与 4,321 号专利所主张方法制备的产品相同。双方并未对此出示任何证据。

若权利要求用语被解释为覆及继格雷贝（Graebe）和利贝曼（Liebermann）发明溴（bromine）化合方法后，由蒽或其衍生物所制备的所有人造茜素，无论其成分如何，法院将对未提供辨别信息的其他产品或化合物授予专利。鉴于此，每一件产品或组合物的专利都应当能够由其制造方法描述之外的叙述予以辨别，否则只要不是由该方法制得的产物，均无法被认定对该专利构成侵权。

在 BASF 案之后，最高法院多次强调方法步骤在评估方法限定产品权利要求侵权诉讼中的重要性。其一，不论专利所描述方法制备的产品和被告方所制产品何等相似，其一致性都不能建立，除非有证据表明两种产品由同一方法

---

❶ 777 F. 2d 695, 697(Fed. Cir. 1985).
❷ 111 U. S. at 296, 4 S. Ct. 455.

案例六　Abbott Laboratories 诉 Sandoz, Inc. 案

制备而成。❶ 其二，若专利权人未根据参考资料、表达式或结构以及制造方法将其产品与旧产品进行区分，则无法确保对由任意方法制备的该产品享有专有权。❷

因此，基于最高法院的在先案例、多年来美国专利商标局对方法限定产品权利要求的处理以及其他法院的判例，联邦巡回上诉法院重申："在侵权判定中，方法限定产品权利要求中记载的方法具有限定作用。"❸ 如上所述，该主张遵循法院在 Thorpe 案中的清晰阐释，即方法限定产品的权利要求受到方法的限定和定义。

近年来，最高法院一直重申上述完全限定原则。在 Warner-Jenkinson 案❹中，最高法院认定，"对于定义专利发明范围而言，专利权利要求中包含的每一项因素皆被视为是重要的"，并着重对适用于所有权利要求解释的等同原则进行了阐明。随着将等同原则适用于方法限定的产品权利要求，Warner-Jenkinson 案的判决再次肯定了方法对方法限定产品的权利要求构成限定的基本原则。仅凭这点就可得知，Scripps Clinic 案未遵循该原则，法院据此明确推翻了该案判决。事实上，法院的全院庭审决定并未剥夺发明人以方法限定产品界定其主张范围的权利，仅重申了权利要求的定义限制（本案中的方法术语）同样作为侵权判定中的限制条件。

因此，法院未对方法限定产品权利要求作为形式问题的合法性提出质疑。在本案中，唯一需解决的问题即是，此类权利要求是否被由权利要求范围之外的方法制得的产品侵权。法院在审议后认为此举并不构成侵权。

美国海关和专利上诉法院（该法院实质上没有审理侵权诉讼的司法权限）的判决记录或许能够对申请人选择仅主张通过方法限定其发明的强制力给予些许肯定。事实上，法院值得钦佩的前辈们在相关侵权分析中表达出正反并存的意见：

"根据需要，美国专利商标局允许用方法限定产品类型的权利要求定义可专利产品的政策，随着对以下事实的完全认定不断发展，即在某些侵权诉讼中，一些法院将此类权利要求解释为由权利要求中记载的某一特殊方法制备的产品，而并非针对产品本身。"

方法限定产品的权利要求，尤其是对那些产品难以或不太可能予以描述的情形而言，既往案例呈现出对美国专利商标局有可能驳回此类权利要求中所有

---

❶ Plummer, 120 U. S. at 448, 7 S. Ct. 640.
❷ Gen. Elec. Co., 304 U. S. at 373, 58 S. Ct. 899.
❸ Atl. Thermoplastics, 970 F. 2d at 846—47.
❹ Warner-Jenkinson, 520 U. S. at 19. 117 S. Ct. 1040.

产品保护的担忧。根据 In re Butler 案❶,"方法类权利要求非常重要,上诉方通常认为其有资格撰写此类权利要求;在使用该方法生产的产品具有新颖性和实用性的情况下,申请人对该方法的管控不应受到限制"。然而在现代技术背景下,若某发明人发明一件产品,其结构既不被外界全部所知,亦过于复杂难以分析,法院明确发明人拥有绝对的自由使用方法步骤定义其产品,但专利的确权应以可专利性一般必需条件为前提。鉴于发明人选择根据方法主张其产品,故方法定义亦控制着专利权范围的实施。因此,法院不能轻易忽视发明人在申请中提供的唯一定义。

在侵权诉讼中,法院有关合理处理方法限定产品权利要求的原则具有质朴的逻辑。假设有一种由方法术语设定的化学化合物,发明人拒绝对化合物的结构或物性予以描述,则该发明人获得以方法限定产品方式撰写权利要求的权利:"化合物 X,通过方法 Y 获得(compound X, obtained by process Y)"。如果不考虑其限定项实施该权利要求,则意味着根据 Z 方法制备化合物 X 的侵权嫌疑人将负有侵权责任。但是,法院如何认定被控侵权人制备的化合物一定和要求保护的化合物一样呢?毕竟,专利权人仅告知了公众并要求保护一种由单一方法制备的新产品。此外,什么样的分析工具能够在不对专利主张方法和被控侵权方法进行比较的情况下,证实被控侵权人的产品存在事实侵权?若被控侵权的依据并不是方法的类似性,那么只能说二者的结构和参数类似,但发明人并未对此予以披露。鉴于此,法院为何要阻止其他人有可能通过实施方法 Z 以一种更好的途径获得更好产品的权利呢?

总之,在要求保护产品的结构是未知的,且只能依靠制备方法表征的情形下,没有必要且不符合逻辑地制定一项规则,即在某些例外情形下,方法限定产品权利要求中的方法限定不具有强制力。此类规定将使得专利保护超越这样一种宗旨:即发明人"具体指出并清楚地主张"❷(particularly point [ed] out and distinctly claim [ed])认为是其发明的内容。

鉴于此,最高法院认定弗吉尼亚东区地方法院恰当地适用了上述规定,认定通过任何侵权分析,书面陈述的方法步骤都限定了方法限定产品的权利要求2~5。

(3)"通过……可获得"

在本案中,亚培公司的简明语言❸论据称,"通过……可获得"(obtainable

---

❶ In re Butler, 17 C.C.P.A. 810, 813, 37 F.2d 623(1930).

❷ 35 U.S.C. § 112 6.

❸ 1977 年纽约州首先通过《简明语言法》,规定住房租赁合同及其他50 000美元以下的消费合同必须使用非法律专业性的词语。商行应尽量使用普通语言,以清晰的文字撰写合同,否则要赔偿10 000美元以下的赔偿。

by）引入了一种可选择的方法，尽管"通过……获得"（obtained by）可纳入限定的方法步骤，但也属无效。在BASF案中，与本案类似的情形得到了有效处理。如上所述，最高法院在BASF案中考虑了以下权利要求用语："人造茜素，由蒽或其衍生物，依照本申请中描述的任一方法或任何有可能产生类似结果的方法制备而成。"专利权人辩称，即使被告方未通过"申请中描述的任一方法"制备人造茜素，权利要求仍将因为使用了"或由其他方法"的用语而将产品纳入权利要求保护范围。最高法院拒绝对此类具有扩展性的词语予以重视，并表示："除类似产品由其描述的方法获得外，4,321号专利未提供能确定该产品落入其保护范围的试验。"同BASF案中所述以及一般意义上的方法限定产品权利要求一样，亚培公司的权利要求2~5，除表明产品由其主张的方法获得外，未提供能够区别头孢地尼晶体的任何试验。和BASF案一样，亚培公司的权利要求未包括由权利要求中没有明确提及的方法获得或可获得的产品。

若出于侵权判定考虑，法院如亚培公司所敦促的那样将方法因素从权利要求中剥离，则无法将独立权利要求2和5加以区别。毕竟，如果上述权利要求不是由方法术语所界定，而仅"定义"基本的头孢地尼化合物，那么每一项权利要求都将一次一次重复陈述同样的事物。尽管亚培公司辩称其仅旨在给词语"可获得"赋予含义，但实际上却是在寻求法院认定申请人选择定义其发明的清晰方法限定毫无意义。

本案的内在证据进一步反驳了亚培公司的论点，即其权利要求并没有仅限于实际上通过所述方法获得的产品。'507号专利的权利要求中写道："制备化合物（I）的'晶体A'的方法"，专利权人使用明确的语言描述了体现在权利要求2和5中的两种制备方法。正如亚培公司所辩称，这种描述并不是开放式的，也没有通过提及制作方式构成对产品的基本描述。通过权利要求2和5将上述特指的方法结合在一起，亚培公司有意选择在其所主张的产品中加入方法要求。若亚培公司曾期望不设定任何方法限制以获得对头孢地尼晶体更广泛的覆盖（正如其在法庭上所期望寻求的），其仅需要简化权利要求即可（若实际如此，如亚培公司所称，该发明的真正核心在于产品，而非方法）。但事实并非如此。权利要求2和5提及的晶体只有通过权利要求中披露的方法才可与其他晶体予以区别。因此，法院应当认定当事方选择定义其发明的方法和术语具有强制性。

同时，审批历史亦不支持亚培公司的论点，即"通过……可获得"提供的仅是一组可供选择的定义型方法条件。在审批过程中，亚培公司曾面临基于权利要求6~9的显而易见性驳回，其主张的方法权利要求完全是权利要求2~5

所述的方法限定的翻版。在删除一组重复的权利要求后,美国专利商标局才对其予以授权。亚培公司对权利要求6~9的删除证明其默许了美国专利商标局认为权利要求2~5中描述的方法因素是权利要求关键部分的观点。此外,在答复美国专利商标局审查意见通知书时,亚培公司选择将其专利与103号引征文献Takaya加以区别,据此表明其主张的方法不同于该引征文献所述方法。基于上述理由,法庭无须对申请人在专利申请案卷中记载的"该制备方法……并不被认为是本发明的核心"的陈述给予过分关注。因此,鉴于方法限制对可专利性分析的重要性,在进行侵权分析时,不能将其随意弃用。

总之,专利权人使用"可获得"(obtainable)而不是"通过……获得"(obtained by),不会赋予其避开方法限定产品权利要求原则范围的自由。包含此类二义性语言的权利要求应被视为权利要求范围极度狭窄。如果法院没有要求将此类二义性语言作为侵权前提条件,被控侵权人仅仅是因为专利权人选择了具有概然率的后缀"可以……的"(able)而实际上使用了所陈述的方法,那么对该方法的特别叙述则变得冗余。这将有可能扩大专利权人权利要求的范围,对发明人而言这是"一笔横财",但对此付出的代价却是未来的创新以及正确告知公众所主张发明的保护范围。基于所有上述理由,弗吉尼亚东区地方法院正确地从权利要求2~5中的"通过……可获得"入手阐释了方法限定,即其将所主张限定为由所述方法步骤制备的产品。

2. 即决判决

在Lupin案中,弗吉尼亚东区地方法院对涉案专利的权利要求2~5不存在字面和等同侵权,以及对权利要求1不存在等同侵权做出即决判决。但是,Lupin公司仿制的头孢地尼产品是否包含"晶体A",即是否对涉案专利的权利要求1构成字面侵权在上诉中并不属尚有争议的问题。关于权利要求2~5,东区地方法院提示,假定"亚培和Astellas公司未能就Lupin公司正在践行权利要求2~5中记载的方法步骤提供任何证据,其将会承认若方法限定产品的权利要求分析基于Atlantic Thermoplastics案的判决,则不对权利要求2~5构成字面侵权"。鉴于东区地方法院正确地适用了Atlantic Thermoplastics案所确定的原则,并对权利要求2~5中的限定方法用词予以了恰当阐释,最高法院在此仅对涉案专利的权利要求1~5的等同侵权予以审理。

侵权分析根据等同原则的逐一技术要素(element-by-element)原则逐层推进,若权利要求作为整体和被控侵权产品或方法之间无明显的等同,则不足以证明其侵权。根据Warner-Jenkinson案[1],"等同原则应当针对权利要求中

---

[1] Warner-Jenkinson, 520 U.S. at 29, 117 S.Ct.1040.

案例六　Abbott Laboratories 诉 Sandoz, Inc. 案

的每一个技术元素，而不是整个发明"。等同性的主要测试为"功能—方式—效果"或"三一致"的判定标准。当被指控的产品或方法以与被侵权的专利申请权利要求中披露的实质上相同的方式发挥着相同的功能，达到了实质上相同的效果，则它们就是相同的。❶ 鉴于不同的案件案情不同，语言结构❷也会存有差异，"功能—方式—效果"判定标准并不是测定等同性的唯一标准，其亦可通过主张发明和被控产品或方法之间的不同是"非实质性"（insubstantial）的而予以证明。❸ 然而，在所有案件中，等同原则都不会忽视单个的权利要求要素，如 Warner-Jenkinson 案所述，"要特别警惕等同原则宽泛到这样的程度，即使得实质上是在忽略记载在权利要求中的此类单个技术元素"。

根据'507 号专利的说明书和权利要求 1 列举的 7 个 PXRD 峰值，权利要求 1～5 所述的"结晶体"被限定为"晶体 A"，故等同原则不能覆及那些不等同于"晶体 A"的晶体。反之，"晶体 A"等同物的范围不应忽视'507 号专利对"晶体 A"的限定。如上所述，该限定有意将主张发明与"晶体 B"加以区别。根据记载，该申请在美国的审批进程中，申请人删除了'199 号日本专利申请中对"晶体 B"的披露。'507 号专利仅对"晶体 A"进行描述，未提及"晶体 B"，这一点无可置疑。诚然，'507 号专利可对在先'199 号日本专利申请中出现的已知"晶体 B"化学式提出主张。但事实上，申请人并未主张"晶体 B"，因此，与头孢地尼一水合物密切相关的"晶体 B"化合物无论是在字面上，还是依据等同原理，都超出了'507 号专利权利要求 1～5 的保护范围。

当事双方一致认为 Lupin 公司生产的"批量"头孢地尼产品是"晶体 B"，而不是"晶体 A"。因此尽管 Lupin 产品有或没有包含"晶体 A"的程度是对权利要求 1 构成字面侵权的关键质询，但不属于本案上诉范围。亚培公司不能根据等同原则扩大其在'507 号专利权利要求中的专有权利范围，从而纳入已知但未主张的主题。换言之，亚培公司通过删除在先的'199 号日本专利申请对"晶体 B"的披露，以及强调在与美国专利商标局沟通以及'507 号专利说明书本身对"晶体 A"的唯一教示，在'507 号专利的审批过程中有效地放弃了"晶体 B"。因此，由于东区地方法院恰当地解释了权利要求 2～5 将"结晶体"限定为"晶体 A"，亚培公司不能够在本案中根据等同原则重新纳入未主张的主题。权利要求保护范围扩大至包含"晶体 B"，将会导致无视'507 号专利中明确的权利要求限定。

---

❶ Graver Tank & Mfg. Co. v. Linde Air Prods. Co., 339 U.S. 605, 608, 70 S. Ct. 854, 94 L. Ed. 1097(1950).
❷ Warner-Jenkinson, 520 U.S. at 40. 117 S. Ct. 1040.
❸ Hilton Davis Chem. Co. v. Warner-Jenkinson Co., 62 F.3d 1512, 1517—18(Fed. Cir. 1995)(en banc), rev'd on other grounds, 520 U.S. 17, 117 S. Ct. 1040, 137 L. Ed. 2d 146(1997).

此外，法院注意到本案或可落入"公开贡献原则"排除对等同原则的适用。在本案中，专利申请人显然清楚已知主张发明中的"晶体 B"形态，因为该晶体形态已在日本的在先申请中予以主张和披露。但申请人未对现有文献中明确披露的实施例予以主张，由此表示其将该实施例贡献给公众，并排除了任何根据等同原则将其重新纳入的情形。❶

在审批过程中，亚培公司选择避开"晶体 B"，而聚焦于"晶体 A"化合物。在尚无关于专利有效性的完整记录和论据的情况下，最高法院无法对做出这种选择的原因予以推测。然而，当事双方围绕是否对记录获得"结晶体"的实施例 14 以及'334 号专利中获得头孢地尼一水合物的实施例 16，即"晶体 B"予以了明确区别或描述进行了激烈争辩。

除基于"晶体 A"和"晶体 B"的 PXRD 峰值形式进行数学比较，试图将权利要求保护范畴扩至"晶体 B"外，亚培公司亦指控 Lupin 公司在向美国食品药物管理局提出简化新药申请时，就已表明其头孢地尼仿制药品是亚培公司 Omnicef 产品的生物等效药品，因此其承认存在等同侵权。虽然生物等效性（bioequivalency）或许与"功能—方式—效果"判定标准中的"功能"有关，但与等同侵权有着不同的判定调查。生物等效性是一种行政管理手段和医学关注，旨在于确定两种化合物在医药用途上是否发挥同样的作用。与之相比，以判定专利侵权为目的的等同原则要求与专利权利要求逐一技术元素的比较，且被指控的产品不仅要求在功能上等同，在方式和效果上也应等同。既定产品的不同特性或许和生物等效性有关，但不一定构成等同侵权，反之亦然。正如伊利诺伊北区地方法院在 Sandoz 案中所作评述，"若生物等效性意味着本质上的侵权，那么在专利有效期内就没有专利药品的可替代品向公众提供"。因此，即使在被指控产品与涉案专利制备的产品存在潜在关联，也不足以构成等同侵权。

由于"晶体 B"不是"晶体 A"的等同物，弗吉尼亚东区地方法院做出的即决判决则不存在错误，即被控产品在字面上和依据等同原则均不对涉案专利的权利要求 2~5 构成侵权，亦不对权利要求 1 构成等同侵权。

（三）

最高法院对临时禁制令的批准以及是否存在滥用自由裁量权（abuse of discretion）情形❷予以了审议。地方法院可基于下列 4 种因素签发临时禁制

---

❶ Johnson & Johnston Assocs. v. R. E. Serv. Co., 285 F.3d 1046,1054(Fed. Cir. 2002).
❷ Amazon.com, Inc. v. Barnesandnoble.com, Inc., 239 F.3d 1343,1350(Fed. Cir. 2001).

案例六　Abbott Laboratories 诉 Sandoz, Inc. 案

令："1. 申请人胜诉的可能性较大；2. 若不签发禁制令，申请人将受到难以弥补的损害；3. 当事双方的困难平衡；4. 公众利益。"❶

　　与 Lupin 公司一样，在 Sandoz 和 Teva 公司的 Omnicef 仿制品中，至少头孢地尼一水合物的主要成分是"晶体 B"化合物。在伊利诺伊北区地方法院审理期间，Sandoz 诉讼案的当事方就 Sandoz 和 Teva 公司产品是否也含有少量的头孢地尼脱水合物——"晶体 A"存在争议。若有，其将落入'507 号专利权利要求 1 的字面范围。依据弗吉尼亚东区地方法院对涉案专利权利要求所做解释，Sandoz 诉讼案当事方同意将其诉讼与初步禁制令申请绑定进行。伊利诺伊北区地方法院认定，亚培公司在法庭上就该问题上赢得胜诉的几率渺茫，遂驳回亚培公司的初步禁制令申请。

　　最高法院经查，认定伊利诺伊北区地方法院驳回初步禁制令的裁决不存在滥用自由裁量权情形。如上所述，'507 号专利被合理地解释为摒弃了"晶体 B"，并排除了被控侵权产品对该专利权利要求的字面和等同侵权。因此，最高法院无须对伊利诺伊北区地方法院有关弗吉尼亚东区地方法院对涉案专利权利要求解释的说明予以深究。伊利诺伊北区地方法院对此做出简明结论："我们都知道，由于日本的'199 号在先专利已予以披露，因此原告已知存在'晶体 B'。鉴于此，本院做出结论，即原告方有意将头孢地尼一水合物'晶体 B'排除在'晶体 A'定义之外。"

　　关于 Sandoz 和 Teva 的产品中被控含有少量"晶体 A"，亚培公司的证据未能说服伊利诺伊北区地方法院。法院认为该决定亦在法庭的自由裁量权范围内。作为补充支持，北区地方法院评述称，未有证据显示在 Sandoz 和 Teva 的产品中存在任何痕量（trace amounts）的脱水头孢地尼——"晶体 A""能够对其功效起到促进作用"，甚至即使"若被告的产品存在少量的脱水头孢地尼，法院也不认为由此会造成字面侵权"。鉴于即使微小的侵权亦属于侵权行为，❷此番解读可能会引起对法律的误述，因为根据 SunTiger 案❸，"若一项权利要求仅根据被指控设备的其中一部分予以解读，则足以构成侵权"。因此，法院没有必要在初步禁制令的情形下做出判决，此举将令法院扩大辨别"成功可能"的误差。同样，地区法院亦有可能因'507 号专利没有包含与功效有关的权利要求限制而夸大了功效的关联性。但是，鉴于假设仅能对伊利诺伊北区地方法院就亚培公司初步禁制令申请所提证据做出的合理评估形成一个可供选择

---

❶ Erico Int'l Corp. v. Vutec Corp., 516 F. 3d 1350, 1353—54 (Fed. Cir. 2008) (quoting PHG Techs., LLC v. St. John Cos., Inc., 469 F. 3d 1361, 1365 (Fed. Cir. 2006)).

❷ 35 U.S.C. § 271(a).

❸ SunTiger, Inc. v. Sci. Res. Funding Group, 189 F. 3d 1327, 1336 (Fed. Cir. 1999).

的因素，因此不会对法院最终裁决造成影响。如上所述，地方法院主要基于对合理权利要求解释的处理，以及其发现亚培公司未能表明 Sandoz 和 Teva 的产品包含任何"晶体 A"而行使自由裁量权，最高法院对其做出的裁判结果予以维持。

结 论

根据说明书所述，弗吉尼亚东区地方法院正确地将'507 号专利每一项权利要求中叙述的"结晶体"解释限定为"晶体 A"。由于亚培公司在'507 号专利申请说明书中删除了其海外申请中所有有关"晶体 B"的引证，藉此清楚表明其有意将'507 号专利限定为"晶体 A"。该意图由于其在专利申请审批期间所作的一些陈述而更加突显。同时，亚培公司不能通过宽泛其权利要求语言或依据等同原则重新纳入"晶体 B"。鉴于此，弗吉尼亚东区地方法院恰当地做出简易判决，即 Lupin 公司生产的头孢地尼产品没有对涉案专利的权利要求 1~5 构成字面侵权，亦未对权利要求 2~5 构成等同侵权。同样，在驳回亚培公司针对 Sandoz 和 Teva 公司头孢地尼产品的初步禁制令申请中，伊利诺伊北区地方法院不存在滥用自由裁量权行为。

最高法院兹维持原判。

三、案件解析

方法限定产品权利要求中的方法究竟对判断专利申请新颖性、创造性以及确定保护范围起到何种作用，一直备受业界争议。一种观点认为，由方法限定的产品的本质是产品而不是方法，因此其保护与纯粹的产品专利一样属绝对保护；第二种观点认为，专利权的保护范围应当依据权利要求书内容来确定，凡是权利要求书中记载的内容皆不可忽视。

（一）美国法院有关方法限定产品权利要求的定义和解释

早在 1891 年的 Ex parte Painter 案中，美国专利商标局（当时称美国专利局）就确认了以方法限定产品的权利要求的必要性，即"如果一件产品是新产品、有用的产品并且体现了发明，但不通过引用制造方法就不能予以界定或将其与在先技术相区别时"，就出现了产品权利要求不应当通过制造该产品的方法来界定的例外情况。

但长期以来，美国联邦巡回上诉法院对方法限定产品权利要求的司法解释一直存有争议。在 1991 年的 Scripps Clinic 案中，纽曼（Newman）法官在代表联邦巡回上诉法院出具的判决意见中指出："由于专利侵权的判断原则应当

案例六 Abbott Laboratories 诉 Sandoz, Inc. 案

与可专利性的判断原则相一致，因此在确定专利保护范围时，对方法限定产品权利要求的正确解读应为，其不对权利要求中所记载的产品制备方法构成限定。"由此表明以方法限定产品形式记载的权利要求所定义的产品不被其中所记载的方法所限定，在进行权利要求解释时无须考虑方法特征。并以此类推，应在无效和侵权判定中使用同样的解释。该观点被称之为"产品限定法"，即无论采用什么制备方法，只要所获得的产品相同，就落入产品权利要求的保护范围。

时隔 1 年后，在 Atlantic Thermoplastics 案中，瑞德（Rader）法官在代表联邦巡回上诉法院出具的判决意见中指出："方法限定产品权利要求中的方法对于以方法限定产品的权利要求构成限定。"针对专利权人要求适用 Scripps Clinic 案的原则认定侵权的主张，瑞德法官在分析了美国最高法院和海关与专利上诉法院的在先案例后指出，在审理方法限定产品权利要求侵权诉讼时，应当考虑方法限定问题，方法特征对所述产品构成限定，并认为法院在审理 Scripps Clinic 案时没有充分考虑在先案例。这种观点被称为"全部限定法"，也就是说即使在后的产品和在前的产品相同，但由于制备方法不同也不会落入在先权利要求的保护范围。

由于上述两个案例均以合议庭做出，根据联邦巡回上诉法院相关规则，只有全院庭审的判决才能推翻本完合议庭的判决。因此，直至联邦巡回上诉法院以全院庭审方式对亚培公司诉 Sandoz 公司案做出裁决之前，上述两个判决都是有效先例，这使得下级法院在适用规则时产生迷惑和不确定性。

（二）本案中各方对方法限定产品权利要求解释的观点

在本案中，由于涉案专利的权利要求 2～5 首先对头孢地尼晶体产品进行了描述，并对"可获得"（obtainable）该产品的一系列步骤进行了陈述，弗吉尼亚东区地方法院遂将权利要求 2～5 划归为方法限定产品类权利要求。但亚培公司却争辩法院错误地根据 Atlantic Thermoplastics 案所确定的原则对涉案专利权利要求的方法步骤进行解释，而应根据 Scripps Clinic 案确定的"以方法限定产品形式记载的权利要求所定义的产品不被其中记载的方法所限定"的原则予以裁决。

联邦巡回上诉法院在判决中认为，亚培公司专利申请中提及的晶体只有通过权利要求中披露的方法才可与其他晶体予以区别，且其有意选择在所主张的产品中加入方法要求，以此与日本在先专利中所要求的"晶体 B"加以区别。因此，法院应当认定当事方选择定义其发明的方法和术语具有强制性。专利权人使用"可获得"（obtainable）而不是"通过……获得"（obtained by），不会

111

赋予其避开方法限定产品权利要求原则范围的自由。

纽曼法官曾经在 Atlantic Thermoplastics 案的反对意见书提出 Scripps Clinic 案和 Atlantic Thermoplastics 案的差异：在 Scripps Clinic 案中，欲获得专利的产物是难以界定的，因此使用了方法限定产品权利要求，所以法院认为被控侵权的产品虽利用不侵权的制法来制造，该产物仍然可能是侵权的。相反地，在 Atlantic Thermoplastics 案中，制备方法界定产物的权利要求是为避免被驳而加入的，因此，法院判断是否侵权，不仅产物要相同，同时产物亦需是藉由权利要求所界定的制法制得。在本案中，纽曼法官对本案的裁决作了近 20 页措辞严厉的异议陈述，称法院的裁决与联邦巡回上诉法院的审判实践相违背，使原本用以辅助界定产品的制备方法，成为侵权判断中的限制条件。该判决对新产品增加了新的限制，尤其是产物结构式可能难以精确分析的化学和生物技术领域的产品。同时，由于在以物本身是否具有新颖性和非显而易见性来判断发明可专利性时，制备方法不视为限制条件，而在判断侵权时，却将制法作为限制条件与被控侵权产品进行对比，则会导致专利确权与侵权诉讼程序出现对权利要求范围的不同解释。

（三）联邦巡回上诉法院判决

联邦巡回上诉法院在审理期间回溯了地方法院、美国海关和专利上诉法院、美国索赔法院和联邦最高法院的在先案例。在 Hide-Ite Leather 案中，联邦地方法院认定，尽管一件产品有可能由除制备方法之外的方式来确定其特征，但如果在该产品的权利要求中未对此予以描述，却以方法的形式进行了说明，那么未通过该方法制备的产品不应视为侵犯该权利要求。另据 Paeco 案的判决，因产品权利要求描述一种制备方法而获得的专利，其对由不同制备方法生产的相同产品不具有专有权。在 Atlantic Thermoplastics 案中，尽管专利权人极力主张由不同方法所制备的具有市场竞争性、与其产品难以区别的内置鞋底侵犯了其专利申请权利要求，但法院仍坚持阐明制造方法对于以方法界定产品的权利要求具有限定作用。

最高法院在 BASF 案中认定，每一件产品或组合物的专利都应当能够由其制造方法描述之外的叙述予以辨别，否则只要不是由该方法制得的产物，均无法被认定对该专利构成侵权。最高法院亦对方法步骤在评估方法限定产品权利要求侵权诉讼中的作用予以强调：（1）不论专利所描述方法制备的产品和被告方所制产品何等相似，其一致性都不能建立，除非表明两种产品由同一方法制备而成；（2）若专利权人未根据参考资料、表达式或结构以及制造方法将其产品与旧产品进行区分，则无法确保对由任何一种方法制备的该产品享有专

案例六　Abbott Laboratories 诉 Sandoz, Inc. 案

有权。

此外，联邦巡回上诉法院认为，假设发明人获得以方法限定产品方式撰写权利要求的权利：即"化合物 X，通过方法 Y 所得"，如果不考虑其限定项实施该权利要求，则意味着根据 Z 方法制备化合物 X 的侵权嫌疑人将负有侵权责任。但是，若被控侵权的依据并不是方法的类似性，那么只能说两种产品的结构和参数类似，但发明人并未对此予以披露。鉴于此，法院没有理由阻止其他人通过实施方法 Z 以一种更好的途径获得更好产品的权利。

最终，联邦巡回上诉法院以全院庭审的方式采纳了 Atlantic Thermoplastics 案所确定的原则，即"在侵权判定中，方法限定产品权利要求中记载的方法具有限定作用"。换言之，方法限定产品权利要求的保护范围应受到权利要求书中记载的方法的限定和定义。同时，法院还进一步引述最高法院在 Warner‐Jenkinson 案中有关等同侵权的评述："对于定义该专利发明保护范围而言，权利要求中的每一项因素都被视为是重要的。"鉴于此，法院推翻了 Scripps Clinic 案的裁决，对该类权利要求给出了统一解释。

（四）裁决现实意义

随着该案的判决，美国专利侵权诉讼程序中的方法限定产品权利要求的解释方法得以统一，即采用"全部限定法"进行权利要求范围解释。显然，此种认定方式对于非专利权人较为有利，对专利权人而言，若希望专利申请的权利要求保护范围不受到其制备方法的限定，且除制备方法外可通过结构或其他特性予以界定，则尽可能避免直接以制备方法限定产品，从而宽泛权利要求保护范围。

但是，美国《专利审查程序手册》对于方法限定的产品权利要求的解释迄今为止仍在采用"产品限定法"，即"即使方法限定的产品权利要求被制备方法所限定和定义，但其是否具有专利性的判断依然取决于产品本身。产品的专利性并不依赖于其制备方法。如果方法限定的产品权利要求的产品与现有技术的产品相同或明显来自于现有技术的产品，则即使现有技术的产品使用了完全不同的制备方法，该权利要求也不具有专利性"。因此，对方法限定产品权利要求解释是否能够实现在专利审批和侵权诉讼程序中采取相同的标准还仍将拭目以待。

对我国专利申请人而言，由于《专利法》第 57 条第 2 款规定了举证责任倒置的原则，即"专利侵权纠纷涉及新产品制造方法的发明专利的，制造同样产品的单位或者个人应当提供其产品制造方法不同于专利方法的证明"。因此，当一种产品是一种新产品时，不论采用方法独立权利要求还是采用方法限定产

品权利要求,其所获得专利保护的力度是相同的。但是从诉讼程序上看却有优劣之分,因为前者可以适用举证责任倒置的原则,而后者却不能。因此,出于这一原因,在某些情况下采用方法限定产品权利要求亦有其有利之处。

参考文献

[1] www.cafc.uscourts.gov.
[2] www.supremecourt.gov.
[3] 田振,姚云. 对方法限定的产品权利要求的解释 [J]. 中国发明与专利,2011 (1).
[4] 蔡懿莹. 关于 Product-by-Process 请求项——从 ABBOTT v. SANDOZ 案谈起 [J]. 国际智慧财产权实务报道,2010 (1).
[5] RACHEL C. HUGHEY. Abbott Laboratories v. Sandoz, Inc.: The Federal Circuit Finally Aligns Its Precedent On Product-By-Process Claims[R]. Intellectual Property Today.
[6] 闫文军. 专利权的保护范围 [M]. 北京:法律出版社,2007.

z4 Techs., Inc. 诉 Microsoft Corp. 案

—— 权利要求解释

◎段 然 任晓玲

> **摘要**：本案原告 z4 技术公司拥有两件有关预防软件侵权的专利，这两件专利共享同一份说明书，目标是为解决违法复制和非授权使用计算机软件的问题。z4 技术公司声称微软公司的操作系统侵犯了这两件专利的 3 项权利要求。陪审团裁定微软公司是故意侵权行为，共须赔偿 1.15 亿美元。在这场实力对比悬殊的案件中，法院恰当地解释了权利要求用语，驳回了微软公司的无理主张，维护了小公司 z4 的正当权益。从中我们也可学习到美国法律中对侵权的认定，以及对权利要求进行解释所参考的证据范围。

一、案情回顾

2004 年 9 月 22 日，原告美国 z4 技术公司（以下简称 z4）向美国德克萨斯州东区地方法院提出起诉，指控微软公司的 Windows XP 和 Office 软件以及 Autodesk 电脑软件公司的相关产品，侵犯其 US 6,044,471（以下简称'471）专利的第 32 项权利要求及 US 6,785,825（以下简称'825）专利的第 44、第 131 项权利要求。

2006 年 8 月 18 日，地方法院判决微软公司故意侵犯上述 3 项权利要求的指控成立，并处以 1.15 亿美元赔偿金，随后又因微软公司存在恶意侵权行为追加 2500 万美元的赔偿金。同时，地方法院亦驳回了微软公司提出的包括依法律判决（JMOL）在内的所有裁断后（post-verdict）申请。随后，微软公司向美国联邦巡回上诉法院提起上诉。

2007 年 11 月 16 日，联邦巡回上诉法院裁定微软公司侵犯 z4 专利权的指控成立，且地方法院在驳回微软公司提交的依法律判决申请时未滥用职权，故维持原判。

2008 年 5 月 8 日，微软公司向联邦最高法院申请调卷令，但未予批准。

二、法院判词

（一）案件背景

z4 是本案所涉两件专利——即'471 和'825 专利的专利权人，通过继续申请，'825 专利享有'471 专利的优先权日。两件专利技术均涉及通过监控注册信息，以及要求授权用户定期更新密码或密码管理员提供的授权码来控制授权软件被复制数量。援引上述两件专利的说明书所述：''互联网的出现加速了盗版软件的传播，众所周知的'warez'（破解软件）极易查找且下载方便。''针对该问题的现有技术解决方案仅是简单地规避，或在用户端强加实质性障碍，如要求输入一串数字，但"数字在传送过程中极易被一个或多个未授权用户截获"。同样，"硬件钥匙"的使用必须以有形的状态激活软件，此举亦被证实"对开发商而言费用较为昂贵，对授权用户而言程序烦琐"。

如上所述，z4 的专利涉及"通过监督注册信息以控制授权软件复本数量，并要求授权用户定期更新密码或密码管理员提供的授权码"。尤为值得注意的是，该专利披露了一项分步骤实施的用户授权计划，即在固定的使用次数或期限内，获得初始密码或授权码的用户享有一个"宽限期"。用户随后应向软件开发代理提交注册信息，以获取第二个密码或授权码，在宽限期过后激活该产品。根据该授权专利，用户可选择人工注册和自动或电子注册模式。在收到注册信息后，软件代理将对提交信息和先期存储的注册信息加以对比，确定该用户是否被授权。若用户未获授权，软件代理将中止软件的运行。

z4 曾先后于 2000 年和 2001 年指控微软公司的"Office"软件和"Windows"操作系统中运行的"产品激活"（Product Activation）功能侵犯了其专利的上述权利要求。微软公司则辩称不存在侵权行为，并指控'471 和'825 专利因不具有新颖性且显而易见而无效。微软公司特别指出，为防止软件大量盗版，其早已开发了自己的产品激活技术，即曾在其 1998 年上市的"BP 98"产品中使用的"许可验证项目（LVP）"。鉴于该产品早于 z4 上述两项专利的申请日之前使用，微软公司遂称该产品已构成在先发明，足以让上述权利要求无效。

随后，微软公司根据《美国联邦民事诉讼规则》提出若干项依法律判决申请，但均遭到德克萨斯州东区地方法院的驳回，微软公司遂向联邦巡回上诉法院提起上诉。此外，微软公司还提请法院对其指控的不正确和不公正的陪审团指令进行重新审理，并参考最高法院对微软公司诉 AT & T 案所作裁决，对本案赔偿问题进行重审。

案例七　z4 Techs., Inc.诉 Microsoft Corp.案

（二）法官判决

经过重审后，上诉法院判决如下：

1. 驳回依法律判决申请属程序问题，美国联邦第五巡回上诉法院认为，受理依法律判决申请驳回的上诉即在于裁定"下一级法院认定的事实和推论是否强有力和完全有利于一方，以至于任何一个理性的陪审团都不可能做出相反裁决"。经过重审确认，上诉法院认定法庭证据以及由此衍生的合理推论均明显倾向裁决。为更好地进行重审，上诉法院注意到这样一个事实：即由于预期属于事实认定问题，因此陪审团在做出裁决时将其视为实质证据，对未侵权决定亦是如此。鉴于此，上诉法院对地方法院驳回微软公司依法律判决申请的裁决予以支持。

2. 根据第五巡回上诉法院案例，只有在地方法院"滥用职权或施法不当"的情况下，上诉法院才会撤销原判。因此，上诉法院认定地方法院对微软公司的重新审判申请的驳回裁决适法合理，予以支持。

3. 由于权利要求解释属于法律问题，上诉法院对该部分进行了充分重审。首先，上诉法院认定，地方法院在解释 z4 专利权利要求用语"用户"时，除"个人"外，还将"一台计算机"或"多台计算机"纳入诠释范围的做法有失妥当。因此，上诉法院应微软公司的诉求修改了权利要求术语"用户"的解释，但侵权裁决结果并未因此发生改变，故维持地方法院陪审团所作裁决。其次，尽管微软公司主张其被指控侵权产品的"产品钥匙"并不是 z4 专利权利要求项中所述的"授权码"或"密码"。但上诉法院认为，在决定产品权利要求是否遭到侵权时，若被指控设备的要件落入权利要求限制，即使其可能存在其他不侵权的操作模式，也视其侵权，故维持原判。再者，在地方法院审理过程中，微软公司曾建议将"自动化"术语解释为"不需用户判断或干涉"。但上诉法院认定地方法院拒绝微软公司从权利要求中排除任何用户交互作用的解释完全正确，故维持对该术语的解释。鉴于此，上诉法院维持地方法院根据上述权利要求限制做出的所有侵权裁决。

（三）争议点

除程序问题外，联邦巡回上诉法院认为本案的关键点在于微软公司提出的未侵权依法律判决申请：地方法院是否对 z4 两件专利的权利要求用语，即"用户"、"自动化"、"电子化"、"产品钥匙"和"密码"给予合理解释；微软公司声称被指控侵权软件因存在未侵权操作模式，故不落入 z4 专利权利要求范围的主张是否成立；在对权利要求用语给予合理解释的基础上，判断微软公

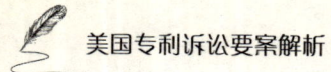

司被指控产品落入 z4 专利权利要求范围的具体依据和适用规则是什么？

在本案所涉两件专利中，'471 专利的第 32 项权利要求为存储数据的计算机可读式存储媒介，即由计算机运行的软件。软件包括减少未授权**用户**使用的指令，如要求获取软件内置**密码**的指令；在输入**软件**密码后能够激活软件的指令；为软件继续运行，后续获取软件**新密码**的指令；**自动**联系软件授权代理，输入注册信息和获取软件继续运行授权的指令。

'825 专利的权利要求项 44 和 131 所实现目的相同，仅在"最初授权期"或"宽限期"的界定上有所差异。权利要求项 44 的内容为一种减少未经授权软件使用的方法：其中包括给软件附带第一次**授权码**，用户可因此在最初授权期内使用由第一次授权**密码激活**的计算机软件；要求**用户**与代理进行联系索取至少一个附加**授权码**，**用户**从而可在超出最初授权期的后续授权期内再次激活计算机软件，并允许重新激活的软件在最初授权期届满之前运行；要求**用户**选择手工或电子注册方式，并在获取至少一个附加**授权码**之前向代理商提供包括计算机详细信息在内的注册信息。随后，通过将先前存储的与软件、用户和计算机中至少一项有关的注册信息和用户向代理商提供的注册信息进行比较，确定该用户是否被授权。若**用户**为未授权用户，至少让其软件部分不能激活。

1. "用户"限定

在诠释"用户"用语时，地方法院采纳了 z4 所主张的广义解释，即"一个人，一个使用计算机的人，一台计算机或多台计算机"。而微软公司则主张将"用户"限定为"多个人"，排除一台或多台计算机。微软公司辩称，根据其对"用户"一词的理解，z4 的权利要求需要"特殊用户，无论其使用何种型号的计算机"的认可，而被指控产品则认可"一台特殊计算机，无论何人使用"。微软公司进而认为，由于其产品并非针对"未授权用户"，而是"未授权计算机"，因此不存在侵权行为。然而，在其提交的答复陈述中，微软公司做出让步，承认"用户"的解释包括"一个人"和"一个使用计算机的人"。

对此，上诉法院首先从权利要求用语入手。根据 z4 陈述，第'825 号专利权利要求包括对"通过一名用户激活计算机上的软件"以及"对软件、用户和计算机中至少一项的先前存储注册信息进行对比"的限制。上诉法院认为，在权利要求中，"用户"和"计算机"是完全独立的实体，用于描述不同的物体。将"用户"解释为"计算机"可导致对权利要求另行具体解释，如"通过一台计算机激活计算机上的软件"。但权利要求用语并未合理或逻辑性地认可该解释。因此，地方法院在权利要求解释中纳入"一台计算机或多台计算机"的解释不成立。

由于上诉法院同意微软公司提出的地方法院在解释"用户"一词时，除

案例七 z4 Techs., Inc. 诉 Microsoft Corp. 案

"个人"外，亦将"一台计算机"或"多台计算机"纳入诠释范围的做法存有错误，故对地方法院有关权利要求的解释做出修改，并认定"用户"应当合理地解释为"一个人或一个使用计算机的人"。根据 Omega Eng'g, Inc., v. Raytek Corp 案判决，除非另有必要，通常情况下相同专利或相关专利中的相同权利要求术语的解释意义相同，因此该解释适用于所有被指控权利要求。

尽管上诉法院对地方法院的相关权利要求解释进行了修改，但仍认为微软公司的论点，即被指控的权利要求需要"特殊用户，无论其使用何种特殊计算机"的认可是臆断和不合逻辑的。尽管权利要求中陈述"软件包括减少未经授权用户使用软件的指令（第'471 号专利中的权利要求项 32），以决定用户是否经授权（第'825 号专利中的权利要求项 44 及 131）"，但权利要求和专利说明书均描述了根据计算机以及其他个体给予的明确信息做出决定的方法。该结论是根据出现在权利要求项中的相关用语得出的，并非基于"用户"术语的任何特殊解释。

其次，权利要求项中陈述软件代理可根据对"用户提供的注册信息"与"在先存储的软件、用户和计算机中至少一项注册信息"相比较来确认授权用户。根据 Rhine v. Casio, Inc 案，用语"至少一项"即意味着在先前存储注册信息列表中仅选择一项或多项。在本案中，权利要求项所要求的确认可通过注册与下列在先存储信息的对比完成：个人安装在计算机上的软件；使用计算机的个人，或计算机硬件。尽管微软公司主张，被指控权利要求项认可"特殊用户，无论其使用何种计算机"，而忽视上述基于"与在先存储的软件、用户和计算机中至少一项注册信息"来确认授权用户的权利要求用语，但上诉法院认为，将"用户"术语解释为"一个人或使用计算机的一个人"，并未妨碍或以其他方式影响上述解释，亦未排除微软公司产品侵权的裁决。因此，尽管上诉法院应微软公司的诉求修改了权利要求术语"用户"的解释，但地方法院陪审团做出的侵权裁决仍有充足的证据基础，故侵权判决结果并未因此发生改变。

2. "密码"和"授权码"限定

z4 两件专利披露的软件内附一个初始密码或授权码，从而可对软件的固定使用次数或期限设定一个"宽限期"。微软公司和 z4 都同意"授权码"和"密码"术语在 z4 专利中可交替使用。第'825 号专利的权利要求项 44 和 131 陈述"给软件内附一个初始授权码，该初始授权码能够让软件在最初授权期内运行。给软件配置初始授权码，要求用户输入初始授权码激活软件在宽限期内运行"。同样，第'471 号专利的权利要求项 32 陈述"要求给软件内附一个密码，使软件在输入密码后运行"。由于双方并未对上述限制的权利要求解释产生争论，因此，上诉法院仅对是否有足够的证据支持陪审团的侵权裁决进行了

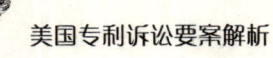

重审。

尽管微软公司承认，其被指控的产品亦有一个宽限期，且用户能够在该期限开始前，按指令输入软件提供的一个"产品钥匙"，但其主张该"产品钥匙"并非如权利要求项所要求的"与软件附带在一起"，因此，并不是 z4 权利要求项中所述的"授权码"或"密码"。微软公司还主张，任何"产品钥匙"都会在宽限期内激活任何软件副本，因此某一特殊软件副本和副本附有的特殊"产品钥匙"间并无关联。上诉法院基于以下两点对此不予认同：（1）陪审团提供的证据显示，微软公司直接指示其用户对每份软件副本输入一个特有的"产品钥匙"；（2）且该"产品钥匙"被要求作为产品安装的一部分。微软公司的一位证人承认，用户只有利用该特殊"产品钥匙"启动宽限期，才能够完成"产品激活"程序（即在宽限期后激活该软件）。

因此，充足的证据证明，在激活被指控软件副本的一般过程中，用户被要求输入一个授权码，也就是软件副本附带的一个"产品钥匙"。即使存在通过非内附"产品钥匙"的方式在宽限期内激活软件的潜在做法，有可能被认为"未侵权操作方式"，但根据 Hilgraeve Corp 诉 Symantec Corp 案判决，即"在决定产品权利要求是否遭到侵权时，若被指控设备的要件落入权利要求限制，即使其可能存在其他不侵权的操作模式，也视其侵权"。因此，上诉法院对此维持原判。

同样，微软公司提出的鉴于其被指控软件的单个副本能够安装在大量机器上，且使用同一"产品钥匙"，因此不存在侵权的论据亦未说服上诉法院。法院认为，如上所述，侵权不会仅仅由于存在未侵权的操作模式而被避免。事实依据表明，除非输入所附"产品钥匙"获取宽限期授权，否则微软公司的"产品激活"程序会在宽限期后阻止软件安装使用。

微软公司进一步申辩，z4 通过在专利说明书中对现有技术的批评，否认授权码和现有技术中的序列数字一样能够安装在大量软件副本上。因此，微软公司再次声明，由于一个"产品钥匙"能够在宽限期内激活该软件的任何副本，故其"产品钥匙"不应被视为是一个"授权码"。上诉法院认定，由于微软公司用以区别现有技术的引征专利用语仅基于一个单独的授权码，如现有技术中披露的利用双重授权码系统的序列数字，因此该主张毫无诚意。基于上述理由，上诉法院维持了陪审团根据权利要求用语"密码"和"授权码"限定做出的侵权裁决。

3. "自动化"和"电子化"限定

当事双方对专利权利要求为完成注册步骤，以及让软件在初始授权码激活宽限期后继续运行所必需的用户与软件间的交互程度亦存有争议。该争议涉及

案例七　z4 Techs., Inc. 诉 Microsoft Corp. 案

被指控权利要求中的两项限定：第'471号专利的权利要求44和131项所述，"要求用户选择人工或电子方式注册"；第'825号专利的权利要求32项所述，"自动联系授权代理的指令，以传达注册信息和获取继续运行的授权"。尽管上述权利要求的用语有所不同，但双方一致同意根据本诉讼案的目的，"自动化"和"电子化"术语可合并分析。

在地方法院审理期间，微软公司曾建议将"自动化"术语解释为"不需用户判断或干预"。地方法院对此未予采纳，并将该术语解释为"能够让用户的计算机与软件授权代理连接的指令（即计算机编码）"。地方法院没有对"电子化"术语进行解释，但注明"在公开审理中，双方一致同意使用对该术语的权利要求用语"。微软公司亦进一步同意，未经法庭许可，其不会在审判中对"电子化"是否等同于"无须用户干预"进行争论。

微软公司主张，一旦用户选择电子化或自动化注册方式，注册信息的初始化应当在无须用户相互作用的情况下进行。上诉法院认定微软公司的权利要求解释主张毫无可取之处。根据地方法院措词严谨的评述，尽管权利要求和专利说明书"明确预测用户选择的注册方式将会是自动化或手动"，但上述权利要求在注册程序开始时都均未实施。此外，尽管专利说明书披露自动化注册是在"无须用户干预"的情况下执行，权利要求还是要求用户在选择注册模式时进行与软件进行最低程度的交互。事实上，在选择或初始自动化注册时，权利要求或专利说明书中的任何陈述都不可能将用户的交互作用完全排除。因此，上诉法院认定地方法院拒绝微软公司试图从权利要求中排除任何用户交互作用的解释完全正确，故维持对该术语的解释。

此外，即使根据微软公司所提议的解释，其未侵权主张也是不成立的。微软公司辩称，尽管被指控产品允许用户选择使用因特网（即自动或电子化）或电话（即人工）方式激活软件，但若用户选择因特网方式，"在人工选择后不会出现任何反应，直到用户再次人工按下'下一步'按钮"。因此，即使根据微软公司的解释，一名公道的陪审员亦会认定"人工按压'下一步'按钮"是选择过程的一部分。鉴于此，上诉法院维持地方法院根据上述权利要求限制做出的侵权裁决。

4. 预期无效的重新依法律判决（JMOL）申请

在地方法院，微软公司根据其BP 98产品预期效果，主张了大量支持其无效重新依法律判决（JMOL）申请的论点。地方法院则只根据"基于审判中提交的证据，一个公正的陪审团都会做出BP 98系统不能如其预期目标运行，即无法阻止盗版"的结论驳回了该申请。在诉讼当中，微软公司再次重申了多项在地方法院提交的主张。由于上诉法院同意地方法院在该问题上的裁决，因此

仅对论点本身进行了讨论，未再对微软公司的其他主张予以评述。

微软公司认为，根据《美国专利法》第 102 条（g）（2）款，其 BP 98 软件产品的 LVP 特征已对其指控的权利要求进行了预见。该条款规定，若"在某人发明之前，该发明已在本国由另一发明人完成"，该专利则无效。地方法院对第 102 条（g）款进行了解释，即除非另一方能够证明其首先构思该发明，并为后完成的该发明的实施付出了合理的努力，否则发明优先权应当归属于首先实施该发明的一方。

因此，微软公司须通过确凿可信的证据证明 BP 98 已对 z4 专利中所声称的发明构成实际完成。根据 SRAM Corp. v. AD-II Eng'g, Inc. 案，专利可享有有效假定，只可通过确凿可信证据的事实支持来予以推翻。为实现实际完成，发明人应当证明：（1）他构建了一个能够满足所有限制的具体形态或完成了一个程序；（2）他确定该发明能够按照预期目标运行。根据 Cooper v. Goldfarb 案，"在某些情况下，需要进行测试验证实际完成情况，这是因为不进行类似测验将无法完全确定该发明将按照预期目标运行"。上诉法院认为，由于类似测试的必要性和充足性属事实问题，且审判记录中的大量证据都表明，微软公司的 LVP 软件不能按照其预期目的进行运作，这亦足以支持陪审团做出的 z4 的专利不存在因预期而无效的裁决。此外，上诉法院对裁决后重新依法律判决申请驳回进行重审时表示，对于法律和事实混杂问题，除非陪审团未根据相关法律出具充分的证据支持其结论，本院应当维持陪审团的原判。

微软公司主张地方法院将 z4 专利的"预期目的"不正确地定义为"阻止盗版"，进而错误地认为一项在先发明必须能够"阻止盗版"从而成为第 102 条（g）款所规定的无效技术。上诉法院同意 z4 的专利未披露彻底排除软件盗版的方法或设备，且权利要求用语显示该发明的目的仅是减少，并非消除此类盗版（第'471 号专利权利要求 32 要求"向授权用户发出减少软件使用的指令"；第'825 号专利权利要求 44 和 131 要求"减少未授权软件使用的方法"）。

然而，z4 认为法庭记录提供了充足的证据，以至于任何一个公道的陪审团都会得出 BP 98 的反盗版特征即使是对减少盗版也不能发挥作用的结论，上诉法院对此表示同意。举例而言，一个公道的陪审团都将根据微软公司在 1998 年 4 月 28 日的内部陈述做出裁决，该陈述表明 BP 98 的"效果"未知，微软公司"仅能通过激活在某国制作的一个真实产品来衡量效果"。微软公司的证人休斯在证词中指出，在被指控产品中发现的反盗版软件是 BP 98 软件的"完全重写"。此外，一份标注日期为 1998 年 11 月 18 日，即 z4 提交申请 5 个月后的一份微软公司内部邮件已指出"LVP 软件存在问题"，并提供了以"不同用户名在近 40 台不同机器上安装了相同的 CD"为例的文件证明。该邮件还

案例七 z4 Techs., Inc. 诉 Microsoft Ccrp. 案

注明，一位用户曾注册了 34 次。z4 的专家亦在审判中证实，该邮件"对其认为 BP 98 并非为在先技术的观点予以了肯定。因为微软公司未能提供 BP 98 可按照预定目标运行的任何认可或正确评估"。上诉法院亦注意到，直到开庭审判前微软公司都未能出具包含该邮件的文件，仅在 z4 宣誓作证的最后时刻公布该邮件时才予以公开。因此导致地方法院向陪审团做出对微软公司予以制裁的指令。

z4 已提供的证据表明 BP 98 不能按照其预期目标运行，陪审团应向微软公司发出指令，尽管其已知该份文件，但并未按控制发现规则向 z4 出示。因此根据本法庭法律和规定，微软公司不正确地扣留了该份文件，尽管陪审团不需做出推断，但仍可从中推断出微软公司鉴于该文件不利于其在本案中的形势故不正确地扣留了该文件。微软公司未对此制裁予以上诉。

总而言之，该证据包含的"并非是蛛丝马迹"，而是"这种相关证据能够被接受为支持结论的一个合理的意见"。由于实质性证据支持陪审团的裁决，上诉法院维持地方法院做出的驳回微软公司预期无效的重新依法律判决申请的原判。

5. 微软公司的重新审判请求

微软公司根据其所申诉的上述 3 项不正确的陪审团指令，以及《美国专利法》第 271 条（f）款有关侵权条款中介入行为的相关修订，提出重新审判的请求。上诉法院未查明上述论据具有说服力。

对陪审团的指示

根据第五巡回上诉法院案例，在基于对陪审团错误指令重新审判批准之前，必须符合两项要求："一是提出异议者必须证明，该指控总体上对陪审团在审议过程中是否受到了合理的指示产生了实质性和无法根除的怀疑；二是即使对陪审团的指示是错误的，若法院基于整个记录确定被指控的指令不会对案件结果产生影响，法院仍将维持原判。"

（1）关于"单一书证"佐证对陪审团的指示

地方法院指示陪审团"在单一书证中必须要有发明人的构思证词作为佐证"。尽管法院在随后承认该指示有所"不妥"，但坚持认为由于微软公司从未出具，或很少依赖独立发明人的证词，因此该指示未"在本案中构成严重错误"。事实上，微软公司向法院提出异议，"根据第 102 条（g）款，微软公司无须指定人员为其进行辩护。微软公司在科尔文之前结合完成了构思和实践"。地方法院表示，对微软公司主张的结合概念持保留意见，但拒绝对该问题进行裁决，并鉴于微软公司承认其"从未出具依其申诉构思 BP 98 防盗版功能的单

独发明人的口头证词",上诉法院简易维持原判,该裁决与对陪审团的指示无关。由于上诉法院同意该指示与此裁决无关,因此无须也不在此对微软公司有关结合概念主张的法律意义做出说明。

在上诉中,微软公司主张陪审团可假定其中一位证人,即休斯是一位发明人。但该论据不具有说服力。随后,尽管微软公司目前仍坚称陪审团做出了截然相反的结论,却无法提供其不能以及无须指定一名个体发明人的论据。因此,正如地方法院得出的正确结论,即"类似证词是否必须由一个'单一证明'来做佐证并不是该案件中应考虑的问题"。所以,"不正确的指示不会造成足够的错误,以至于就预期问题进行重新审判"。此外,由于充足的证据支持陪审团做出的结论,即微软公司 BP 98 并不是如上讨论的主张权利要求的实践完成,因此该指示"不会对本案的结果产生影响"。

(2) 关于无效举证责任对陪审团的指示

尽管地方法院正确地指示陪审团,微软公司有借助清晰和令人信服的证据举证地方法院滥用判断力,拒绝对陪审团发出进一步的指示,即"在其主张基于的证明材料审查员在审查期间未直接考虑的情况下,无效举证责任较易实施"。上诉法院对此不予认同,因为根据 Uniroyal, Inc. v. Rudkin-Wiley Corp. (Fed. Cir. 1988) 案,在提交给法院的在先技术未由美国专利商标局考虑的情况下,举证责任不会被简化;另据 Bio-Rad Labs., Inc. v. Nicolet Instrument Corp. (Fed. Cir. 1984) 案,未经美国专利商标局考虑的现有技术,不会改变举证责任或用证据建立一个清晰和令人信服的推定胜诉事实的要求。鉴于此,尽管微软公司对以往案例的依赖表明,一方当事方应当在问题所涉证明未经审员考虑的情况下,更容易地满足清晰和令人信服的证据要求,但其引证文献未具有足够的权威性迫使法院发出类似指示。因此,上诉法院同意维持地方法院的原判,即"其有可能引导陪审团相信在美国专利商标局未考虑现有技术的情况下,证明责任不会非常清晰和令人信服"。据此,上诉法院认为,地方法院在拒绝向陪审团发出微软公司所要求的指示时未滥用裁量权。

(3) 关于显而易见性对陪审团的指示

根据地方法院对陪审团指示,"为了确定所声明的权利要求具有显而易见性,应当查明在权利要求中是否存在某种教导—启示—动机和现有技术中的若干款项结合落入了特指的权利要求结合。"微软公司亦要求根据最高法院在 KSR 案中所作裁决对 z4 进行显而易见判决。z4 答复称,鉴于微软公司引入的唯一有关显而易见性的直接证据是其专家提供的结论性证词,因此无论 KSR

案例七 z4 Techs., Inc.诉 Microsoft Corp.案

案❶结果如何，微软公司都无资格要求重新审判。根据 Upjohn Co. v. Mova Pharm. Corp. (Fed. Cir. 2000)案，专家的结论性意见必须附有事实依据支持。对被告方是否能够确立一个有关显而易见性初步证明的案件（prima facie case)❷ 表示怀疑。

尽管微软公司声称"根据该记录，陪审团理应得出显而易见性的结论"，但其未能根据 Graham v. John Deere 案所列的因素，明确特定证据或论据，从而确立有关显而易见性初步证明的案件。因此，经上诉法院查明地方法院未滥用裁量权。

根据第 271 条（f）款基于国外销售的赔偿

最后，鉴于陪审团将被指控产品的全球销售额列入考量范围，微软公司要求根据微软公司诉 AT & T 案，对赔偿金额的计算进行重新审判。尽管在当事双方提交本案的诉讼摘要后，最高法院才对微软公司诉 AT & T 案做出裁决，但微软公司辩称其保留根据《美国专利法》第 271 条（f）款对赔偿金额进行抗辩的权利，陪审团应当消除偏见，取消被指控产品的国外销售证据。根据《联邦证据规则》（Federal Rules of Evidence Rule）第 103 条（a）款，一旦法院根据记录做出最终证据裁决，其中一当事方无须再重新提起异议以保留其上诉权利。z4 反驳称，由于微软公司祛除偏见的申请未得以允许，因此微软公司对基于全球销售收入进行赔偿金计算予以争辩的要求没有法律支持。在 Unitherm Food Sys., Inc. v. Swift-Eckrich, Inc. 案中，法庭裁决，"一当事方无权要求对上诉进行重新审判，除非该当事方在地方法院提交了合理的诉讼后申请"。此外，微软公司亦未能在上诉中以合理的方式提交该问题，仅是在其公开的诉讼摘要中以脚注的形式提及。根据 SmithKline Beecham Corp. v. Apotex Corp., 439 F. 3d 1312 (Fed. Cir. 2006) 案，仅在脚注中提及的论据不予保护。

由于本院未在记录中发现根据第 271 条（f）款的合理定义，因此拒绝接受微软公司对赔偿金额进行复审的要求。与此同时，微软公司依赖其被驳回的防止偏见申请作为诉讼的实质依据，上诉法院对此予以贡疑。根据地方法院的警告，其"有关防止偏见审前申请的裁决并非最终裁决"。鉴于陪审团未就亦无法根据第 271 条（f）款对其赔偿裁决做出决定，上诉法院无须就微软公司

---

❶ 当事双方先于最高法院做出 KSR 案裁决之前完成了本案的诉讼摘要。

❷ prima facie case：初步证明的案件有两种含义：(1) 原告提出的证据足以支持其诉讼请求，从而可以将案件交付陪审团判断；(2) 原告已提出足以支持其诉讼请求的证据，如被告不能提出足以反驳的反证，法庭必然判决原告胜诉。

是否合理地保护了任何根据第271条（f）款提出的论据做出裁决。此外，微软公司的诉讼仅引用了第271条（a）款的用语（任何人在未经授权的情况下，在专利保护期内，向美国进口或在美国境内制造、使用、允诺销售或销售获得专利的发明，即视为侵权）指控侵权。地方法院对陪审团的指示与第271条（a）款的用语极为相似：在专利保护期内，任何个人或单位实体未经授权在美国境内制造、使用、允诺销售或销售获得专利权的产品或方法，即视为专利侵权。

在口头辩论中，微软公司坚持认为，由于本案涉及的指控产品与微软公司诉AT & T案相同，且使用相同的"金盘"（golden master）发送系统进行产品发送，因此本案与微软公司诉AT & T案存在关联。尽管微软公司所述有可能真实，但本案所指控的权利要求却与微软公司诉AT & T案大相径庭，由此衍生的侵权问题也有所不同。此外，微软公司指出，根据记录无法得出z4的指控论据，即微软公司在美国境内或从美国境内提供或促成提供获得专利发明的全部或主要零部件。由于这些全部或主要零件尚未组合，因此会积极诱使这些零件在美国境外组合，并会构成侵权，正如发生在美国境内的组合一样。

根据《美国专利法》第271条（f）（1）款，由于被控方未向陪审团提交有与第271条（f）款的问题，以及对陪审团的指示清楚表明仅根据第271条（a）款确定侵权的要求，上诉法院应当假定陪审团在执行根据第271条（a）款做出的指示合理结合了其分析和最终裁决责任。

在根据第271条（a）款计算侵权赔偿时，微软公司可能抑或未合理地适当考虑指定外国销售收入的论据，但其未向法院提交相关论据。此外，上诉法院未在审查记录中查明微软公司向地方法院出具任何将国内和国外销售收入分隔开来的证据。因此，上诉法院裁定微软公司基于上述理由提出的要求没有论据基础。鉴于微软公司未能清晰解释所涉第271条（f）款的相关问题，仅对此予以保留，上诉院驳回了微软公司就赔偿金重新审判的申请。

基于上述理由，上诉法院裁定地方法院驳回微软公司重新依法律判决和重新审判的申请用法适当，故维持原判。

三、案件解析

本案中讨论焦点在于对z4两项权利要求的解释，微软试图在权利要求用语诠释范围上做文章，以主张自己的产品并不存在侵权行为。地方法院对于"用户"、"自动化"、"电子化"、"产品钥匙"和"密码"给予了合理正确的解释，判决结果维护了z4的正当权益。可以说，在这场以弱胜强的专利侵权诉

案例七 z4 Techs., Inc.诉 Microsoft Ccrp.案

讼中，法院对于权利要求用语的合理解释和范围限定起到举足轻重的作用。

用于解释权利要求的资料包括：权利要求、说明书、审查档案——这 3 项也称为内在证据；另外还有外在证据，包括专家证言、字典和学术论文等。美国法院以前一直采用先通过字典确定用语的通常含义，然后再根据权利要求和说明书进行进一步限定。但是在 Phillips 诉 AWH 公司案件判决中，用字典解释的多重含义被否决，重申权利要求解释分析应由权利要求的语言本身入手，依据专利说明书和审查档案进行解读。美国联邦巡回上诉法院就此案提出了权利要求解释的规则：权利要求书对于确定其中术语的含义可以提供实质性指导；说明书通常是弄清争议术语含义的最佳指南；专利审查档案可以作为理解权利要求的资料，但其作用不如说明书；字典、专家证言等外在证据在解释权利要求时可以使用，但其作用不如权利要求书、说明书和专利审查档案等内在证据，并且应当结合内在证据使用；字典不能作为解释权利要求的首要来源，否则会不适当地扩大专利的保护范围。根据上述规则可以得出解释权利要求应遵循的一个顺序：权利要求书—说明书—专利审批档案—字典和专家证言。

尽管微软主张"产品钥匙"与 z4 专利权利要求中所使用的"授权码"或"密码"并不相同，也非"与软件附带在一起"，但实际上在激活被指控软件副本的一般过程中，用户被要求输入一个授权码，也即"产品钥匙"。法院认为，如果被指控设备的要件落入权利要求保护范围，即使可能存在其他不侵权的操作模式，也应视为侵犯了专利权。可见，并非将权利要求用语解释为与公司产品所表达意义不同就能避免侵权。

美洲旋翼机公司诉合众国的案例是一个阐明美国专利侵权基本问题的著名判例，根据此判例，解释权利要求有 2 项基本规则：(1) 法院既不能扩大也不能缩小权利要求，以免给予专利权人不同于他已陈述的内容。无论公平的呼声或政策制定的要求有多强烈，法院都不能改写，而只能解释权利要求。虽然法院受制于权利要求的语言，但在解释权利要求的意义时并不局限于权利要求的语言。(2) 在说明权利要求的含义时，我们审查所有有关的文件和力求达到权利要求的"感觉意义"(felt feeling)。为了实现这一目标，我们充分利用专利的三部分：说明书、图示和申请卷宗。

微软公司还建议将 z4 专利权利要求中的"自动化"术语解释为"不需用户判断或干预"，以期借此证明自己的被控产品因需要人工操作，而未涉及侵权。上诉法院本着独立公正的立场，支持了地区法院对将该术语的解释，即"能够让用户的计算机与软件授权代理连接的指令（即计算机编码）"。同时，上诉法院对包括"自动化"术语在内的当事双方存有争议的所有权利要求用语逐一进行了分析和解释，在结合双方论点的基础上对相关用语给出了较为合理

的诠释，既避免了当事人为获得对己有利的结果对同一用语做出不同的解释，又维护了法律的稳定性和权利人的合法权益。

在 MGOF 公司诉甲骨文公司专利侵权的案件中，MGOF 公司认为在解释权利要求术语"local"（本地）时，地区法院不恰当地引入了从甲骨文公司提供的技术字典定义中得到的"直接"和"唯一"的连接限制。而美国最高法院发现 MGOF 公司的解释是试图扩大"本地"的概念，以此扩大权利要求的保护范围。地区法院对术语"local"（本地）的解释与权利要求和说明书的措辞相一致，因此判甲骨文公司没有侵权的结论是正确的。

本案中尽管上诉法院对地区法院有关"用户"的解释进行了更改，但微软公司的论点，即被指控的权利要求需要"特殊用户，无论其使用何种特殊计算机"是不合逻辑的，这样的解释是试图缩小 z4 的专利权利要求保护范围，从而规避其侵权行为。因此，上诉法院维持了原判。可见，侵权的判定并不会因为案件中的一方对于权利要求主观臆断的解释而左右，如上文所述，法院解释权利要求会严格遵循一个顺序：权利要求书—说明书—专利审批档案—字典、专家证言，并由此得出权利要求中具体术语合理精准的解释，从而维护专利权人的权益，同时也能够防止专利权人肆意扩大保护范围而滥用其权利。

参考文献

[1] 闫文军. 专利权的保护范围 [M]. 北京：法律出版社，2007.
[2] 尹新天. 专利权的保护 [M]. 2 版. 北京：知识产权出版社，2005.
[3] 李明德. 美国知识产权法 [M]. 北京：法律出版社，2002.
[4] 马辉. 美国专利权利要求解释的简介 [J]. 知识产权，2010：20 (117).
[5] 唐田田. 功能性权利要求的认定标准和内部证据在侵权判定中的处理原则 [J]. 中国发明与专利，2009 (10).
[6] Z4 Technologies, Inc. v. Microsoft Corp., 507 F. 3d 1340, 85 U. S. P. Q. 2d 1340 (Fed. Cir. (Tex.), Nov16, 2007)(NO. 2006-1638).
[7] 任晓玲. 专利权利要求用语限定及依法律解释程序 [J]. 中国发明与专利，2010 (2).

Microsoft Corp. 诉 i4i Limited Partnership 案

——专利无效抗辩的证明标准

◎任晓玲

> **摘要**：根据专利制度的一般原理，专利权一旦被授予，就依法推定有效。鉴于此，法院在受理专利无效诉讼时，所涉专利的权利要求均被推定有效，被控侵权方负有证明专利无效的举证责任。《美国专利法》第282条虽指明了举证责任方，却未明确记载专利无效的证明标准。依据美国联邦巡回上诉法院多年来对该法条的解读，无效抗辩方必须藉由"清晰和令人信服的证据"说服事实调查者接受其无效抗辩。在本案中，微软公司认为，由于其出示的无效证据是专利审查员在涉案专利审批期间未予以考虑的现有技术，则无效抗辩中的证据标准仅需采用"优势证据"标准即可。鉴于该案涉及美国法院长久以来使用的较高证据标准的合理性，关乎众多专利权人的利益，最高法院提审此案。在外界的热议和关注下，最高法院维持了联邦巡回上诉法院的判决，并对专利无效证明标准予以了清晰的阐述和确认，即无效抗辩方必须出具"清晰和令人信服的证据"证明专利无效，由此使得本案成为近年来"小虾米"战胜"大白鲨"的又一经典案例。

一、案情回顾

2007年3月8日，本案原告方加拿大 i4i Limited Partnership and Infrastructures for Information Inc.（以下简称"i4i 公司"）向美国德克萨斯州东区地方法院提起诉讼，指控美国 Microsoft Corporaticn（以下简称"微软公司"）部分 Word 产品使用的用户定制 XML（可扩展标记语言）编辑工具运用了其开发的计算机文件编辑方法，侵犯其 US 5,787,449（以下简称'449）号专利的第14、第18和第20项权利要求。同时，微软公司提起反诉，寻求以宣告式判决（declaratory judgment）认定'449 号专利无效且不可实施（unenforceable）。

2009 年 8 月 11 日，基于未能藉由"清晰和令人信服的证据（clear and convincing Evidence）证明在案件所涉专利申请前 1 年销售的 S4 软件实施了该专利技术，从而破坏涉案专利新颖性，德州东区地方法院驳回微软公司的专利无效抗辩，判决其故意侵权成立，并签发永久禁制令，即微软公司应在自裁决之日起 60 天内停止销售、提供、进口涉及侵权技术的 Word 2003 和 Word 2007 产品，或协助和指导用户使用 XML 编辑工具。同时，法院责令微软向 i4i 公司支付损害赔偿、故意侵权损害赔偿、判决日前后赔偿金孳生利息等共计 2.9 亿美元。此外，法院亦驳回了微软公司提出的重新依法律判决（JMOL）申请和重新审判请求。微软公司遂向联邦巡回上诉法院（CAFC）提起上诉和请求暂缓执行侵权禁制令的紧急申请。

2010 年 3 月 10 日，联邦巡回上诉法院维持了地方法院的大部分判决，认定地方法院依据《美国专利法》第 282 条做出的要求微软公司在专利无效抗辩中出具"清晰和令人信服的"证据的指示合理，但核定微软公司应从侵权禁制令发布后 5 个月，即 2010 年 1 月 11 日正式执行该禁令。

2010 年 8 月 28 日，微软公司向美国联邦最高法院提请调卷令，最高法院于 11 月 29 日批准调卷令。2011 年 6 月 9 日，最高法院做出维持联邦巡回上诉法院判决的裁决，并重申"专利无效诉求应当受到清晰和令人信服证据的验证"。

二、法院判词

（一）

1. 依照《美国宪法》中的"专利条款"，❶ 美国国会赋予美国专利商标局（USPTO）审查专利申请，❷ 以及"经审查后，如申请人依法应取得专利权的，局长应发给相应的专利证书"❸ 的职权。国会设立了若干授予专利权的先决条件，美国专利商标局应在审查过程中依据所列条件对专利申请进行审核。为获得专利保护，除符合其他条件外，申请人所主张的发明应当落入《美国专利法》第 101 条规定的可专利性主题、第 102 条有关新颖性和第 103 条有关非显

---

❶ U.S. Const., Art. I, § 8, cl. 8.
❷ 35 U.S.C. § 2(a)(1).
❸ 35 U.S.C. § 131.

案例八　Microsoft Corp. 诉 i4i Limited Partnership 案

而易见性的范畴之内。与本案密切相关的条款为第 102 条（b）款有关"销售禁止"（on sale bar）的规定，该款排除了向提交申请之前"已在本国公开销售"1 年以上的"发明"授予专利保护的情形。❶ 在评价专利申请是否符合法定条件时，美国专利商标局的审查员应当做出多种以事实为依据的决定，如本技术领域的现有技术和本发明体现的创新本质。❷

一旦发明获得专利权，其持有人即享有排他权，其中包括在专利有效期内使用该发明的排他权。为维护其权利，专利权所有人可根据《美国专利法》第 271 条（a）款对"在美国境内未经许可而制造、使用或出售取得专利权的发明"的任何人的侵权行为提起民事诉讼（亦可参见第 281 条）。

根据《美国专利法》（1952 年）第 282 条❸规定的抗辩情形，侵权嫌疑人有可能主张涉案专利无效，即其试图证明不应在专利商标局审理阶段对发明授予专利权，如被告方可申辩专利权人所主张的发明因在申请时已显而易见从而导致可专利性条件❹缺失。根据 Graham v. John Deere Co. of Kansas City❺ 案，"专利有效性问题从根本上而言属法律问题"，构建于美国专利商标局对专利申请进行最初审查时的事实问题亦将与侵权诉讼的无效抗辩有关。根据在先案例，❻"基本事实询问"的描述将"形成评估显而易见性的背景资料"。

在无效抗辩中，侵权嫌疑人应当就第 282 条第 1 段的规定予以争辩，即"专利权应为推定有效"、"主张专利证书无效或者其中有的权项无效，应由主张的一方当事人负举证责任"[注1]。根据联邦巡回上诉法院对第 282 条的解释，被告方在寻求推定不成立时，应当以"清晰和令人信服的证据"说服无效抗辩的事实查证方。1952 年《美国专利法》主要起草人 Rich 法官在 American Hoist & Derrick Co. v. Sowa & Sons, Inc. ❼案中对该观点予以了明确阐述。联邦巡回上诉法院在此案中认定第 282 条已明确将"专利有效性的推定存在"编入法典，在此之前，专利有效性的推定一直是基于"诸如美国专利商标局等政府机构被推定履行其职责的基本含义"的一种普通法推定。因此，根据联邦

---

❶ Pfaff v. Wells Electronics, Inc., 525 U.S. 55, 67—68, 119 S. Ct. 304, 142 L. Ed. 2d 261 (1998).
❷ Dickinson v. Zurko, 527 U.S. 150, 153, 119 S. Ct. 1816, 144 L. Ed. 2d 143 (1999).
❸ 35 U.S.C. § 282(2), (3).
❹ 35 U.S.C. § 282(2), § 103.
❺ 383 U.S. 1, 17, 86 S. Ct. 684, 15 L. Ed. 2d 545 (1966) (citing Great Atlantic & Pacific Tea Co. v. Supermarket Equipment Corp., 340 U.S. 147, 155, 71 S. Ct. 127, 95 L. Ed. 162 (1950) (Douglas, J., concurring)).
❻ 383 U.S., at 17, 86 S. Ct. 684.
❼ 725 F. 2d 1350 (C. A. Fed. 1984).

巡回上诉法院1952年之前有关"推定效力"的在先判例，❶ Rich法官做出如下结论：

"第282条规定了一种专利有效的假定情形，并将无效举证责任施加于起诉方。该责任恒定且从未改变，即应当以清晰的证据令法庭确信涉案专利无效。"

> [注1] 1952年颁布的《美国专利法》第282条第1段规定："专利权应为推定有效。主张专利权无效的一方当事人负举证责任。"国会此后对第282条予以了修订，增补了与本案无关联的两个句子，并对文中第2句的措辞进行了修改。

自American Hoist案后的近30年间，联邦巡回上诉法院从未更改其对第282条的解释。❷

2.i4i公司为本案所涉专利持有人，其专利主张一种经改进的计算机文件编辑方法，文件内容可与文件结构相关联的源代码分别独立储存。2007年，i4i公司控告微软公司故意侵权，主张微软公司生产和销售的某些Word产品侵犯其专利权。在否认侵权行为的同时，微软公司反诉并寻求宣告i4i公司所持专利无效和不可实施。

微软公司根据《美国专利法》第102条（b）款有关"销售禁止"的规定主张i4i公司所持专利无效，此诉求直指i4i公司在先销售的S4软件程序。当事双方一致同意，i4i公司在提交本案所涉专利申请1年之前，就已开始在美国境内销售S4软件程序。虽然如此，当事双方却同时向陪审团就S4软件程序是否为i4i公司所持专利主张发明的具体实施例递交了相对立的论据。鉴于在提起诉讼之前S4软件程序源代码已被破坏，有关该问题的事实争论主要依赖于S4软件的两名发明人，同时亦为i4i公司涉案专利的发明人所提供的法庭证词。两名发明人均证实S4软件并未实施涉案专利披露的关键发明。

当事双方对美国专利商标局审查员从未考虑过S4软件的事实未存争议，基于此，微软公司拒绝了i4i公司提议的陪审团指令，即要求微软公司以"清晰和令人信服的证据"验证其无效抗辩。反之，微软认为，"若做出'清晰和令人信服'的举证指令，其将提出以下要求：

"微软负有以'清晰和令人信服的证据'验证无效和不可执行的举证

---

❶ Radio Corp. of America v. Radio Engineering Laboratories, Inc., 293 U.S.1, 55 S.Ct. 928, 79 L.Ed.163(1934) (RCA).

❷ Greenwood v. Hattori Seiko Co., 900 F.2d 238, 240－241(C.A.Fed.1990); Ultra-Tex Surfaces, Inc. v. Hill Bros. Chemical Co., 204 F.3d 1360, 1367(C.A.Fed.2000); ALZA Corp. v. Andrx Pharmaceuticals, *LLC*, 603 F.3d 935, 940(C.A.Fed.2010).

案例八 Microsoft Corp. 诉 i4i Limited Partnership 案

责任。然而，由于专利审查员在涉案专利审批期间未对微软无效抗辩举证基于现有技术予以审查，则微软在无效抗辩中仅需采用'优势证据'标准即可。"

地方法院驳回了微软公司主张的上述混合性（hybrid）举证标准，并指示陪审团"微软有责任以'清晰和令人信服的证据'验证其无效主张"。

陪审团认定，微软故意侵权 i4i 公司的专利，且由于"销售禁止"或其他规定无法验证其无效主张。地方法院在驳回微软提出的审后申请（post-trial motions）同时，亦驳回了其有关法庭就举证标准对陪审团做出不合理指示的主张。联邦巡回上诉法院对此判决予以维持[注2]。根据第282条的既定诠释，上诉法院做出如下解释：法庭做出的要求微软公司以"清晰和令人信服的证据"验证其无效抗辩的陪审团指示"经查无过错"。最高法院随后批准了该案的调卷令。

> [注2] 尽管与本法庭审理事宜无关，但仍须指出，联邦巡回上诉法院修改了地方法院做出的有利于 i4i 公司的永久禁制令的生效日期。❶

（二）

根据微软公司的主张，侵权诉讼中的被告方仅需借助基于"优势证据"原则的无效抗辩说服陪审团即可。在两种举证标准中，微软坚持认为，至少应在无效抗辩基于的证据未被美国专利商标局在审查期间予以考虑的情形下适用"优势证据"原则，最高法院驳回了上述两个论点。

1. 国会已对证明标准（standard of proof）予以了规范管理，且没有"抵销宪法的约束（countervailing constitutional constraints）"❷。

第282条第1段规定，"专利权应为推定有效"、"主张专利证书无效或者其中有的权项无效，应由主张的一方当事人负举证责任"。因此，第282条确定了假设专利有效的情形，并规定任何质疑方应克服该假定，从而使其无效抗辩成立。然而，尽管法令明确了举证责任的归属，但并未清楚地说明证明标准。[注3]

---

❶ 598 F. 3d 831, 863—864(C. A. Fed. 2010).
❷ Steadman v. SEC, 450 U. S. 91, 95, 101 S. Ct. 999, 67 L. Ed. 2d 69(1981).

> [注3] 正如最高法院所述："'证明责任'（burden of proof）术语是法律术语族中最为含糊的（slipperiest）术语之一"。❶ 在历史上，该术语包括两个独立的责任概念：说服责任（burden of persuasion），即明确若一方当事人主张的证据未能达到法定的标准，则该当事人将面临不利裁决；举证责任（burden of production），即明确当事人应在诉讼不同阶段就自己主张的事实提供充分证据予以证明。更令此混乱的是，"证明责任"有时亦被当作"证明标准"的同义词。❷
>
> 在本案中，最高法院交替使用"举证责任"和"说服责任"以确定哪一当事方应说服陪审团做出有利于其的判决。同时，最高法院采用"证据标准"术语指出确定性的程度，事实认定者应当被有利于负有说服责任当事方的事实结论所说服。❸ 换言之，"证据标准"术语明确了负有说服责任的当事方令陪审团相信有利于其的事实依据的困难程度。尽管存在多种证据标准，但其本质非常相似，如排除合理怀疑（beyond a reasonable doubt）、清晰和令人信服的证据以及优势证据。❹

然而，最高法院的法定质询不会就此止步。诚然，在本案审理初期，最高法院假定国会所选择的"语言的通常含义"已能够"准确阐述立法目的"。❺ 但当国会在法令中使用了普通法术语，最高法院应假定"该术语与普通法所赋含义一致，不会指向其他解释方式。❻" 在本案中，国会根据《美国专利法》第282条声明一件专利"假定有效"，其所使用的用语是在普通法中已具有既定含义的术语。

最高法院在 RCA❼ 案中的裁决具有权威性。在回溯近一个世纪最高法院及其他法院的判例法后，Cardozo 法官代表法院撰写了一份法庭意见，即"有效性的推定，除了借助清晰和令人信服的证据外，不应被推翻"。尽管在最高法院和其他法院的判例中可见对假定"效力"的"不同表述"，但 Cardozo 法官阐述称，"想法和事实的共同核心"促使法院做出如下一致决定："对专利有效性提出质疑的包括侵权方在内的任何人，都将承担加重的说服责任（heavy burden of persuasion），若其提出的证据不足以超越一个可疑

---

❶ Schaffer v. Weast, 546 U.S. 49, 56, 126 S. Ct. 528, 163 L. Ed. 2d 387 (2005) (quoting 2 J. Strong, McCormick on Evidence § 342, p. 433 (5th ed. 1999).

❷ Grogan v. Garner, 498 U.S. 279, 286, 111 S. Ct. 654, 112 L. Ed. 2d 755 (1991).

❸ Addington v. Texas, 441 U.S. 418, 423, 99 S. Ct. 1804, 60 L. Ed. 2d 323 (1979).

❹ 21B C. Wright & K. Graham, Federal Practice & Procedure § 5122, pp. 405–411 (2d ed. 2005).

❺ Engine Mfrs. Assn. v. South Coast Air Quality Management Dist., 541 U.S. 246, 252, 124 S. Ct. 1756, 158 L. Ed. 2d 529 (2004).

❻ Safeco Ins. Co. of America v. Burr, 551 U.S. 47, 58, 127 S. Ct. 2201, 167 L. Ed. 2d 1045 (2007) (citing Beck v. Prupis, 529 U.S. 494, 500–501, 120 S. Ct. 1608, 146 L. Ed. 2d 561 (2000)).

❼ RCA, 293 U.S. 1, 55 S. Ct. 928, 79 L. Ed. 163.

案例八 Microsoft Corp. 诉 i4i Limited Partnership 案

的优势，则其将面临不利判决。当攻击者以某种方式使其与真正的发明人关联在一起时，仍须以较高的证明标准来证明专利无效，因此在攻击者并非为真正发明人的情形下，此标准的适用将更加明确。同样，若起诉方以不同于（至少在形式上）任何在专利异议期间提出的证据发起无效抨击，则更加表明此证据的证明标准即使在言辞表达上亦应与异议期间提出的证据持平。"[注4]

> [注4] Cardozo 法官引用了 Cantrell v. Wallick❶ 案的判决，即"证明责任"不仅会让举证方实现抗辩，其还将化解举证方所面临的每一个合理怀疑。多个巡回法院长期遵行该原则。❷ 在 Washburn v. Gould❸ 案中，法官认为，若起诉方的意见最终导致法院就该问题产生合理的怀疑，由于被告方责无旁贷负有说服法院消除怀疑的责任，在这种情况下，法院有可能向陪审团做出有利于起诉方的指示。

换言之，普通法所规定的假定情形，反映了一种普通共识，即优势证据标准作为认定专利无效的基础太过"含糊"。专利应假定有效，除非有令人信服的过错证据才可将其推翻。

鉴于此，在国会颁布第 282 条并宣布专利"假定有效"之时，专利有效假定已成为普通法长期奉行且既定的规定。根据其既定含义，提出无效抗辩的被告方应当承担"加重的说服责任"，并要求以"清晰和令人信服的证据"作为辩护证据。换言之，该假定不仅包括证明责任的分配，亦施加了一个提高了的证据标准。根据一般规则，普通法用语伴随普通法所赋予其的含义一同产生，最高法院无法仅由于第 282 条没有明确地重申该提高了的证明标准，就得出国会有意对该假定"降低"提高了的证明标准的结论。在 Neder v. United States❹ 案中，法院认为，若国会使用在普通法中已具有既定意义的术语，法院应对此做出推断，即国会期望涵盖这些术语的既定意义，除非法令另有指示。在 Nationwide Mut. Ins. Co. v. Darden❺ 案中，法院认为，当法令所用词语已在普通法或本国法律中具有广为人知的意义，则推定其具有既定意义。因此，除非法令另有规定，否则法院应当假定国会有意涵盖该提高了的证据标准。

最高法院承认，或许将推定作为构建管理证据标准的唯一根据有悖常理，

---

❶ 117 U.S. 689, 695—696, 6 S.Ct. 970, 29 L.Ed. 1017(1886).
❷ The Barbed Wire Patent, 143 U.S. 275, 285, 12 S.Ct. 443, 36 L.Ed. 154(1892).
❸ 29 F.Cas. 312, 320(No.17, 214)(CC Mass. 1844).
❹ 527 U.S. 1, 23, 119 S.Ct. 1827, 144 L.Ed.2d 35(1999).
❺ 503 U.S. 318, 322, 112 S.Ct. 1344, 117 L.Ed.2d 581(1992); Standard Oil Co. of N.J. v. United States, 221 U.S. 1, 59, 31 S.Ct. 502, 55 L.Ed. 619(1911).

正如美国学者塞耶（Thayer）教授在《普通法证据导论》❶中所述："当我们解释，与任何特别假定相对立的诉求都应当依据'排除合理怀疑'予以验证时，即表明承认我们在推定原则上附加了一些规定，也就是克服推定所须证据价值的规定。"但在如何裁决问题上，包括卡多佐（Cardozo）法官在内的多名法官多次对专利有效性推定进行了重申和解释。鉴于此，最高法院对微软公司有关国会使用的"假定有效"措辞仅适用于"转移举证责任"或"转移举证责任和说服责任"的程序性手段的论据不予认同。最高法院认定，不论假定在理论上具有何等的重要性，根据法令解释的基本原则，最高法院应当假定国会的用意在于将"观念丛聚"（cluster of ideas）与其采纳的普通法用语结合在一起。同时，RCA案对下述问题未留下任何疑问，即依附于普通法的专利有效性假定是一个有关其"效力"的表述，换言之，证据标准需要克服该"效力"。[注5]

> [注5] 微软公司拒绝法院对第282条的解释，认为"与通常对假定的理解相抵触"。为支持其论点，微软借助了《联邦证据规则》（Federal Rules of Evidence）第301条中所体现出的"理解"，该条款对联邦民事诉讼中假定的一般效果予以了解释。然而，该规则滞后于1952年《美国专利法》近30年，因此对国会于1952年时如何理解一般意义的假定不会起到决定性作用，对专利有效假定更是如此。"假定"一词经常在使用另一术语可能更为精确的情形下使用。正如《普通法证据导论》第335页所述，"许多时候，一些原理和基本准则以一种不当和不精准的假定予以表述。"因此，最高法院不会仅因为国会以一种不严谨的方式使用"假定有效"词语，即认为其存在过错。

在拒绝接受国会因采纳1952年之前案例所反映的提高的证据标准而得出结论的同时，微软主张"清晰和令人信服的证据"标准并非适用于每一件涉及有效性抗辩的案件，仅限于以下两种情形：首先，适用于"涉及现有发明口头证词"的案件，以此解决此类证据存在的不可靠性；其次，适用于"基于发明优先权的无效质疑"，且该质疑诉讼此前已由当事双方在美国专利商标局的审查程序中提起。

最高法院对微软所主张的对不同案件应予以区别对待的限定未予置理。显然，被告方的确提出了在RCA案中对专利有效假定中所未呈现的解释。RCA案的判词对案情并没有予以限定，只是写道，"包括被控侵权方在内的任何人基于显而易见对专利有效性提出质疑，其将承担加重的说服责任，除非其列举的证据具有不可质疑的优势，否则将面临败诉。"根据最高法院在先解释，❷"按照规定授权的专利，甚至是在听审所有与原告方相对意见后授权的专利均

---

❶ Preliminary Treatise on Evidence at the Common Law 336—337(1898).
❷ 293 U.S., at 8, 55 S.Ct. 928.

案例八 Microsoft Corp. 诉 i4i Limited Partnership 案

假定有效,除非该假定被令人信服的误审证据所克服。"同时,根据 Smith v. Hall 案❶援引 RCA 案的主张,"加重的说服责任应由寻求借助出具在先使用证据而破坏专利新颖性的一方承担。"在 Mumm v. Jacob E. Decker & Sons 案❷中,法院认为,无效抗辩方不仅要承担说服责任,而且需对针对其的每一个合理怀疑予以排除。事实上,微软公司承认最高法院的所有案例"可被解读为对所有无效主张适用提高的证据标准"。

此外,最高法院对微软提议的证据标准固有限制不予认同,虽然最高法院在 1952 年前的案例中对此未予以表述,但早在 1874 年,最高法院就曾阐明,证明在先发明人的证据"依赖于被告方,且每一个针对其的合理怀疑都应予以化解"。时隔 60 多年,在一起未涉及优先权的专利纠纷案件中,最高法院阐明用于支持在先使用的无效抗辩证据应包括书面证据(documentary proof),不仅限于口头证词。❸ 因此,即使国会在最高法院以往审理案件中搜索出一些对提高的证据标准未阐明的限制,但终将无法发现被告所提议的限制。[注6]

> [注6] 在类似情形下,微软公司坚持称国会在 1952 年立法时并未对有效假定赋予既定意义。微软指出一些地方法院的裁决中存在如下表述:对"假定有效是否具有正当理由提出质疑",或"需要专利权人基于证据优先原则证明其专利有效"。如 Ginsberg v. Railway Express Agency, Inc.❹案,"有充分的理由表明源于授权专利的任何问题都不存在假定"。然而 RCA 案明确表明,回溯至 19 世纪中期时的案例可发现专利有效假定曾具有既定意义;❺ 但一些低级别法院对此表示质疑,甚至认为其无足轻重因而无视其存在。微软在这一点上或许是正确的,即国会颁布的第 282 条旨在纠正低级别法院要求专利权人证明其专利有效性的做法。❻ 但是,国会在立法中所选用的措辞不仅明确规定被告方承担无效举证责任,且支持无效抗辩的证据应当清晰和令人信服。

微软公司亦辩称,联邦巡回上诉法院对第 282 条"专利应假定有效"的解释存在不妥,因为其致使法条的另一表述,即"确定专利无效的责任应当由主张无效的一方承担"成为冗余。最高法院对此表示认同,若该假定对专利质疑方施加了提高的证据标准,则其本身就足以确定被告方应承担说服责任。如 Director, Office of Workers' Compensation Programs v. Greenwich Collieries

---

❶ 301 U.S. 216, 233, 57 S. Ct. 711, 81 L. Ed. 1049 (1937).
❷ 301 U.S. 168, 171, 57 S. Ct. 675, 81 L. Ed. 983 (1937).
❸ Smith, 301 U.S., at 221, 233, 57 S. Ct. 711.
❹ 72 F. Supp. 43, 44 (S.D.N.Y. 1947).
❺ 293 U.S. 1, 7-8, 55 S. Ct. 928, 79 L. Ed. 163 (1934).
❻ American Hoist & Derrick Co. v. Sowa & Sons, Inc., 725 F.2d 1350, 1359 (C.A. Fed. 1984).

案❶所述，证据标准只适用于说服责任。

但是，"对每一个条款和法令用语"而言，对过度辅助（superfluity assists）的规范只是竞合解释（competing interpretation）所赋予的权利。❷ 在本案中，包括微软公司提出的两种选择性解释在内，对第 282 条的解释都没有避免过度的语言解释。换言之，若假定仅在于"分配举证责任"或取代"举证责任和说服责任的转换"，则根据第 282 条有关专利质疑方承担"无效举证责任"的陈述，假定就成为无必要之举。因为承担说服责任的一方，同时亦承担提供证据的责任。❸ 同时，"国会颁布条款时多次存在过度解释"❹ 的情形，在与假定说明、说服责任和证据标准的法令进行比较时，微软公司指出的第 282 条中存在的此类过度文字解释不存在异常情形。[注7]

> [注7] 对最高法院而言，第 282 条的立法史提供了一些额外证据，表明国会有意将法官制定的有效假定编入法条，而不是根据其自身意愿提出新的假定。同时，附带的参众两院的报告均解释称，第 282 条"引入了一个有关专利有效性假定的声明，目前作为法院裁决中的声明，但在法条中并未对此予以表述。"❺

1952 年之前，现行的美国专利法律法规已将假定的要点和主旨进行了整合，正如微软公司寻求定义的那样，即"将无效举证的责任分派给被告侵权方"。如《美国专利法》第 69 条（1946 年）所示，作为辩护，假定侵权行为中的被告方"可以辩护"和"在审理中证明"专利的无效性。❻ 另据 Coffin 案，❼《美国专利法》（1836 年）"允许被告侵权方证明专利持有人并非为获专利保护主题的原创者和第一发明人，或专利主张的主要和重要组成部分并非新颖"。然而，参众两院报告声明，第 282 条确定了一条之前"并未在法条中予以表述"的原则。因此，鉴于第 282 条中唯一缺失部分为明示提高的证据标准本身，国会应当对专利有效假定包括附带于其的提高的证据标准予以理解。

2. 微软公司辩称，在其提出的选择方案中，至少应在向事实认定者提供

---

❶ 512 U.S. 267, 278, 114 S. Ct. 2251, 129 L. Ed. 2d 221(1994).

❷ Duncan v. Walker, 533 U.S. 167, 174, 121 S. Ct. 2120, 150 L. Ed. 2d 251(2001)(quoting United States v. Menasche, 348 U.S. 528, 538—539, 75 S. Ct. 513, 99 L. Ed. 615(1955)); Bruesewitz v. Wyeth LLC, 562 U.S. 131 S. Ct. 1068, 1078, 179 L. Ed. 2d 1(2011).

❸ 21B * 2249 Fed. Practice § 5122, at 401.

❹ Corley v. United States, 556 U.S. 129 S. Ct. 1558, 1572—1573, 173 L. Ed. 2d 443(2009).

❺ H. R. Rep. No. 1923, 82d Cong., 2d Sess., 10(1952)(hereinafter H. R. Rep.); S. Rep. No. 1979, 82d Cong., 2d Sess., 9(1952).

❻ Patent Act of 1870, ch. 230, § 61, 16 Stat. 208(same); Patent Act of 1836, ch. 357, § 15, 5 Stat. 123(similar); Patent Act of 1793, ch. II, § 6, 1 Stat. 322(similar).

❼ Coffin, 18 Wall., at 124, 21L. Ed. 821.

案例八 Microsoft Corp. 诉 i4i Limited Partnership 案

未在审查过程中向美国专利商标局出示的证据的情形下适用"优势证据"标准。尤其是根据最高法院对 KSR 案❶的判决,"由于美国专利商标局根据其专家意见核准了专利申请主张,因而有效性假定的基本原理似乎被削弱了。"尽管其他一些符合逻辑的论据或许可令假定在类似情形下具有说服力,但该声明的真实性确凿。根据 The Barbed Wire Patent❷案,鉴于专利权人"首次公开该设备;使该技术被予以记录;使该技术被具体实施;以及提供给公众,故对有关实际发明人的怀疑应朝着有利于专利权人的方面予以解决"。然而问题依然在于国会是否已明确证据标准的可适用性。如同既定规定,国会所做的就是将专利有效假定编入普通法法条,并隐含附带了提高的证据标准。

在 1952 年前的案例中,最高法院从未采纳或批准微软所预想的浮动的(fluctuating)证据标准。最高法院没有指出,甚至在法院出具的附带意见中亦没有表明,任何低于"清晰和令人信服的证据"标准可适用于侵权行为引发的无效抗辩。不仅如此,相反地,法院在 RCA 案中还直接表明,由于在向法院出具的证据"不同于"美国专利商标局曾予以考虑的证据的情形下,须适用提高的证据标准,因此在提供给法院和美国专利商标局的证据相同的情形下,此标准的适用应更为明确和清晰。同样,法庭陈述称"可疑优势"不足以支持无效抗辩,并没有明显的例外情形。最后,不论相关现有技术证据是否被美国专利商标局审查员在审查期间予以考虑,法庭将使用通常的提高的证据标准。[注8]

> [注8] 微软公司引证了上诉法院的多个裁决,以支持其在侵权诉讼过程中出示的证据不同于美国专利商标局审查时所考虑证据的情形下,应适用"优势证据"标准的主张。最高法院认为,在上述案例中,没有发现微软公司所主张的适用混合证据标准的迹象。事实上,某些案件显示,法庭甚至根据提高的证据标准对证据进行了评价。在 Jacuzzi Bros., Inc. v. Berkeley Pump Co.❸ 案中,法院表示,"尽管未明确表述无效结论基于构成'排除合理怀疑'论据的证据形成,但审判庭对此毫无疑义。同时法庭记录显示,该结论受到实质证据的支持"。根据 Western Auto Supply Co. v. American National Co.❹ 案,法庭在对案件所涉及问题"毫不怀疑接纳"的情况下,做出专利无效的结论。

最高法院认为,《美国专利法》第 282 条所述文字丝毫没有暗示,国会有

---

❶ KSR Int'l Co. v. TeleflexInc., 550 U.S. 398,127 S.Ct. 1727,167 L.Ed. 2d 705(2007).
❷ 143 U.S. 275,292,12 S.Ct. 443,36 L.Ed. 154(1892).
❸ 191 F. 2d 632,634(C. A. 9 1951).
❹ 114 F. 2d 711,713(C. A. 6 1940).

意向违背对条文的理解，制定一个随着每个案例实际情形施用提高或降低的波动的证据标准。[注9]

> [注9] 在多数情况下，美国专利商标局审查员是否对某个特别的参考文献予以考虑无法得到明确答案。在专利审批过程中，审查员没有责任对其所考虑过的每一份参考资料予以引证。根据美国专利商标局《专利审查程序手册》❶，"审查员并未被要求引证所有可能适用的参考资料，'最合适'的即可。在繁多的参考资料中，没有哪一份更好，其价值都是平等的，由此避免增加审查负担和成本"。最高法院认为，国会并未在第282条暗示需要对此类固有的不确定问题提起附带诉讼。

诚然，在1952年《美国专利法》颁布之前，多数上诉法院注意到，在侵权诉讼中出具的证据未被美国专利商标局在审查时予以考虑的情形下，有效假定的效力"被削弱"或"消除"。❷ 但最高法院不能通过解读上述案例认定，甚至是建议应当在此类情形下适用"优势证据"标准，并将此种解读归咎于国会的做法。事实上，最高法院认为上述案例反映出同样的常识原理，即联邦巡回上诉法院自始至终认为，较美国专利商标局此前考虑的证据而言，在侵权诉讼中支持无效抗辩的新证据"具有更高的权重"（carry more weight）。Rich法官对此解释如下：

"当涉及专利有效性的新证据未被美国专利商标局考虑的情形下，法庭认为其不会面临必须与美国专利商标局意见不一致，或听从其审定或将其专业知识纳入考虑范围的局面。该证据或许具有较高的权重并能更进一步确认起诉方不变的责任。"

在SIBIA Neurosciences❸案中，法官认定，"被控侵权方的责任或许会因为额外证据而更易实施"。❹

显然，若美国专利商标局在法庭审理之前未拥有所有涉及专利申请的重要事实，其被予以考虑的审定将失去重要效力。❺ 随之，专利权质疑方借助"清晰和令人信服的证据"说服陪审团相信其无效抗辩的责任将较容易实施。鉴于此，尽管最高法院没有理由认可任何特别的表述，但只要提出申请，在多数情

---

❶ Manual of Patent Examining Procedure § 904.03, p.900—51(8th rev. ed. 2010).
❷ Jacuzzi Bros., Inc. v. Berkeley Pump Co., 191 F.2d 632, 634(C.A.9 1951)(largely dissipated); H. Schindler & Co. v. C. Saladino & Sons, 81 F.2d 649, 651(C.A.1 1936) * 2251("weakened"); Gillette Safety Razor Co. v. Cliff Weil Cigar Co., 107 F.2d 105, 107(C.A.4 1939)(greatly weakened); Butler Mfg. Co. v. Enterprise Cleaning Co., 81 F.2d 711, 716(C.A.8 1936)(weakened).
❸ SIBIA Neurosciences, Inc. v. Cadus Pharmaceutical Corp. 225 F.3d 1349, 1355—1356(C.A. Fed. 2000).
❹ GroupOne, Ltd. v. Hallmark Cards, Inc., 407 F.3d 1297, 1306(C.A. Fed. 2005).
❺ KSR, 550 U.S., at 427, 127 S.Ct. 1727.

案例八 Microsoft Corp. 诉 i4i Limited Partnership 案

况下法庭都将针对新证据效力对陪审团做出指示。申请获批后,陪审团应受到指示,对有证据表明美国专利商标局在专利授权前未评估该新证据的事实予以考虑。在对向陪审团出具的证据是否不同于美国专利商标局所评估的证据产生争议时,陪审团可受到指示考虑该问题。在上述任一种情况下,陪审团都可受到指示评价该证据是否为实质上的新证据。若是,则在判断无效抗辩是否得到"清晰和令人信服的证据"的验证时对此事实进行考虑。❶ 尽管微软公司在向陪审团提交的论据中一再强调,美国专利商标局在专利申请审查过程中从未对 S4 软件加以考虑,但其未据此向地方法院提出陪审团指示申请。目前,在向最高法院提交的答复理由书中,微软公司才强调此类指示曾被核准,但为时已晚,最高法院拒绝对此予以考虑。❷

(三)

案件当事方及其法庭之友对国会所采纳的"清晰和令人信服的证据"标准呈现出截然不同的观点。微软公司及其法庭之友主张,提高的证据标准因不适当地让"劣质"专利规避无效质疑而抑制创新,并指出授权专利的高无效率就是美国专利商标局向不合格"发明"授予专利保护的证据。同时,微软公司主张,由于一些无效(如本案所涉的"销售禁止"问题)所基于的理由不会出现在单方再审程序中,因此美国专利商标局所实行的单方再审程序并不能解决该问题。鉴此,微软公司对美国专利商标局依据其人力和程序所做出的授权决定表示质疑,并认为存在不妥当之处。此外,微软公司坚持认为,提高的证据标准实质上致使陪审团放弃了其在核审侵权诉讼无效主张时的作用。

i4i 公司及包括美国政府在内的法庭之友则主张,提高的证据标准适当地限制了非专业的陪审团推翻行政机构的专家经考量后所作审定的情形。其主张提高的证据标准是专利"对价"(bargain)理论的主要组成部分,❸ 激励发明人向公众披露其发明以换取专利保护。i4i 公司及其法庭之友对专利授权率高于合理水平的观点不予认同,称对再审程序的限制反映出国会对专利权人信赖利益(reliance interests)适度干预的判断。最后,i4i 公司及其法庭之友坚持认为,陪审团恰当地指示适用"清晰和令人信服的证据"标准能够,并在多数情况下能够对既定的无效抗辩予以裁决。

---

❶ Mendenhall v. Cedarapids, Inc., 5 F. 3d 1557, 1563—1564(C. A. Fed. 1993).
❷ Rent-A-Center, West, Inc. v. Jackson, 561 U. S. 130 S. Ct. 2772, 2781, 177 L. Ed. 2d 403(2010); cf. Fed. Rule Civ. Proc. 51(d)(1)(B).
❸ Bonito Boats, Inc. v. Thunder Craft Boats, Inc., 489 U. S. 141, 150—151, 109 S. Ct. 971, 103 L. Ed. 2d 118 (1989).

最高法院对上述政策争论不予置评。在过去近 30 年，联邦巡回上诉法院对第 282 条做出了如最高法院一样的解释。在此期间，国会多次修订第 282 条，❶ 但正如最高法院和微软公司所注意到的，没有一次修订涉及甚至考虑降低证据标准。此外，为了解决"劣质"专利问题，国会对《美国专利法》相关条款进行了修订，包括新增双方（inter partes）再审程序。❷ 由此可见，历次法律修订均未触及第 282 条中所引入的证据标准。事实上，尽管一直备受联邦政府内部及外部的批评，国会还是留予了联邦巡回上诉法院对第 282 条的解释空间。[注10]

> [注10] 如联邦贸易委员会（FTC）在其公布的《促进创新：竞争和专利法律政策的合理权衡》报告中所述：已颁布的立法明确，对专利有效性的质疑应当基于"优势证据"原则确定。另见一份国会备忘录❸记载：提议"法令修订或在司法层面上对现行法令及案例法进行重新解释"，以将证明标准降为"优势证据"。

国会在 1952 年将专利有效假定编入普通法时已明确了证据标准的可适用性。自此，国会承认联邦巡回上诉法院对第 282 条的正确解释成立。任何对证据标准的调校系由国会掌控。

基于上述理由，最高法院兹维持联邦巡回上诉法院的判决。

三、案件解析

在专利侵权诉讼中，被控侵权方除了主张未侵权之外，通常还会提出证据主张专利无效抗辩。然而，在司法审判中如何对证明标准进行界定以及对其适用予以必要的限制，既有利于当事人采取司法救济手段保护自己的权利，又利于法官依据当事人所主张的事实进行合理的自由裁量，一直是业界人士不断探讨、力争完善之事。

（一）美国法院关于"证明标准"的定义与解释

本案紧紧围绕《美国专利法》第 282 条"有效性的推定及抗辩手段"的解释展开，根据法条，"专利权应为推定有效。专利证书中每一权项（不论其形式上是独立的或非独立的）都应推定为有效，不受其他权项效力的影响；非独立的权项，即使附属于无效的权项仍应推定为有效"。同时，"主张专利证书无

---

❶ Pub. L. 104—141, § 2, 109 Stat. 352; Pub. L. 98—417, § 203, 98 Stat. 1603.
❷ Optional Inter Partes Reexamination Procedure Act of 1999.
❸ District Judge's Proposal for Patent Reform, 24 Berkeley Tech. L. J. 1647, 1655(2009)(same); Lichtman & Lemley, Rethinking Patent Law's Presumption of Validity, 60 Stan. L. Rev. 45, 60(2007).

案例八　Microsoft Corp. 诉 i4i Limited Partnership 案

效或者其中有的权项无效，应由主张的一方当事人负举证责任"。据此，法律明确了两点：（1）依据《美国专利法》规定程序获得的专利权被推定有效，受法律保护；（2）无效抗辩方负有举证责任。然而，法条并未记载证明专利无效的证明标准程度的高低，故留予了微软公司欲采用较低证明标准进行无效抗辩的申诉空间。

所谓证明标准是指提出控诉的一方说服事实裁定者其控诉事实成立的程度，在英美法中可大致分为下列3种标准（由较低到较高）：（1）"优势证据"标准，又被称为"盖然性占优势的证明规则"，指负有证明责任的当事人主张的事实真实性应大于不真实性。（2）"清晰且令人信服的证据"标准，亦称作"清晰、令人信服和满意的证据"（clear, convincing and satisfactory evidence）、"清晰、认知的和令人信服的证据"（clear, cognizant and convincing evidence）和清晰、不含糊和令人信服（clear, unequivocal and convincing evidence），其效力相当于大陆法系的"高度盖然性标准"，证明程度高于"优势证据"标准但不及"排除合理怀疑"证据标准，即当事人主张的证据与事实高度相符。该标准适用于涉及衡平法上的救济（equitable remedy）的案件或情形，本案讨论的证明专利无效，长久以来都是使用此标准。（3）"排除合理怀疑"标准，即所提出的证据须排除一切可合理怀疑的疑点，证明力几乎近于100％，通常适用于刑事诉讼案件。

（二）本案中各方对"证明标准"的观点

在本案中，微软公司所述的在专利审查员审批专利申请期间未予以考虑的现有技术，为i4i公司在案件所涉专利申请前1年销售的S4软件程序，由于在提起诉讼之前S4软件程序源代码已被破坏，有关该问题的事实争论主要依赖于S4软件的两名发明人提供的法庭证词，但两人均证实S4软件并未实施涉案专利披露的关键发明。鉴于《美国专利法》第282条并未明确规定专利无效证明标准的高低，本案被控侵权方微软公司提出了一种混合性证据标准的主张：即"微软负有以'清晰和令人信服的证据'进行无效和不可执行的举证责任。然而，由于专利审查员在涉案专利审批期间未对微软无效抗辩举证基于的现有技术予以审查，则微软在无效抗辩中仅需采用'优势证据'标准即可"。同时，微软公司提出，根据KSR案，若美国专利商标局在法庭审理之前未拥有所有涉及专利申请的重要事实，其被予以考虑的审定将失去重要效力。

由于这项专利权官司潜在后果影响广泛，一些全球闻名的美国科技公司依据各自的利益，自动分成泾渭分明的两派：微软公司受到了苹果（Apple）、谷歌（Google）、思科（Cisco）、惠普（HP）、Facebook、戴尔（Dell）等技术公司以及美国证券业与金融市场协会在内的各大公司和行业协会的广泛支持，以及由多位法律、商业和经济界教授组成的专家团队提交了11份"法庭之友"陈述书；宝洁（Proctor & Gamble）、礼来（Eli Lilly）、3M和通用电气（General Electric）以及美国政府则站在i4i公司一边。

支持微软公司的一方认为，执行较低的专利无效标准有利于促进创新和竞争。对被控侵权方而言，法院要求以"清晰且令人信服的证据"来证明专利无效是项不公平的负担，该过高的标准将致使出现更多"劣制"专利，增加对抗"劣制"专利的诉讼成本，破坏了专利制度平衡专利所有者与公众利益的传统效能，进而阻碍创新与知识传播。

支持i4i公司的一方则认为，美国国会至少在过去的28年里一直认为这一标准是有效的，从国会未对"清晰且令人信服的证据"标准做过任何修改这一点上来看，证明国会也已经默许了这一标准。最高法院应该继续坚持这一标准。同时，i4i公司认为，较高的证明标准适当地限制非专业的陪审团推翻行政机关的专家在思量后所作的审定，有利于保护专利权人利益。

（三）最高法院判决

在最高法院批准微软公司申请的调卷令时，业界人士纷纷猜测最高法院决定审理此案有可能表明法院将重塑有关专利无效的法律，并可能从此颠覆之前数10年的判例。

在各界的密切关注之下，最高法院最终认为，《美国专利法》第282条已确定了专利有效性推定，并已规定任何主张无效专利者必须克服该推定。但同时亦承认，虽然法条明确规定了举证责任，但却未标明证据标准。鉴于此，法院在回顾国会对第282条的多次修订后发现，历次法律修订均未触及第282条中所引入的证据标准。

同时，在回溯近一个世纪以来的最高法院和其他法院判例后，最高法院认定，有效性的推定只能被"清晰且令人信服的证据"推翻。根据普通法用词的基本原则，最高法院无法仅依据第282条的用词而认为国会有意降低"被提升的证据标准"，除非另有规定，否则最高法院应假定国会在第282条中涵盖一个提升的证明标准。不论相关的先前技术证据是否已经被美国专利商标局审查委员考虑过，最高法院对在专利无效诉讼程序中出具的证据通常都使用较高的证明标准。

鉴于此，最高法院法官在判决书中写道：法院采用现行标准已近30年，其间国会曾数度修正《美国专利法》法条，但从未考虑降低证明标准。根据《美国专利法》相关条款，被告方必须拿出"清晰且令人信服的证据"来证明原告的专利无效。同时,最高法院还提出了一个值得注意的见解:即联邦巡回上诉法院自始至终认为,较美国专利商标局此前考虑的证据而言,支持无效抗辩的新证据在侵权诉讼程序中"具有更高的权重"(carry more weight)。此番阐述表明,对于未曾提供给美国专利商标局的新证据,法院需给予该证据相对较高的权重,但无须改变证明标准。

(四)裁决现实意义

最高法院在微软公司诉 i4i 公司一案中的判决意见是近几年来美国最重大的知识产权案判决之一。业内人士指出,从证人名单中更可看出这场官司的重要性。事实上,判决结果应在很多人的意料之中,因为按照长期以来所遵循的惯例,如果涉嫌侵权者在美国法院提出专利无效抗辩,美国法院首先会依据法条默认专利有效,所以涉嫌侵权者必须拿出非常明确和有说服力的证据才能证明专利无效。若法院接受了微软公司的主张,即提高了专利无效抗辩的成功几率,亦即意味着提高了专利权的不稳定性。因此,该案的判决在一定意义上说明,按照现有制度,尽管存在"检索无法穷尽"的客观事实,但无效美国专利仍存在较高难度。

至此,专利无效的证明标准已得到最高法院的确立,且该标准从地方法院、联邦巡回上诉法院、直至最高法院一直得以遵循,因此值得美国专利权人和专利无效抗辩方参考及关注。其实从衡平的角度出发也可以做出相同的判决。一般来说,专利申请人在申请过程中对于可专利性都要提交"清晰且令人信服的证据",不可能仅依据"优势证据"就获得专利权。同理,要推翻已授权的专利,请求人也应当提出令人信服的证据,而不是可能性的证据。

本案在理论方面的价值有待商榷,但是吸取微软公司在诉讼策略上的失败教训,对我国企业具有一定的借鉴意义。从诉讼策略角度来看,以"S4 软件于申请日 1 年以前销售从而破坏新颖性"作为抗辩理由,不如主攻"申请人在审查过程中故意隐瞒对可专利性有实质性影响的证据"为由,提出不公正行为(inequitable conduct)的问题。使举证责任转移到专利权人,从而达到使其专利不可实施的效果。按照美国法律,申请人有义务向审查员公开一切已知的、会对可专利性造成影响的实质性证据。如果这类证据被故意隐瞒,即使专利不被无效,也极有可能使专利不可实施。同时,当事双方如何谨慎地衡量自己手中的证据分量,选择坚持开庭或是择时进入和解程序,亦是本案引发的一个值得思考的问题。

诚然,关于专利有效性推定的问题及其适用程度将继续处于程序性和实体性专利法律争议的中心,如何更合理地权衡专利权人和社会公众的利益,避免滥用专利制度，保护代表真正创新的发明者的权益，值得知识产权业界人士予以进一步关注。

参考文献

[1] www.supremecourt.gov.

[2] 闫文军. 专利权的保护范围 [M]. 北京：法律出版社，2007.

[3] 李佳怡. 由 Microsoft v. I4I 案探讨美国专利无效抗辩的证明标准 [J]. 智产新闻，2011（9）.

[4] i4i Victorious at CAFC Gene Quinn IP Watchdog[R]. 2009-12-22.

专利权使用

AT&T Corp. 诉 Microsoft Corp. 案
——专利权域外效力适用

◎李 蓓

> **摘要：** 作为长途电话和电缆电视巨人的美国电报电话公司与软件业巨头微软公司之间的一桩专利侵权官司从美国地方法院一路打到最高法院，历时6年之久，由于当事人双方身份及案件本身的特殊性，此案引发了各界的高度关注与激烈讨论。笔者在本文中将地方法院、联邦巡回上诉法院以及最高法院在各自判决书中对本案争点的分析部分展现给读者，同时还对本案透出的专利权的域外效力何时适用以及法律漏洞该如何填补等问题展开了论述，以期对读者能有所启发。

一、案情回顾

（一）涉案专利

本案原告美国电报电话公司（下称"AT&T公司"）于1986年向美国专利商标局提交了一件由本公司工程师阿塔尔（Bishnu S. Atal）和里德（Joel R. Remde）发明的名为"数字语音编码器"（Digital Speech Coder）的专利申请，授权时间为1988年1月（2001年12月终止），专利号为Re32,580（下称'580号专利）。该专利是AT&T公司于1984年被授权的4,472,832号专利（下称'832号专利）的再颁专利。'580号专利共有43项权利要求，前39项与'832号专利的完全相同。

AT&T公司的'580号专利提供了一种在电话及网络中快速传输语音的方式，在只需发出较少的数字语音信号且占用较小的语音数据存储空间的同时，还提高了语音传输的质量。这项专利技术可以应用于某些计算机软件、数字蜂窝电话、音频及视频会议、语音信息以及网络通信等方面。

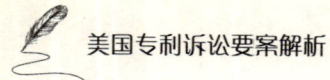

（二）案情简介

2001年6月4日，AT&T公司向美国纽约州南区法院（下称"地方法院"）起诉微软公司在美国境内以制造、使用、许诺销售及销售微软公司的多种语音编码产品等手段，直接侵犯以及帮助、引诱他人侵犯了AT&T公司的'580号专利权。

2002年2月26日，AT&T公司向地方法院提交了一份经修改的起诉，新增了一项针对微软公司的指控：微软公司很多包含"语音（多媒体数字信号）编/解码器"（speech codecs）❶的产品侵犯了'580号专利，即微软公司未获得AT&T公司授权就将'580号专利技术应用到微软公司的Windows系列操作系统、网络视频会议软件NetMeeting、可对语音信号进行编码和解码的TrueSpeech、媒体播放器等软件中。AT&T公司还要求法院永久性地禁止微软公司使用AT&T公司的这项专利技术。

微软公司在答辩状中否认了AT&T公司提出的侵权指控，并请求法院做出微软公司并未侵权以及确认AT&T公司的'580号专利无效及无实施力的判决。

（三）案件审理过程

2002年5月6日，双方当事人向法院提交了对'580号专利中的术语进行解释的请求，其中微软公司要求法院对权利要求中的40多个术语及短语进行解释，而AT&T公司只要求法院解释3个。

2002年6月27日，双方当事人按照法院的要求共同提交了权利要求解释请求。

2003年6月23日，地方法院对双方有争议的涉及权利要求的13个术语及短语进行了解释。

2003年11月5日，地方法院判决应从1999年4月2日起计算被告微软公司支付原告AT&T公司的损害赔偿金。

2004年3月5日，地方法院驳回了被告微软公司提出的请求法院根据《美国专利法》第271条（f）款（下文简称"第271条（f）款"）进行部分简易判决的申请，认定微软公司侵权行为成立，微软公司须为在美国本土销售的Windows操作系统以及由其向外国厂商提供Windows操作系统主盘，并供后

---

❶ 编/解码器是一种将语音信号先进行编码（即将该语音信号进行压缩），然后再解码（即将被压缩的信号转变成与原始语音信号相同的信号）的软件。

者在美国境外进行复制的行为承担侵权赔偿责任。但微软公司只承认其对国内市场负有责任,而向美国境外提供主盘用以复制的行为无须承担侵权责任,超越了美国司法的管辖权范围,并以此为由诉至联邦巡回上诉法院。

2005年7月13日,联邦巡回上诉法院维持了地方法院的判决。微软公司不服,于2006年1月向最高法院递交调卷令请求。

2006年10月,最高法院宣布介入微软公司与AT&T公司之间这场旷日持久的专利海外侵权纠纷案。2007年4月,最高法院大法官以7∶1(一名大法官未参加此案审理)做出判决,支持微软公司的上诉并推翻联邦巡回上诉法院的判决,认定微软公司侵权行为不成立。

二、法院判词

(一)案件争议点

本案主要事实如下:微软公司的工程师在位于美国华盛顿雷德曼的总部设计、编写、测试并开发了Windows操作系统软件,并在美国生产了数量有限的"黄金主盘"(golden master),包含机器可读的Windows操作系统软件目标代码。据微软所说,其软件工程师开发出的源代码,是"人类可读形式的软件"。源代码经由编译器转换成目标代码。目标代码仅仅是源代码的"机器可读的形式",由"0"和"1"组成。为了便于出口,利用激光将目标代码刻制在黄金主盘上。Microsoft Corp. v. Comm'r of Internal Revenue❶一案描述了黄金主盘。微软公司将其制造的主盘运送(shipped)给国外计算机制造商,国外制造商们从未将这些微软公司从美国境内向其提供的主盘安装在计算机中出售给消费者,而是根据与微软公司签订的许可协议,将这些主盘在国外进行复制,并将复制的软件盘安装在国外组装的计算机中。

微软公司还将主盘运送给获得其授权的国外"复制者"(replicators),由他们将复制的Windows操作系统软件运送给国外计算机制造商,即微软公司以非直接的方式向境外的制造者发送Windows操作系统软件。

此外,微软公司还通过电子加密方式将其在美国开发的Windows操作系统软件目标代码发送给这些国外计算机制造商以及获得微软公司授权的国外"复制者"。后者将目标代码解密后复制并安装在计算机硬件中形成计算机系统,并制作出含有(在国外复制的)Windows操作系统软件目标代码的CD或其他介质。

---

❶ 311 F.3d 1178, 1181, 1187(9th Cir. 2002).

微软公司向国外运送的主盘以及以电子加密方式发送的目标代码均含有被控侵犯'580号专利的编解码器的目标代码。微软公司承认其知道含有侵权目标代码的主盘运送到国外以及含有侵权目标代码的Windows操作系统软件目标代码以电子加密方式发送到国外，且软件被复制后将被安装在国外制造的计算机中；微软公司进一步承认其清楚国外计算机制造商以及获得微软公司授权的国外"复制者"将Windows操作系统软件目标代码进行复制后，安装在国外制造的计算机硬件中，然后出售给国外消费者。

诉讼双方均认为，除了主盘和Windows操作系统软件目标代码中包含的目标代码外，微软公司并未从美国向国外提供其他任何计算机"组成部分"（component）用于在国外进行组装。

此外，微软公司承认在国外复制主盘或者复制以电子加密方式发送的目标代码获取软件，是制造带有Windows操作系统计算机的重要组成步骤。

原告AT&T公司指控微软公司在国外销售包含被控侵权的编解码器的Windows操作系统软件的行为应承担第271条（f）款规定的侵权赔偿责任。微软公司则辩称在国外复制目标代码的行为无须承担第271条（f）款规定的侵权责任，因为"目标代码"不在第271条（f）款规定的禁止在国外组装侵权商品的范围之内。具体而言，微软公司认为主盘包含的目标代码或者软件仅仅是"无形信息"，因此不是第271条（f）款意义上的"组成部分"。此外，微软公司还在答辩书中辩称，由于软件复制盘本身不是"从美国提供的"，因此在国外复制软件或目标代码的行为无须承担第271条（f）款规定的侵权责任。

对于本案中上述事实，双方当事人并无争议。其主要争点以及地方法院、联邦巡回上诉法院和美国最高法院做出判决的最大分歧主要为以下两点：

第一，软件是否能被认定为第271条（f）款意义上的发明专利的"组成部分"（component）？

第二，在国外复制从美国提供的Windows操作系统软件主盘得到的复制盘（微软公司向国外提供的目的即在于在国外复制该主盘），是否可以被认定为是符合第271条（f）款意义上的从美国"提供"（supply）的？

地方法院和联邦巡回上诉法院均判决被告微软公司公司侵权行为成立。而最高法院在重新审理本案的过程中，推翻了一审法院和二审法院的判决结果，并得出与前述两级法院截然相反的结论，因此微软公司最终被认定侵权行为不成立，无须承担侵权责任。这一重大逆转立刻在全球软件公司及相关业界、学界引发了一场轩然大波。

案例九　AT&T Corp. 诉 Microsoft Corp. 案

（二）美国各级法院的法院判词比较

美国最高法院与地方法院、联邦巡回上诉法院得出的判决结果之所以大相径庭，本质原因在于各级法院的法官们对《美国专利法》第271条（f）款在本案中如何适用的观点不同。《美国专利法》的基本原则是，当专利产品在他国制造并销售时，并不会产生侵权行为。但是这个原则有个例外。第271条（f）款的立法目的在于阻止侵权者以在美国境内生产或提供一件已授权专利的组成部分，然后将该组成部分出口到国外组装成产品的方式逃避《美国专利法》规定的侵权责任（参见《美国专利法修正案（1984年）》），如果利用国外提供的组件在国外组装成产品则不触犯第271条（f）款❶。该条款规定：

（1）未经许可提供或使他人提供在美国境内或由美国境内所生产的专利产品的全部或主要部分，该全部或主要部分是指尚未组合的状态，如果是在美国境外将该主要部分加以组合，恰如其在美国境内将该专利加以组合，应视为侵权而承担责任。

（2）任何人未经许可从美国境内提供或使他人从美国境内提供已获专利权的发明的组成部分，该组成部分未以整体或部分形式加以组合且特别制造或特别适用于该发明，但不是作为主要或不属于具有实质侵害作用的商品时，提供者明知该组成部分是特别制造或特别适用于该发明，并有意将该组成部分在美国境外以正如在美国境内侵犯专利权的方式对其进行组合，应视为侵权而承担侵权责任。

第271条（f）款第1段中所指的"组成部分"可能是贸易中的大宗物品或商品，同样适用于非侵权的实质性使用；而第2段中所指的"组成部分"必须是特别制造或适用于在发明中使用（参见 Bristol-Myers Squibb v. Rhone-Poulenc Rorer, Inc.❷一案）。此外，第2段要求侵权者有意图使该组成部分"在美国境外以正如在美国境内侵犯专利权的方式对其进行组合"。第271条（f）款规定的侵权责任"并不要求被诉侵权者对组成部分进行实际的组合或组装"（参见 Waymark Corp. v. Porta Sys. Corp.❸一案）。在本案中，毫无疑问的是，微软研发的目标代码是在美国境内特别制造并且提供于在其 Windows 操作系统中使用；微软的目的即在于组成部分将在美国境外被组装；而且其目的还在于被诉侵权的目标代码将会直接安装进在国外生产的计算机中，成为其重

---

❶ Aerogroup Int'l, 955 F. Supp. at 232.
❷ 2001 U.S. Dist. LEXIS 16895, 95 Civ. 8833(RPP), 2001 WL 1263299, at *4—5(S.D.N.Y. Oct. 19, 2001).
❸ 334 F.3d 1358, 1361(Fed. Cir. 2003).

要部分。

1972 年，最高法院在 Deepsouth Packing Co. v. Laitram Corp. (1972)❶一案中做出的判决是导致国会制定《美国专利法》第 271 条（f）款的原因。该案所涉专利是一种用于快速去除虾线的机器。

该案中，拥有一件可同时节省时间和费用的去除虾线机器专利权的 Laitram 公司，起诉 Deepsouth 公司生产的功能类似的机器侵犯了其专利权。被告 Deepsouth 公司将其生产的用于去除虾线的设备拆分成若干组成部分、分装在 3 个独立的集装箱中运送给国外客户，无须一个小时即可将这些组成部分在国外组装成一台完整的设备。❷ 被告 Deepsouth 公司承认《美国专利法》确实禁止在国内生产和销售拥有本国专利权的产品，但其辩称，《美国专利法》并没有禁止在美国国内生产这些专利产品的组成部分——而并非该专利产品本身——并且将这些部分出口到国外进行组装并使用。

最高法院同意被告 Deepsouth 公司的上述观点，在此案审理过程中反复强调（根据《美国专利法》当时的规定），被告 Deepsouth 公司在美国境外生产或者使用在美国被授予专利权的产品的行为并未侵犯《美国专利法》第 271 条（a）款❸的规定，❹ 除本法另有规定外，于专利权存续期间，未经许可在美国境内制造、使用或销售已在美国获得专利权的产品的行为，即属侵害专利权。而且最高法院认为，由于国外购买者是在美国境外将被告 Deepsouth 公司提供的机器部件进行组装并使用，因此他们也没有侵犯 Laitram 公司的专利权。

所以最高法院的结论是，由于被告 Deepsouth 公司并未在美国境内生产、出售或者使用侵犯原告 Laitram 公司生产的专利产品（此处指的是完全组装的机器），因此它并不构成直接侵权；❺ 其次，也不构成引诱侵权和帮助侵权。❻

---

❶　406 U.S. 518, 92 S. Ct. 1700, 32 L. Ed. 2d 273.

❷　Deepsouth Packing Co. v. Laitram Corp., 406 U.S. 518, 524, 92 S. Ct. 1700, 32 L. Ed. 2d 273(1972).

❸　《美国专利法》第 271 条（a）款原文如下：Except as otherwise provided in this title, whoever without authority makes, uses, or sells any patented invention, within the United States, during the term of the patent therefor, infringes the patent.（这一条款是直接侵权行为的定义）

❹　Deepsouth Packing Co. v. Laitram Corp., 406 U.S. at 527, 92 S. Ct. 1700, 32 L. Ed. 2d 273(1972).

❺　Deepsouth Packing Co. v. Laitram Corp., 406 U.S. at 526—527, 92 S. Ct. 1700, 32 L. Ed. 2d 273(1972).

❻　在 1952 年修改专利法时，美国国会用立法形式对帮助侵权做了明确规定，即《美国专利法》第 271 条（b）款："Whoever actively induces infringement of a patent shall be liable as an infringer."（积极教唆他人侵害专利权者，应负侵权责任，被控侵权人构成引诱侵权的前提必须是，被引诱者或被教唆的人有直接侵权行为，而且这一直接侵权行为是由于被控侵权人积极主动的引诱和教唆而导致）以及第 271 条（c）款："……knowing the same to be especially made or especially adapted for use in an infringement of such patent, and not a staple article or commodity of commerce suitable for substantial noninfringing use……"［任何人出售专利产品或者用于使用专利方法的设备的一个主要组成部分，明知道这个组成部分是为了侵犯专利权而特别制造的，不具备除了侵犯专利权以外的其他用途时，行为人就应承担帮助侵权的责任。这一条款是对帮助侵权行为（也叫共同侵权行为）所下的定义］

案例九 AT&T Corp. 诉 Microsoft Corp. 案

最高法院特别指出，专利产品的组成部分并不享有专利权，因此将这些组成部分在未组装的状态下出口，并不侵犯 Laitram 公司的专利权❶。

原告 Laitram 公司则坚持认为，被告 Deepsouth 公司认为对专利权的保护不可以拓展至出口的该专利产品的组成部分的观点，是对《美国专利法》过于狭隘的解释。❷ 最高法院对此表示不同意，为此还查询了此前相关判决书，其中写道："组合专利产品的专利权仅能对抗将整个产品进行组合的行为，而不能对抗生产其各组合部分的行为"。❸ 所以最高法院认为，国会制定的《美国专利法》并没有显露出要将专利权保护范围扩大的意图。❹ 最高法院因此再次强调，"美国的专利法律制度原则上并没有域外效力；❺ 国会无此意图，以前也从未有过此种意图，在美国境外进行控制；因此法院也相应地拒绝他人提出的在美国境外进行控制的请求"。❻ 由于国会无此立法意图，❼ 因此最高法院指出，对于在美国境内生产和销售（在美国被授权的）专利产品的组成部分，并在国外将其进行组装、使用以及销售的行为，法院无权制止。❽

鉴于此案的判决结果，国会认为有必要通过立法手段来填补这个法律漏洞，因此国会制定了《美国专利法》第 271 条（f）款，旨在防止侵权者利用该漏洞实施侵权行为（参见《美国专利法修正案（1984 年）》）。立法记录中写道："小组委员会的部分工作是为知识产权权利拥有者（包括专利持有人）提供可行、有效、有力的一系列法律保障保护他们的创造……如果缺乏这些具有针对性的措施，专利体系将无法应对不断变化的世界所带来的挑战，公众也不会从这些发明创造中受益……（该修正案）第 101 条对《美国专利法》进行了两处重大修订以避免在美国境外的制造行为……第 271 条（f）款将阻止复制者通过将在美国制造的专利产品的组成部分在国外进行组装的方式逃避《美国专利法》规定的侵权责任，因此可以填补原有漏洞。"

该条款扩大了"侵权"行为的定义，即将在一定条件下从美国境内提供专利产品组成部分的行为包含在内。

---

❶ Deepsouth Packing Co. v. Laitram Corp., 406 U.S. at 527—529, 92 S. Ct. 1700, 32 L. Ed. 2d 273(1972).
❷ Deepsouth Packing Co. v. Laitram Corp., 406 U.S. at 529, 92 S. Ct. 1700, 32 L. Ed. 2d 273(1972).
❸ Deepsouth Packing Co. v. Laitram Corp., 406 U.S. at 528, 92 S. Ct. 1700, 32 L. Ed. 2d 273(1972).
❹ Deepsouth Packing Co. v. Laitram Corp., 406 U.S. at 530, 92 S. Ct. 1700, 32 L. Ed. 2d 273(1972).
❺ 域外效力（extraterritoriality）指一国法律的域外适用，即该国法律对该国境外的个人、权利及法律关系的适用。
❻ Deepsouth Packing Co. v. Laitram Corp., 406 U.S. at 531, 92 S. Ct. 1700, 32 L. Ed. 2d 273(1972).
❼ 国会制定的《美国专利法》并没有显示出要扩大专利权保护范围的意图。
❽ Deepsouth Packing Co. v. Laitram Corp., 406 U.S. at 532, 92 S. Ct. 1700, 32 L. Ed. 2d 273(1972).

(三) 各级法院对本案争点一的法院判词比较

1. 地方法院观点

地方法院列举了若干个案例来证明其观点——软件可以被认定为第271条(f)款意义上的发明专利的"组成部分"。其判决意见书主要内容如下：

微软公司坚持认为在国外复制的Windows操作系统软件的复制盘不能在法律意义上被认定是从美国提供的、用于在国外组装计算机系统的"组成部分"，因为"存储在主盘中（或以电子形式发送）的Windows操作系统是无形信息"，而且主盘"仅仅是用于传输软件信息的介质"，它本身从未在国外被安装进终端产品中。因此储存在主盘中或以电子加密方式发送的目标代码及软件（而不是主盘和电子加密发送方式本身）是双方当事人争论以及法院分析的核心。毫无争议的是，侵权软件是微软公司有意运到国外用于组装到电脑中的。事实上，将微软公司研发的"黄金主盘"运送到国外仅仅是承认其经济上的效率，并不意味着微软公司无须承担《美国专利法》第271条(f)款规定的侵权责任。❶

微软公司认为侵权软件必须是"有形物品"才是第271条(f)款意义上的"组成部分"。正如其所指出的，第271条(f)款并未将出口专利产品的某个或某些部分纳入其规定的应承担的侵权责任范围内。微软公司主张以"黄金主盘"或电子传送方式运送的侵权软件仅仅是"无形信息"，并不是第271条(f)款意义上的发明专利的"组成部分"。然而，软件可以成为发明专利的组成部分，也可以是侵权设备的组成部分，这是能被公众所接受的。如法官在Alappat❷一案的判决意见书中所写的，"计算机操作系统软件有可能可以代表可专利的物质，当然前提是要求专利保护的物质符合专利法的其他全部要求"；在Imagexpo, L. L. C. v. Microsoft Corp.❸一案中，法院审查了通过黄金主盘运送到国外的Netmeeting软件，认定"代码是可专利的物质"，而且黄金主盘和代码可成为第271条(f)款意义上的发明专利的"组成部分"；在Eolas Techs. Inc. v. Microsoft Corp.❹一案中，法院认为计算机产品中的软件"在法律意义上，等同于计算机硬件，而非等同于化学公式"；在NTP, Inc. v.

---

❶ Eolas Techs. Inc. v. Microsoft Corp., 2004 U. S. Dist. LEXIS 534, 99 C 0626, 2004 WL 170334, at * 3—5(N. D. Ill. Jan. 15, 2004).

❷ 33 F. 3d 1526, 1545(Fed. Cir. 1994).

❸ 2003 U. S. Dist. LEXIS 15139, No. Civ. A 3:02CV751, 2003 WL 23147756(E. D. Va. Aug. 19, 2003).

❹ 274 F. Supp. 2d 972, 973(N. D. Ill. 2003).

案例九　AT&T Corp. 诉 Microsoft Corp. 案

Research In Motion, Ltd.❶一案中，法院指出被告提供的"应用程序"是与"美国境外的英特尔处理器相结合的组成部分"，特别适用于侵权产品的使用；美国专利商标局的《专利审查手册》❷指出，计算机程序具备结构要素和功能要素，可被描述成权利要求的一部分，也可成为法律规定的产品或机器的一部分，并指出"当计算机程序和物理结构，如计算机内存共同描述在一项权利要求中时，审查员应当将这项权利要求当成产品权利要求"。还有 Southwest Software, Inc. v. Harlequin Inc.❸一案亦是如此。事实上，微软公司承认软件是可专利的，❹而且其曾向第九巡回法庭成功主张审判中涉及的包含目标代码的黄金主盘是有形财产，其出口是为了税收目的。

因此软件可以是专利产品或者侵权设备的组成部分，这是公认的。

微软公司要求法院对第 271 条（f）款中的"组成部分"进行狭义解释，从而排除软件和对象代码。然而无论是在法律文本还是立法史上，都未将"组成部分"一词限定为机器或其他结构的组合物。在 W. R. Grace & Co. v. Intercat, Inc.❺一案中，法院判定美国提供的化学成分在国外与其他物质进行结合的行为承担第 271 条（f）款规定的侵权责任；在 Moore U. S. A. Inc. v. Standard Register Co.❻一案中，法院根据第 271 条（f）款将纸和胶水判定是制作信封的"组成部分"；在 Lubrizol Corp. v. Exxon Corp.❼一案中，法院同样判定将美国提供的润滑油添加剂在国外加入润滑油合成物行为承担第 271 条（f）款规定的侵权责任。

而且，无论是在第 271 条（f）款的立法历史还是其他司法解释中，都没有说过软件不能是组成部分。

事实上，自第 271 条（f）款出台后，软件和计算机逐渐成为社会和商业发展的重要部分，因此如果不能保护使用软件的发明将"不能应对不断变化的世界带来的各种挑战"。

微软公司也列举了几个案例支持它提出的软件不是第 271 条（f）款意义上"组成部分"的论点。这些案件与本案都有区别。因为它们有的涉及不包含组成部分的外观设计专利或方法专利；有的涉及在国外进行产品装配的指令（instructions），装配指令不是组成部分。如在 Standard Havens Prods., Inc.

---

❶ 261 F. Supp. 2d 423, 431(E. D. Va. 2002).
❷ at 2100—13(8th ed. 2003).
❸ 226 F. 3d 1280, 1287—83, 1298—99(Fed. Cir. 2000).
❹ Tr. at 10; MS Reply at 1.
❺ 60 F. Supp. 2d 316, 320—21(D. Del. 1999).
❻ 144 F. Supp. 2d 188, 195(W. D. N. Y. 2001).
❼ 696 F. Supp. 302, 325(N. D. Ohio 1988).

v. Gencor Indus., Inc.❶一案中，法院的判决是裁定制造沥青的方法专利不适用于第271条（f）款，而不是完成该制造过程的机械装置；又如在Enpat, Inc. v. Microsoft Corp.❷一案中，法院裁决一件不包含组成部分的方法专利无须承担第271条（f）款规定的侵权责任，该方法专利仅仅描述了完成一项任务的步骤；在Pellegrini v. Analog Devices, Inc.(2003)❸一案中，对于被告将计算机芯片出口到国外进行处置的行为，法院判决被告无须承担第271条（f）款规定的侵权责任；Aerogroup Int'l❹一案涉及的是制造鞋底的外观专利，不包括"组成部分"的权利要求，而且鞋底是在国外制造的，法院判决该案不适用于第271条（f）款。

值得注意的是，在Eolas Techs. Inc. v. Microsoft Corp.❺和Imagexpo LLC v. Microsoft Corp.❻两案中，法院均判决微软公司将含有侵权代码的主盘出口到国外的行为构成第271条（f）款规定的提供"组成部分"的行为。此外，在NTP, Inc. v. Research in Motion, Ltd.❼一案中，地方法院根据第271条（f）款对此案涉及的侵权行为进行简易判决，认定被告制造的黑莓无线邮件/寻呼设备含有由美国境内提供的组成部分（如微软公司的交换器软件），因此被告通过网络传输其在加拿大制造的该设备的行为落入第271条（f）款规制范围内。

微软公司则提出发生在上述三个案件之后的Bayer AG v. Housey Pharms., Inc.❽一案中（下文简称"拜耳案"），法院判决在海外销售含有侵权软件的计算机的行为无须承担侵权赔偿责任。此案中，联邦巡回上诉法院对第271条（g）款中的"组成部分"一词进行了解释。❾第271条（g）款禁止向美国进口由方法专利制造的产品，这种专利方法指的是"能够实际制造或创造出一种产品的方法，而不是收集信息的方法，也不是确定一种物质是否值得进一步发展的方法"。❿联邦巡回上诉法院在判决附带意见中指出，第271条（g）款中的"组成部分"一词应指"有形物品"（physical product）。⓫

---

❶ 953 F.2d 1360, 1374 (Fed. Cir. 1991).
❷ 6 F. Supp. 2d 537, 538—39 (E.D. Va. 1998).
❸ U.S. Dist. LEXIS 7598.
❹ 955 F. Supp. at 231—32.
❺ 274 F. Supp. 2d 972 (N.D. Ill. 2003).
❻ 2003 U.S. Dist. LEXIS 15139 (E.D. Va. Aug. 19, 2003).
❼ 261 F. Supp. 2d 423, 436—37 (E.D. Va. 2002).
❽ 340 F.3d 1367 (Fed. Cir. 2003).
❾ Bayer, 340 F.3d at 1376.
❿ Bayer, 340 F.3d at 1370.
⓫ Bayer, 340 F.3d at 1376—1377.

案例九　AT&T Corp. 诉 Microsoft Corp. 案

在"拜耳案"中，联邦巡回上诉法院认为第 271 条（g）款并未禁止将"信息"传播到美国。❶ 然而此案中的"信息"与本案中双方争议的软件及目标代码明显不同。"拜耳案"中的"信息"是由方法专利产生的数据，该方法专利用于确定某一特定物质是否具有激活或者抑制细胞中蛋白质活性的特殊属性。❷ 这些数据可以用来确定治疗疾病的有效药物。专利权人指控拜耳公司在美国境外使用该方法专利，随后将由该方法专利产生的数据传输到美国，利用这些数据确定治疗疾病的有效药物，并在美国境内制造这些药物。❸

联邦巡回上诉法院认为，将方法专利得到的数据输入美国境内的行为并未触犯第 271 条（g）款，是由于该条款直接针对的是制造出来的产品，而不是用于确认该产品的数据或者"信息"。事实上，在国外由方法专利得到的数据并不能在美国境内直接用于制造药品。

"拜耳案"的判决并不适用于对第 271 条（f）款的分析，因为"拜耳案"只适用于第 271 条（g）款［事实上，在"拜耳案"中唯一一次提到第 271 条（f）款的目的在于通过参考国会的意图，避免鼓励在美国境外生产侵权产品］❹；而且"拜耳案"中由方法专利得到的"信息"或"数据处理"与本案的争议焦点——软件或者目标代码完全无关。例如，本案中的软件或目标代码本身就是在国外组装得到的最终产品的重要组成部分。相比之下，"拜耳案"中的结果数据是由方法专利在国外得到之后传输到美国、随后用于在美国确定药物。❺ 因此，"拜耳案"中传输的"数据"并没有组装进最终产品，这些数据是方法专利的结果而不是组成部分。而在本案中，目标代码实际上包含了专利产品编解码器，这些编解码器不是从类似的方法专利中得到的，并且侵权代码被传输到境外直接装入最终产品。

基于以上理由，地方法院驳回了微软公司提出的主张中包含的目标代码是无形信息，因此无须承担第 271 条（f）款规定的侵权责任的观点。

2. 联邦巡回上诉法院观点

联邦巡回上诉法院的判决意见书内容极其简明扼要：

（本法院认为）软件是否能被认定为第 271 条（f）款意义上的发明专利的"组成部分"，已经在 Eolas Techs. Inc. v. Microsoft Corp.❻ 一案中得到了肯定

---

❶ Bayer, 340 F. 3d at 1371.
❷ Bayer, 340 F. 3d at 1369.
❸ Bayer, 340 F. 3d at 1369—1370.
❹ Bayer, 340 F. 3d at 1371.
❺ Bayer, 340 F. 3d at 1368—1369.
❻ 399 F. 3d 1325(Fed. Cir. 2005).

回答。本院认为"软件代码本身即毫无疑问地具有可专利性",而且"立法语言并未将第 271 条（f）款（中的'组成部分'）限制在'机器'或'有形的结构'上",因此软件完全可以被认定为第 271 条（f）款意义上的发明专利的"组成部分"。❶

由此可见,联邦巡回上诉法院和地方法院观点相同,都认为软件可以被认定为第 271 条（f）款意义上的发明专利的"组成部分"。

3. 最高法院观点

与前面两级法院观点相反,美国最高法院认为软件不能被认定为第 271 条（f）款意义上的发明专利的"组成部分"。在判决意见书中,最高法院首先阐述了本案涉及的两个问题,也就是上文提及的"软件何时并以何种方式,能够被定义为第 271 条（f）款意义上的'组成部分'"以及"本案涉及的国外制造的电脑的'组成部分'（即 Windows 操作系统软件）是否可被认定为是由微软公司从美国提供的"之间的关系。其认为:

在这起诉讼中,双方从未对软件在某些情况下可以被归类为第 271 条（f）款所指的"组成部分"存在异议。问题在于,双方对软件在何种情况下可以被定义成"组成部分"存在分歧。软件是"一组能够指示计算机按照特定功能或运作方式运行的指令,即众所周知的'代码'的集合",❷ 至少可以用两种方式对它进行定义。一种是抽象的定义方式,即认为软件指的是独立于任一介质的指令（可将其比喻为贝多芬《第九交响曲》中的音符）；另一种方式是将软件定义成有形介质,如刻有指令编码的光盘等（可将其比喻为写有贝多芬《第九交响曲》的乐谱）。

AT&T 公司坚持认为抽象定义的"软件",不仅局限于有形介质,即可认为是第 271 条（f）款所指的"组成部分"。而微软公司则认为,只有有形的软件盘才是切合该条款真实含义的"组成部分",而抽象的指令代码不能认为是"组成部分"。

微软公司认为只有用"目标代码"（object code）表示软件,它的备份才能被视为计算机的组成部分。人们编写软件的代码被称为"源代码"（source code）,这也是可读的计算机语言指令；但是要让电脑运行软件则必须将源代码（也称为源程序）转换"编译"成计算机能够"读懂"并且"识别"的一系列二进制代码,即"目标代码"。❸ 微软公司运送到国外的软件是以目标代码

---

❶ Eolas Techs. Inc. v. Microsoft Corp. 399 F. 3d at 1339(Fed. Cir. 2005).

❷ Software, the set of instructions, known as code, that directs a computer to perform specified functions or operations", Fantasy Sports Properties, Inc. v. SportsLine. com, Inc. , 287 F. 3d 1108, 1118(CA Fed. 2002).

❸ 71 USPQ 2d 1118, 1119, n. 5(SDNY 2004).

案例九 AT&T Corp. 诉 Microsoft Corp. 案

的形式刻在主盘或者通过电子方式传输的。

当法院转向第二个问题——本案涉及的国外制造的电脑的"组成部分"（即 Windows 操作系统软件）是否为微软公司从美国提供的，双方所持不同观点所具有的重要性及意义就凸显出来。

如果国外制造的电脑安装的"组成部分"是 Windows 操作系统的复制盘，那么 AT&T 公司主张，微软公司需要根据第 271 条（f）款的立法规定对其"从美国境内"提供的专利产品的组成部分承担侵权责任的论点，则没有说服力。

按照这种方式来理解"组成部分"，即国外制造的电脑安装的"组成部分"是由国外电脑制造商复制 Windows 操作系统得到的复制盘，则微软公司通过主盘或者电子传输方式运送到美国境外的 Windows 操作系统主盘本身不能被认为是承担侵权责任的要素。因为第 271 条（f）款定义下的在美国境外组装成侵犯美国专利产品的"组成部分"，必须且只能是从美国境内提供。

从另一方面来说，如果法庭认定抽象的 Windows 操作系统软件符合第 271 条（f）款范畴内的"组成部分"的定义，那么微软公司从美国向境外电脑制造商提供的 Windows 操作系统软件母盘是否被安装在国外制造的电脑中就无关紧要了。联邦巡回上诉法院的合议庭根据其此前在 Eolas Technologies Inc. v. Microsoft Corp.（2005）❶一案中的判决意见，认为本案涉及的 Windows 操作系统软件符合第 271 条（f）款中定义的"组成部分"。但是法院不能就此判定，被联邦巡回上诉法院定义为计算机"组成部分"的"软件"指的是由抽象代码组成的软件，还是装载在有形介质上的软件。

在解释了上述两个问题之间的关系之后，法院进一步阐释其观点——问题一：软件何时或者在何种形式下成为第 271 条（f）款意义上的"组成部分"？最高法院认为应该"从词语的通常含义或者原义出发对其进行解释"。❷ 该款将"向美国境外提供处于尚未组合状态的、在美国被授权的专利产品的全部或主要组成部分，并将这些组成部分（在美国境外按照在美国境内将该专利产品组装的侵权方式）进行组合"的情形列入专利侵权范畴。由此可见，该条款仅适用于当这些组成部分用于组合成案件涉及的专利产品的情形。本案中的专利产品即为原告 AT&T 公司的语音处理系统。"component"通常被定义为"组成部分、构成部分"（a constituent part）、"成分"（ingredient）或者"要素"（element）（出自韦氏第 3 版《国际英语词典》第 466 页，1981 年版）。

---

❶ 399 F.3d 1325.

❷ FDIC v. Meyer, 510 U.S. 471, 476, 114 S.Ct. 996, 127 L.Ed.2d 308(1994).

Windows 操作系统软件（事实上任何软件都是如此）只有用计算机可读语言形式表达才能操纵计算机运行。否则抽象定义下的"软件"既不能插入光驱，也不能从网上下载；既不能被安装在计算机中，也不能在计算机上运行。未用有形形式体现出来的抽象的软件代码，不能归类为第 271 条（f）款意义上的"组成部分"。脱离于光盘之类有形载体的抽象的 Windows 操作系统软件毫无疑义是一种"信息"（information）——一组详细的计算机指令，因此可以被比喻为"设计图"（blueprint）（或者任何包含了设计信息的物品，如示意图、模板或者原型）。尽管设计图含有安装或组合一件专利装置的准确指令，但是设计图自身却不是该专利装置可组装的部分。在 Pellegrini v. Analog Devices, Inc.❶一案中，联邦巡回上诉法院认为，向美国境外的制造者发出如何制造被诉侵权的计算机芯片的操作指南或者说明等指令的行为不能被第 271 条（f）款所包含。❷

AT&T 公司竭力主张软件不同于设计图中体现出来的信息，至少当它表达为计算机可读的目标代码形式时是这样。它进一步指出，软件的"模块化"（modular）使其不同于设计图；不仅如此，软件还是一种可独立开发和销售的产品，"适用于各种计算机硬件，也可以与其他软件共同使用发挥作用"。软件被安装在计算机中之后仍是模块化的。在不影响硬件的前提下，软件照样可以升级或者从计算机中删除。软件与设计图不同的另一点是，它是"动态的"（dynamic）。按照设计图的指示安装好设备后，设计图的使命即告完成。正如 AT&T 公司所强调的，设计图的指令在专利装置组装完成之后即"用尽了"（exhausted）。与之相反，把软件安装到计算机中之后，其包含的指令将持续不断地"指示"计算机运行（参看 Eolas Technologies Inc. v. Microsoft Corp.❸和 Imagexpo, L. L. C. v. Microsoft Corp.❹，两个案子的判决书也有同

---

❶　375 F.3d 1113,1117—1119(CA Fed.2004)。

❷　在 Pellegrini v. Analog Devices, Inc., 375 F.3d 1113, 1117—1119(CA Fed.2004)一案中，联邦巡回上诉法院认为用于（指示制造者）生产被授予专利权的产品的操作指南或者说明等抽象"指令"（instructions）不是《美国专利法》第 271 条（f）款意义上的"组成部分"。在本案中，原告 Pellegrini 2002 年 8 月向马萨诸塞州联邦地方法院起诉被告生产的计算机芯片侵犯了其专利权。证据显示被诉侵权的电脑芯片全部都在美国境外生产（生产商是 Analog Devices，公司位于爱尔兰的分厂和被 Analog Devices 公司雇用的位于台湾的两个工厂），而且大部分都出售给了国外的消费者，被告 Analog Devices 公司并未从美国向境外生产者提供生产这种芯片的组成部分。但是原告则认为，由于被告 Analog Devices 公司总部坐落在美国，被告向美国境外的制造者发出如何制造被诉侵权的计算机芯片的操作指南或者说明等指令的行为发生在美国，因此被告位于国外的分厂生产的芯片应当被认为是被告"从美国提供或者是他人从美国提供"（给境外消费者）的。所以原告坚持认为被告应当按照《美国专利法》第 271 条（f）款第 1 项的规定承担侵权责任。马萨诸塞州联邦地方法院驳回了原告的诉讼请求。原告不服，上诉至联邦巡回上诉法院；该法院于 2004 年 7 月 8 日做出判决，维持联邦地方法院的决定。

❸　399 F.3d 1325,1339(CA Fed 2005)。

❹　299 F.Supp.2d 550,553(ED Va.2003)。

样的叙述)。

然而尽管 AT&T 公司陈述了软件与设计图之间的区别，但是仍然不能说服最高法院认为脱离了介质的软件（即指包含一系列计算机指令的抽象的软件）是计算机的组成部分。设计图以及任何类似的设计资料与软件一样，可以独立地被制作、出售以及购买。按照 AT&T 公司的论点，如果消费者无法在商店货架上看到待售的设计图（即指设计图是抽象的），那么消费者可以据此推断出软件也是抽象的：无论商店出售还是消费者购买的软件，都只能是刻有计算机可识别指令代码的光盘。同样，只有将有形的软件盘安装在光驱中，或者通过其他方式使软件能够与计算机连接，软件才能被安装在计算机中并运行，才能升级或者被删除。

AT&T 公司认为"设计图仅仅指示使用者如何去做一些事情，而软件却是实实在在地会导致侵权行为发生"。对此必须强调的是，只有当 Windows 操作系统被复制到可以被计算机识别的介质上之后，它才能如同 AT&T 公司享有专利权的语音处理系统一样运行，也只有这样才可能导致侵权行为发生。因为只有被复制到可以被计算机识别的介质上的有形软件才是计算机可用、可组装的一部分，抽象的软件不是（计算机可用、可组装的一部分）。脱离了计算机可识别介质的抽象的 Windows 操作系统是无形的指令集合，如同作曲家脑海中的音符，而不是能够引导钢琴演奏者弹奏出乐曲的乐谱。

因为将软件指令编码到介质上从而使计算机能够识别软件指令是非常简单的过程，所以 AT&T 公司认为这一步骤对于判定第 271 条（f）款是否适用某一案件不能发挥决定性作用。但是这一步骤可以使得软件能够被计算机识别，并且成为计算机可组装的一部分，因此这个步骤无论简单与否都是十分必要的。此外，可以使用很多既简单又便宜的工具来生产设备的组成部分。例如，生产商使用链轮机每小时即可生产出数以万计的链轮，但是链轮机并不能因此成为由其生产出的链轮组装而成的产品的组成部分，它至少不符合"组成部分"（component）的通常含义。因此，AT&T 公司认为国会不仅应当将专利发明可组装的"组成部分"，还应当将"信息、指令以及生产这些组成部分的工具"包含进第 271 条（f）款意义上的"组成部分"的范围内。但事实上国会并没有这么做。

综上所述，最高法院认为只有（有形的）Windows 操作系统软件光盘——而非抽象的 Windows 操作系统软件——才能被认为是第 271 条（f）款定义下的"组成部分"。法院认为无须了解抽象的软件或者其他无形的物品是否曾经被认为是第 271 条（f）款意义上的"组成部分"。如果无形的"方法"（method）或者"过程"（process）可以被认为是第 271 条（f）款意义上的

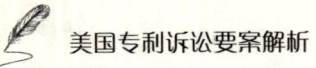

"组成部分",那么专利产品可组装的组合部分也应当是无形的。但是问题在于,本案中 AT&T 公司享有专利权的语音处理系统是有形的。

由此可见,在"软件是否能被认定为第 271 条(f)款意义上的'组成部分'"问题上,最高法院与地方法院及联邦巡回上诉法院的观点截然相反,认为软件不能被认定为第 271 条(f)款意义上的"组成部分"。

(四)各级法院对本案争点二的判词比较

1. 地方法院观点

对在国外复制得到的软件盘是否可被认定为从美国"提供"的这个问题,地方法院持肯定回答。其判决意见书主要内容如下:

微软公司在答辩状中坚持认为在国外复制的侵权软件复制盘不能被认定是从美国提供的"组成部分",因此并未触犯第 271 条(f)款。地方法院在听取了 AT&T 公司的口头答辩之后,同意 AT&T 公司的观点。

微软公司坚持认为最终装入国外计算机中的目标代码是在国外复制的,那么这些复制件就不能认为是从美国"提供"的组成部分。微软公司特别强调这些复制件"甚至连美国的土地都未曾接触过,因此不能认为是从美国提供的"。从根本上说,微软公司的目的是希望将这些在国外复制的目标代码等同于在国外制造或"提供"的目标代码。

微软公司的争辩忽略了一个不争的事实,那就是目标代码最初在美国制造,然后从美国提供给国外的计算机制造商以及获得微软公司授权的国外"复制者",目的就在于将这些软件安装在国外组装的计算机中。事实是,微软公司将含有侵权目标代码的主盘运送到国外,或将这些目标代码以电子加密方式发送给国外计算机制造商,并不是为了提高效率的目的为每台计算机提供一张光盘,因此其行为无论是从第 271 条(f)款的字面意思出发还是从立法目的出发——禁止行为人通过将侵权产品的某些组成部分从美国提供到境外之后再进行安装,如同在美国境内完成组装一样,从而避免侵犯美国专利权的行为——都不能使微软公司免受第 271 条(f)规定的侵权责任。❶

事实上,微软公司在口头辩论中也承认,如果将含有侵权目标代码的 Windows 操作系统光盘运送到国外,并将这些光盘直接安装到国外组装的计算机中(而不是将含有这些代码的主盘运送到国外,在国外复制后再把复制盘安装在国外制造的计算机中),那么微软公司的行为要承担第 271 条(f)款规

---

❶ Imagexpo, 2003 U. S. Dist. LEXIS 15139, 2003 WL 23147556; Eolas Techs., 2004 U. S. Dist. LEXIS 534, 2004 WL 170334, at *3—5.

案例九 AT&T Corp. 诉 Microsoft Corp. 案

定的直接侵权责任。❶

为了支持其论点，微软公司将其软件比喻为制造轮胎的"模具"（mold），运至境外工厂用于制造轮胎，安装在国外生产的汽车上。微软公司辩称其软件如同在国外用模具制造的轮胎，不能被视为从美国境内"提供"的专利产品的组成部分，因为第271条（f）款关注的是讨论的"组成部分"是在哪儿制造和提供的。然而与通过模具制造的轮胎不同，此案中讨论的软件是在美国境内制造并从美国境内向境外提供，它仅仅在国外被复制——软件不是被用于制造另一种分离类型的组成部分的模具。确实并无证据显示在国外装入电脑中的目标代码或者软件在关于生成代码的指令下在国外重新生成。参见 Enpat❷ 一案（此案涉及方法专利，没有组成部分，此项专利仅是描述完成一项任务的步骤，并未产生第271条（f）款意义上的侵权责任）和 Pellegrini❸ 一案〔此案涉及出口处置电脑芯片的指令至国外，并未产生第271条（f）款意义上的侵权责任〕。进一步说，微软公司所指的轮胎模具并无任何内容，直至橡胶倾倒入模具之中并且制造出一个单独的、完全分离的轮胎。在此再次强调，软件或"轮胎"本身就是组成部分，而并非模具。

正如在 Imagexpo 案中，争论的包含目标代码的黄金主盘或电子传输成为已组装完成的计算机产品的一个重要组成部分。"换句话说，国外的复制者（或原始设备制造商）并不是简单地利用计划、设计或微软提供的方法构建电脑产品。实际上，组装完成的电脑产品的核心功能部分是由代码驱动的，也就是黄金主盘传输的代码。"参见 Imagexpo❹ 一案。法院对此表示同意，并且认为微软公司的"轮胎模具"比喻没有说服力。

由此可见，地方法院认为，国外制造商利用微软公司从美国提供的 Windows 操作系统软件主盘得到的复制盘可以被认定为是符合《美国专利法》第271条（f）款意义上的从美国"提供"的。

2. 联邦巡回上诉法院观点

联邦巡回上诉法院同样对这个问题持肯定回答。其判决意见书主要内容如下：

在解释法律条款的时候，法院通常首先对其中的词语以其"普通的、日常生活中该词在当代使用时具有的含义"进行解释，并"不考虑国会有意赋予这

---

❶ NTP, 261 F. Supp. 2d at 436—37.
❷ 6 F. Supp. 2d at 538—39.
❸ 2003 U. S. Dist. LEXIS 7598, 2003 WL 21026797, at *1.
❹ 2003 U. S. Dist. LEXIS 15139, 2003 WL 23147556.

些词语某些不同的含义"。参见 Williams v. Taylor（2000）❶一案。

本案中法院就应以"普通的、日常生活中该词在当代使用时具有的含义"对"提供"（supplied）一词进行解释，且必须联系上下文语境进行解释。本案中，第271条（f）款是在讨论软件分发时被援引的，因此为了正确解释"从美国境内提供或使他人从美国境内提供"的含义，法院必须弄清典型的"提供"软件的方式。

考虑到技术特性，"提供"软件通常包括生成一份复制件。例如，当用户通过网络在服务器上下载软件时，服务器就以传输软件复制件的方式将软件"提供"给用户的计算机。将软件上传到服务器中，可供任意数量的用户下载该软件，即"提供"该软件。因此复制软件是分发软件的一部分。相应地，对软件"组成部分"而言，复制行为包含在"提供"行为中；因此，以在国外进行复制的目的将软件盘运送到国外的行为，会导致这些在国外得到的复制盘要承担第271条（f）款规定的侵权责任。

事实上，微软公司充分地利用了软件可被复制的特性在世界范围内有效地分发 Windows 操作系统软件。然而微软公司坚持认为只有当主盘本身被运往国外并且被安装在国外组装的计算机中时，才需要承担第271条（f）款规定的侵权责任。联邦巡回上诉法院表示不同意微软公司的这一观点，因为它并未考虑软件分发的事实。"上诉过程不仅仅是学术讨论"，参见 Rosemount, Inc. v. Beckman Instruments, Inc.❷一案，而且法院不能无视与本诉讼密切相关的技术和商业行为的特性。可充分利用软件可被复制的特性，将一张软件主盘运往国外用于复制即可——为节省制造材料、降低运输和储存成本——无须将所有软件复制盘运往国外进行安装。因此所有这些在国外复制的软件复制盘实质上就是从美国提供的。所以如果对法条的解读仅仅限制在当一方当事人做出某种不切实际的行为时才需要承担侵权责任，这是不正确的。"我们必须避免照字面意思解读法条而导致的荒谬结果。"参见 Haggar Co. v. Helvering（1940）❸一案。因此法院不同意微软公司对第271条（f）款中"提供"一词的解读。

法院同样不同意微软公司以 Pellegrini v. Analog Devices, Inc.❹一案的判决进行抗辩。该案判决认为，第271条（f）款规定的侵权责任适用于从美国境内提供或使他人从美国境内提供组成部分，而并不针对用于制造组成部分或

---

❶ 529 U.S. 420, 431, 146 L. Ed. 2d 435, 120 S. Ct. 1479.
❷ 727 F. 2d 1540, 1543(Fed. Cir. 1984).
❸ 308 U.S. 389, 394, 84 L. Ed. 340, 60 S. Ct. 337, 1940—1 C.B. 237.
❹ 375 F. 3d 1113(Fed. Cir. 2004).

案例九 AT&T Corp. 诉 Microsoft Corp. 案

管理监督的指令。❶ 本案中，被提供到国外的 Windows 操作系统软件即是实在的组成部分，用于安装在计算机中从而形成侵权装置，它们并不是用于指导软件工程师编写代码的指令，因此 Pellegrini 一案判决不适用本案。

此外，法院不接受微软公司提出的以电子加密方式发送的软件应该与运送到国外的主盘中含有的软件区别适用第 271 条（f）款规定的侵权责任的论点。是否应当承担第 271 条（f）款规定的侵权责任，并不取决于用于出口的介质是什么：光盘仅仅是载有软件、从而使对软件的操作非常便利的"容器"，它与盛放液体或天然气的器具非常类似。正如法院在 Eolas❷ 一案中所强调的，第 271 条（f）款并不仅限于只适用"有实际结构的或有形的"组成部分，"所有发明的任何形式的组成部分都应该得到第 271 条（f）款的保护"。因此无论是以电子加密形式发送到国外的软件，还是装载在主盘中运送到国外的软件，在是否适用第 271 条（f）款规定的侵权责任时没有区别。第 271 条（f）款规定的侵权责任针对的是运往国外的事实，而不是运输方式。

法院对"从美国境内提供或使他人从美国境内提供"软件的解读与国会制定第 271 条（f）款的立法目的一致。"在解释法条时，我们必须弄清该法条在整部法律中的含义，以及制定该法条的目的和政策"，这是众所周知的原则。❸

在 Deepsouth Packing Co. v. Laitram Corp.（1972）❹ 一案中，美国最高法院认识到当时的专利法存在"漏洞"（loophole），使得潜在的侵权者可以利用这个漏洞，以在美国境内生产专利产品组成部分并运至美国境外进行组装的方式来逃避侵权责任。因为（按照当时的法律）在美国境内生产已获专利权的发明的组成部分，然后将这些部分在美国境外进行组装的行为不是"制造"（making）行为，并不触犯第 271 条（a）款。国会因此在 1984 年制定了第 271 条（f）款，以防止侵权者利用这个漏洞实施侵权行为。正如国会记录中所写，第 271 条（f）款将阻止复制者以提供专利产品的组成部分至美国境外进行组装的方式，避开侵犯美国专利。Deepsouth Packing Co. v. Laitram Corp.（1972）❺ 一案从立法上满足了填补专利法漏洞的需求。"如果没有这些具有针对性的措施，专利体系将无法应对不断变化的世界的挑战，公众也不会从这些发明创造中受益。"（参见《美国专利法修正案（1984 年）》）因此从立法史可以很清楚地知道用于"填补漏洞"的第 271 条（f）款实质上是具有补

---

❶ Pellegrini, 375 F. 3d at 1118(Fed. Cir. 2004).
❷ 399 F. 3d at 1339.
❸ United States v. Heirs of Boisdore, 49 U. S. (8 How.) 113, 122, 12 L. Ed. 1009(1850).
❹ 406 U. S. 518, 32 L. Ed. 2d 273, 92 S. Ct. 1700.
❺ 406 U. S. 518, 32 L. Ed. 2d 273, 92 S. Ct. 1700.

救性质的法条，因此"应该对该法条进行扩大解释从而达到其立法目的"。❶ 很明显，国会制定该法条的目的在于赋予其域外效力，因此本案中争讼的源于美国境内的行为可以被理解成与本法条的含义很近似。

如果法院判决微软公司将 Windows 操作系统软件主盘提供给国外的行为——尤其是以在国外进行复制为目的——并不构成侵权，那么该判决破坏了第 271 条（f）款本应具有的补救性质，使行为人可以利用在该条款制定后发展的技术进步逃避法律制裁。那么，这种对于制定初衷在于通过填补漏洞从而鼓励技术发展的法条的解读是不正确的。因此为了确立该法条的效力，必须以与本案所涉技术特性相适应的方式进行解释。

因此，联邦巡回上诉法院判决认为，国外制造商利用微软公司从美国提供的 Windows 操作系统软件主盘得到的复制盘，可以被认定为是符合第 271 条（f）款意义上的从美国"提供"的。

3. 最高法院观点

美国最高法院对第二个争议问题同样持与地方法院及联邦巡回上诉法院相反的观点，其判决意见书主要内容如下：

本案第二个问题是，微软公司是否"从美国（向境外）提供了"本案涉及的计算机的组成部分。如果依照习惯来解读第 271 条（f）款，法院的回答是"不包含"，因为安装在国外制造的计算机中的 Windows 操作系统软件的复制盘是在国外生产的，而不是微软公司从美国提供的软件母盘。而联邦巡回上诉法院审理该案的 3 位法官❷中有两位认为"就软件'组成部分'而言，软件'复制'行为应当被归入'提供'软件的行为中"。他们对此评论道，运往美国境外的软件主盘和以该主盘复制而成的复制盘没有任何区别，对主盘的复制过程不仅简单易行成本低，而且耗时还非常短；因此他们认为"如果向国外提供的软件主盘是用来在（美国境外进行）复制，那么该软件主盘的提供者就应该对（国外电脑制造商）在美国境外复制该软件母盘的行为承担第 271 条（f）款规定的侵权责任"。

但是联邦巡回上诉法院的 Rader 法官却对此持不同观点。他强调说，人们通常对"提供"行为的理解是与之后一连串的"复制、制造、再生产（实际上也是一种制造行为）等行为"截然不同的一种独立行为。他在意见书中写道，"复制行为和提供行为是两个产生不同后果、彼此完全独立的行为——尤其当提供行为发生在美国境外而复制行为发生在杜塞尔多夫或者东京的时候。从逻

---

❶ Tcherepnin v. Knight, 389 U.S. 332, 336, 19 L. Ed. 2d 564, 88 S. Ct. 548(1967).
❷ 联邦巡回法院通常由 3 名法官组成合议庭审理案件。

案例九　AT&T Corp. 诉 Microsoft Corp. 案

辑上来说，没有复制软件行为在先，自然就不会有供应软件的行为发生"。❶他进一步评论道，"'提供'和'复制'电脑软件和（其他专利产品的）组成部分唯一的实质不同在于，复制电脑软件相较于制造和运输电脑软件更简单"。［不过 Rader 法官强调，从第 271 条（f）款的规定中并不能看出，复制软件这一行为的简单可行性并不能成为承担侵权责任的因素之一，更不是决定性因素］法院对此表示同意。

第 271 条（f）款禁止"从美国向境外提供（专利产品）的组成部分，并在境外将这些组成部分组装成专利产品"的行为。根据这一规定，只有从美国向境外提供的用于在国外组装成案件涉及的专利产品的组成部分，才可能触犯该条款定义下的侵犯责任，而不是这些组成部分的复制件。正如法院再三强调的，安装在国外生产的计算机上的 Windows 操作系统软件的复制件本身，并不是微软公司从美国供应的。实际上，这些复制件直到美国境外的第三方将其制造出来才出现。大概所有人都知道，在国外复制软件非常简单而且价格低廉。

对此判决持不同意见者，将微软公司从美国向境外提供 Windows 操作系统安装盘的行为，与出口库存小刀并将其放入仓库中用于安装侵权机器的行为进行类比。但是法院一再强调，在此案中讨论的是，在美国境外生产的 Windows 操作系统软件的复制盘是否构成侵权，而非微软公司向境外提供的 Windows 操作系统安装母盘本身。因此更简单的比喻是，将微软公司从美国向境外提供 Windows 操作系统安装盘的行为，与出口库存小刀并放入仓库中将这些小刀的复制品用于安装侵权机器的行为进行类比。为避免不适当地扩大国会在制定第 271 条（f）款时的立法本意，法院应当认为，本案中所讨论的这些完完全全在美国境外复制的软件并不符合第 271 条（f）款规定的"从美国向境外提供的专利产品组成部分"的定义。

任何对微软公司的行为是否不在《美国专利法》第 271 条（f）款规定范围内的疑问，可从"域外效力"的推定中得到解释，这个问题法院已经讨论过。❷ 美国的法律只在境内产生效力而不能扩展至全世界的原则，对《美国专利法》尤为适用。人们对专利法律体系传统的理解是"其效力仅适用于美国境内，而不能延展至境外"，❸ 这个观点在《美国专利法》中得到了贯彻。因此《美国专利法》只将专利排他权的范围限定在美国境内。《美国专利法》第 154

---

❶ Rader 法官在此进一步说明复制行为和提供行为是两个完全不同的行为，前者不能被后者包含在内。
❷ supra, at 442, 444, 167 L. Ed. 2d, at 743—744.
❸ Fisch & Allen, 559.

169

条（a）款第 1 项❶规定专利权人有权排除他人在美国境内制造、使用、许诺销售或者销售该专利产品；并且有权禁止他人将专利产品出口到美国境内。正如审理 Deepsouth（1972）❷一案的最高法院法官在判决书意见中所写，"我们的专利制度无域外效力；我们的法律体系（现在）没有（将来）也无意将法律效力扩展至境外；因此相应地，我们也拒绝他国试图将其法律效力扩展至我们国家的要求"。

最高法院再次声明，法官在运用法律条款审判案件时遵守的一般性原则是，应当"认为立法者在制定美国法律的时候，将其他国家的合理利益也考虑在内"。❸因此美国政府向本院提交的关于此案的意见书中写道："在国外发生的行为由国外法规制"，尤其是在本案中，不同的国外法"对于发明者、竞争对手和与此专利发明相关的社会公众可能会产生不同的判决结果"。因此，将第 271 条（f）款的立法规定运用到本案中，对专利产品"组成部分"的理解就只能是有形的软件盘，而不能是无形的编码；从美国向境外"提供"专利产品组成部分的行为就只能是"出口"软件盘这一行为，而不应将国外的复制行为包含在内。

但是 AT&T 公司却反对最高法院对第 271 条（f）款的这种理解。它认为国会制定第 271 条（f）款的目的，就是要将《美国专利法》的效力范围延展至能将某些发生在国外的特定行为包含在内。但是正如最高法院在审理 Smith v. United States（1993）❹一案的判决书中所写，"不能仅仅因为第 271 条（f）款特别规定了'域外效力'的条款，就否定《美国专利法》效力范围的一般原则"。这一原则对于确定《美国专利法》立法例外在何时适用时仍然具有指导性作用。❺AT&T 公司还认为，如果第 271 条（f）款只能对发生在国内的侵权行为产生效力，如将专利产品的组成部分出口至国外的行为，《美国专利法》就不能有效地规制侵权行为。简而言之，法院认为只有国外法才可以对在国外生产和销售专利产品的行为进行规制，而美国法不可以。因此如果 AT&T 公司想要禁止他人在国外复制其专利产品，就须在国外拥有专利权。AT&T 公司在加拿大、法国、德国、英国、日本和瑞典等国就其语音处理系

---

❶ "the patentee … of the right to exclude others from making, using, offering for sale, or selling the invention throughout the United States or importing the invention into the United States, …"

❷ 406 U.S., at 531, 92 S.Ct. 1700, 32 L.Ed.2d 273.

❸ F. Hoffmann-La Roche Ltd v. Empagran S.A., 542 U.S. 155, 164, 124 S.Ct. 2359, 159 L.Ed.2d 226(2004); EEOC v. Arabian American Oil Co., 499 U.S. 244, 248, 111 S.Ct. 1227, 113 L.Ed.2d 274(1991).

❹ 507 U.S. 197, 204, 113 S.Ct. 1178, 122 L.Ed.2d 548.

❺ Empagran, 542 U.S., at 161–162, 164–165, 124 S.Ct. 2359, 159 L.Ed.2d 226; Smith, 507 U.S., at 204, 113 S.Ct. 1178, 122 L.Ed.2d 548.

案例九 AT&T Corp. 诉 Microsoft Corp. 案

统申请了专利权。但是AT&T公司在本案中并未说明在上述几国中,其专利权保护范围以及受到侵犯时获得赔偿的数目。

AT&T公司竭力主张法院如果将第271条(f)款的规定解释为,本案中涉及的专利产品的组成部分只包含软件的复制件在内,这对软件制造者而言是立法上的"漏洞"。AT&T公司认为,正如微软公司被控侵权行为所示,只要从美国境内提供软件母盘,在国外进行复制,这种做法不仅简单易行成本低,而且可以规避专利侵权责任。

联邦巡回上诉法院采纳了AT&T公司的上诉意见,该法院在判决书中写道:"如果我们认为微软公司将Windows操作系统母盘运往美国境外的行为——尤其当这些母盘运至国外是用于复制时——不属于侵权行为,那么第271条(f)款对侵权行为进行赔偿的法律效力将被破坏。要使第271条(f)款发挥效力,必须对其以合乎本案中争议的专利技术基本特性的方式进行解释。"

最高法院尽管能够理解联邦巡回上诉法院法官们的担心,但是应当由国会在必要的时候通过立法填补漏洞。最高法院再次强调,第271条(f)款对于设计图、示意图、模板和原型不适用——尽管这些设计工具对于在国外组装专利产品可能会提供必要信息。❶

如前所述,第271条(f)款是国会为了填补在Deepsouth一案中显露出来的法律漏洞而制定的。❷ 在此案中,运往国外的物品都是案件中涉及的有形的、可快速组装的专利产品的组成部分,而不是无形的计算机编码,而且这些专利产品的组成部分是由国外买主在境外进行组装。但是这一条款是针对Deepsouth案暴露出来的明显的法律漏洞而制定(只适用于这一类型的案子),它并不适用于其他有争议的立法漏洞;如它不能规制在美国境外制造专利产品部件的行为,也不能控制向美国境外供应如信息、指令或其他材料等在国外进行复制。[第271条(f)款第1项适用于向国外提供专利产品组件的"全部或主要部分";而当《美国专利法》第271条(f)款第2项适用于向国外提供的专利产品的组件是"特别制造或特别适用于该发明,但不是作为主要或属不具实质侵害作用的商业物品"的情形,即使仅有一个组成部分。]

国会在意识到复制软件或者其他电子介质是件轻而易举的事情之后并未对此置之不理。在1998年,国会解决了盗版者可以数字形式轻易复制并且分发

---

❶ supra, at 449—452,167 L. Ed. 2d, at 747—749.
❷ supra, at 444,167 L. Ed. 2d, at 744, and n 3.

享有版权保护的作品的问题,❶即制定了《数字千年版权法案》,❷对版权权利人希望通过密码保护等"数字墙"方式对其作品进行保护的行为提供了法律支持。❸如果需要对专利法进行修订从而更好地应对与软件分发相关的各种问题,❹那么这种修订必须在国会对此进行立法修订的考量之后进行,而不是通过法院判决进行。

因此,美国最高法院推翻了联邦巡回上诉法院的判决,认为微软将Windows操作系统主盘提供给国外计算机制造商用以复制的行为不构成侵权。

三、案件解析

作为美国长途电话和电缆电视巨人的美国电报电话公司与软件业巨头微软公司之间的这桩专利侵权官司,从美国地方法院一路打到美国最高法院,历时6年之久;由于当事人双方身份及案件本身的特殊性,此案引发了各界的高度关注与激烈讨论。笔者在上文已对本案的案件事实、审理过程以及地方法院、联邦巡回法院和最高法院的判决一一进行了阐述,笔者将在下文试着剖析本案带给大家的启发与思索。

(一) 专利权的域外效力

众所周知,专有性(也称排他性、独占性)、时间性和地域性是知识产权的三性。地域性是指各国只保护根据本国法律产生的知识产权,而不保护依据他国法律产生的知识产权。即根据一国法律产生的知识产权只在该国范围内有效,而在其他国家则得不到承认。知识产权地域性的产生和存在主要基于历史、法律和经济等多方面的原因。

正如郑成思在《知识产权论》一书中所言,中外知识产权保护制度的雏形,都是封建君主或者地方官员通过敕令等形式授予的一种特权,这种特权只能在发敕令的君主或官员权力所及地域内有效。尽管封建社会早已被资本主义社会或社会主义社会所替代,知识产权的性质也发生了根本变化,但其"地域性"这一特点仍被保留了下来。即知识产权是经有关国家的政府主管部门按照其本国法律授予或注册而获得,这种权利一般只在授权或注册国家的范围内有

---

❶ Universal City Studios, Inc. v. Corley, 273 F. 3d 429, 435 (CA2 2001)。

❷ 1998年10月29日,美国总统克林顿正式签署17天前第105届国会通过的《数字千年版权法》(The Digital Millennium Copyright Act of 1998,简称DMCA),使之成为网络环境下调整各方版权利益的法律。它虽然只是美国国内立法,但因美国在全球知识产权产业中所居的显赫地位,使得该法的实施将对全球知识产权贸易产生重大影响。

❸ Universal City Studios, 273 F. 3d at 435。

❹ 414 F. 3d at 1370。

案例九 AT&T Corp.诉 Microsoft Corp.案

效。各国专利法原则上只对在本国授权的专利给予保护。

因此，为了使其发明创造能够在尽可能大的范围内得到应有的法律保护或者同时获取更多的经济利益，发明人往往会选择向多个国家申请专利。如我们熟知的国际申请，申请人在请求书中可以指定一个或多个《专利合作条约》缔约国，要求这些国家（即指定国）在国际申请的基础上对其发明给予保护。

在本案中，《美国专利法》和其他各国专利法一样，只保护依据本国专利法授予的专利权。这也就是上文出现多次的 Deepsouth Packing Co. v. Laitram Corp.（1972）一案确立的一条基本原则：《美国专利法》的一般原则是并无域外效力，正如别国司法机关不能将其法律效力延伸到美国境内一样；美国的专利法只保护美国的权利人（包括在美国获得专利权利的外国人）在美国领土范围内的权利（Territoriality 理论）；美国人在外国领土内的利益，应当依照外国法律去获得权利，也应该依照当地法律去加以保护；外国的利益（包括美国人在外国获得的利益）不应由美国法律来保护，也不应拿到美国法院来诉讼（Forum Non-conveniens❶ 理论）。也正如上文最高法院声明，法官在运用法律条款审判案件时遵守的一般性原则是，应当"认为立法者在制定美国法律时，将其他国家的合理利益也考虑在内"。美国政府向最高法院提交的关于此案的意见书中也写道："在国外发生的行为由国外法规制"，尤其是在本案中，不同的国外法"对于发明者、竞争对手和与此专利发明相关的社会公众可能会产生不同的判决结果"。

由此我们可从美国最高法院的判决中看出，如果原告 AT&T 公司希望阻止他人发生在国外的侵权行为，应通过在希望得到保护的国家申请专利权的方式进行保护及救济，而不是通过随意扩大解释国内法来遏制发生在国外的侵权行为。美国最高法院追求的国家主权和自治原则由此也可见一斑。而且其也不会公开表明美国法律具有域外效力，这必然会引起与其他国家司法机关之间的争端，虽然实际上可能会默许某些法律具有域外效力。

（二）立法漏洞只能通过立法填补

从上文各级法院判决的比较分析可看出，本案中，原告 AT&T 公司和地方法院以及联邦巡回上诉法院的大多数法官都坚持对第 271 条（f）款进行扩大解释。其主要理由在于：如果被告微软公司以在国外出口 Windows 操作系

---

❶ 《元照英美法词典》（2003 年版）中 Forum Non-conveniens 指的是不方便审理的法院，即如果法院认为案件由另一法院审理对双方当事人更为方便且更能达到公正的目的，可不予受理。法院做出这项决定时，必须综合考虑以下因素：取得证据的方便程度，减少证人到庭的困难和费用，勘验现场的可行性以及其他各种使审判方便、快捷、节约的实际问题。此外，要有至少两个法院对案件有管辖权即原告可任择其一起诉时，法院才能行使这项裁量权。

统软件主盘的提供行为不构成侵权,而且微软公司向国外提供的目的即在于在国外复制该主盘,那么不能对软件生产者尽到必要保护。但是法院却无权对第271条(f)款进行扩大解释以填补漏洞,理由是:无论是在美国这种三权分立的国家还是中国,立法权(legislative power)和司法权(jurisdiction)都是两种性质完全不同的权力:立法机关在综合考虑本国国情的前提下制定或修改、废除法律;而司法机关的主要作用在于依据现行法执行法律,司法管辖权是出于实现正义的需要,为维护公共利益而产生的。法律始终是落后于生活的,因此由于社会政治、经济、科技等各方面的进步发展而导致现行法律无法规制的情形时,法律漏洞就不可避免地出现了,这也是任何一个国家在任何时期都必然会遇到的问题。此时,这种法律漏洞该如何填补呢?很显然,不应当由不具有立法权的司法机关越俎代庖在审判过程中对现行法进行任何改变或者随意解释,而仍应由立法机关在适当时机对法律进行修改。即法律漏洞只能通过立法进行填补,这也是本案中值得大家思考的地方。

在Deepsouth Packing Co. v. Laitram Corp.(1972)一案中,美国最高法院重申一贯的三权分立的立场:法院只能依照法律来审理案件,不能创造法律;如果国会认为有必要,可以通过立法来修改法律。换句话说,即使国会制定了法律,法院仍有最后的发言权,但法院是不愿意最先发言的,更不愿意与立法机关做无谓的对抗。因此可以说,如果美国最高法院可以通过其他途径避免对国会的立法进行违宪审查,它是会尽量这样做的。也就是说,如果当事人提出的理由并未达到法条所规定的情况,美国最高法院通常不会直接去审理该法条是否有效。

1984年美国国会修改《美国专利法》第271条,即增加了(f)款,就是直接针对Deepsouth Packing Co. v Laitram Corp.(1972)一案的裁决结果做出的。但国会并没有称第271条(f)款具有域外法律效力,否则会直接招来最高法院的违宪审查。该款只是称:如果在美国国内完成侵权产品的各个组件,而最终的组装假定发生在美国必然是侵权;那么仅仅为侵权的目的把组装工作拿到外国去完成,不能成为逃避在美国的侵权责任的理由,这一条在域外法律效力方面的限制是很明确的。

在本案中,如果微软公司的行为发生在美国,毫无疑问是侵权行为;但这个行为毕竟是发生在国外。按理说,AT&T公司在侵权行为地如果享有专利权,应该依照当地专利法起诉微软,AT&T公司在美国的诉讼实际上是想把在外国发生的纠纷拿到美国来解决。这也与美国民事损害赔偿额度较高密切相关。很显然美国最高法院不愿意如此,否则全世界的原告都希望能把案件起诉到美国并得到裁决,显而易见这会不适当地增加美国法院的工作量。

案例九 AT&T Corp. 诉 Microsoft Corp. 案

还有一点值得我们思考的是，在审理过程中，如果美国最高法院以上文提到的 Territoriliaty 理论或 Forum Non-conveniens 理论来处理此案，则必将上升到宪法原则的层面，从而涉及《美国专利法》第 271 条（f）款是否有效的问题，进而将必然会与国会发生冲突。对此，微软公司很有策略性地为美国最高法院找了个台阶，它将这个看以纷繁复杂的案子提炼为两个争议点摆在法院面前："第一，软件是否能被认定为第 271 条（f）款意义上的发明专利的'组成部分'（component）；第二，在国外复制从美国提供的 Windows 操作系统软件主盘得到的复制盘（微软公司向国外提供的目的即在于在国外复制该主盘），是否可以被认定为是符合第 271 条（f）款意义上的从美国'提供'（supply）的。"本案被告微软公司巧妙地将此案转化为《美国专利法》第 271 条（f）款中关于"组成部分"和"提供"的定义问题，使美国最高法院得以绕开棘手的合宪性问题（constitutionality），同时微软公司还以令人眼花缭乱的辩解否定了发生在外国的侵权问题，并得到了美国最高法院在终审判决的支持。这是美国法院（尤其是美国最高法院）处理纠纷、避免因重大原则问题而与其他政府机构正面冲突常用的手段。如果微软公司并未将此案转化为《美国专利法》第 271 条（f）款中关于"组成部分"和"提供"的定义问题，而是直接提出第 271 条（f）款的宪法有效性问题，则最高法院可能对此案根本不予受理。因此，我们从中也可学到一些诉讼策略。

（三）美国最高法院终审判决产生的巨大影响

作为一个判例法国家，美国法院判决尤其是美国最高法院判决，必定会对今后类似案件产生深远影响。因此美国最高法院在推翻地方法院和联邦巡回上诉法院判决时，肯定是综合各方面因素而做出决定，以期使其判决产生的重大影响能够更好地为本国的政治、经济、技术等各方面的发展服务。尤其对于美国这个软件业极为发达的国家，试想，美国最高法院怎么可能做出损害本国软件业发展的判决呢？因为无论是从微观还是宏观角度来看，本案的最终判决更多地是从美国软件业的全局性利益着眼而做出，以使美国软件业能够继续在全球保持领先势头。

参考文献

[1] 郑成思. 知识产权论 [M]. 北京：法律出版社，2003.
[2] 汤宗舜. 专利法教程 [M]. 北京：法律出版社，2003.
[3] 吴汉东，等. 知识产权基本问题研究 [M]. 北京：中国人民大学出版社，2005.

[4] 程永顺，罗李华. 专利侵权判定——中美法条与案例比较研究［M］. 北京：知识产权出版社，1998.
[5] 鲁灿，刘克峰. 软件专利权的域外效力［J］. 电子知识产权，2007（6）.
[6] 李海涛. 从判例看美国专利法的发展趋势［J］. 管理观察，2008（11）.
[7] 元照英美法词典［M］. 北京：法律出版社，2003.

Quanta Computer,Inc.诉 LG Electronics.,Inc.案

——方法专利的专利权用尽

◎何艳霞

> **摘要**：专利权用尽问题因涉及诸多法律要素，因而成为专利领域较为复杂的一类问题。本案不仅讨论了方法类权利要求的专利权用尽问题，还涉及对于未完全实施专利技术的售出产品，该原则如何适用以及限制性条款对该原则适用的影响等问题，可谓具有一定的代表性。对于前两个问题，由于美国最高法院在本案中再一次较为明确地表明了观点，因而其并非构成本案的难点。本案中，真正复杂的部分或者说本案并未真正解决的是许可合同中的限制性条款对专利权用尽以及专利权人的权利如何产生具体影响。另一方面，广达公司在本案中能够沉着应战，找准恰当的在先判例及抗辩理由，最终成功维护自身权益的做法和经验值得我国企业学习和借鉴。

一、案情回顾

LGE 公司(LG Electronics, Inc.)将一组电脑专利技术许可给 Intel 公司，授权 Intel 公司制造并销售实施其专利的微处理器和芯片。许可协议中规定，任何一方不得授权第三方将授权产品与其他产品进行组合。Intel 公司将实施 LGE 专利的产品出售给广达电脑公司，并按照 LGE 的要求就上述特别约定向广达等电脑制造商给予书面提示，然而广达却将其与非 Intel 的内存和数据传送总线组装成电脑。为此，LGE 公司于 2000 年向广达提起专利侵权诉讼。

2002 年，地方法院就该案做出直接判决，判定根据专利权用尽原则，广达未构成专利侵权。但在随后关于限制直接判决的法院裁定中，法院又认定专利权用尽原则仅适用于设备或物件组合类权利要求，不适用于程序或方法类权利要求。为此广达提出上诉。

2006 年 7 月，联邦巡回上诉法院经过审理，同意地方法院有关专利权用尽原则不适用于方法类权利要求的判定。广达继而上诉至最高法院。2008 年 6

美国专利诉讼要案解析

月9日，美国最高法院做出最终判决，撤销联邦巡回上诉法院的判决，认定专利权用尽原则适用于方法类权利要求。此外，由于Intel的微处理器和芯片包含LGE公司方法专利的本质特征，这些产品又没有合理的非侵权用途，许可协议亦并未对Intel出售这些产品做出限制，因此LGE公司不能再向广达主张其专利权。

二、法院判词

对于获得最初销售许可的专利产品，最高法院适用专利权用尽原则对其专利权加以限制，这一做法已有150多年的历史。本案主要解决专利权用尽原则是否适用于必须结合其他组件方能实施专利方法的专利产品组件的销售行为。联邦巡回上诉法院认为专利权用尽原则根本不适用于方法专利，或者说该原则不适用本案是因为该销售行为未经许可协议的授权。最高法院不同意上述两种观点。因为专利权用尽原则适用于方法专利，而且该许可协议授权销售实质上包含本案所涉专利的产品组件，所以该销售行为已使专利权用尽。

被告LG Electronics, Inc.（LGE）于1999年购买了一组计算机技术专利，涉及本案的有3件，专利号分别为US 4,939,641（'641）、US 5,379,379（'379）和US 5,077,733（'733）（统称为LGE专利）。计算机系统的主要功能由微处理器或称中央处理器（CPU）来实现，用于翻译程序指令、处理数据以及控制系统的其他装置。微处理器与芯片之间依靠一组线或称数据传送总线连接，在微处理器与键盘、鼠标、显示器、硬盘、内存及磁盘驱动器等其他装置之间传递数据。

计算机处理的数据主要存储在随机存储器，也称为主存中。❶ 经常访问的数据一般储存于缓存中，缓存运行速度比主存快，且一般设在微处理器上。当备份数据既存储于缓存中又存储于主存中时，会出现一份备份数据有变化时另一份备份仍保留原始陈旧数据的问题。❷ '641号专利解决的就是这一问题。该专利涉及一种系统，通过监控数据请求以及在陈旧数据被请求时从缓存更新主存，从而确保从主存中获取最新的数据。❸

'379号专利与协调主存的读写请求相关。由于请求的读取速度要快于写入，因此按先后顺序处理请求会降低系统速度。首先处理所有的读取请求可以确保快速获取数据，但如果某条数据的读取请求处理先于写入请求，可能会造

---

❶ Webster's New World Dictionary of Computer Terms 334, 451 (8th ed. 2000).
❷ J. Handy, Cache Memory Book 124(2d ed. 1993).
❸ LG Electronics, Inc. v. Bizcom Electronics, Inc., 453 F.3d 1364, 1377(CA Fed. 2006).

案例十　Quanta Computer, Inc. 诉 LG Electronics., Inc. 案

成获取到陈旧数据。'379 号专利涉及一种协调读写请求的有效方法，通过使计算机在需要数据执行写入请求之前仅执行读取请求，从而确保数据准确。❶ 计算机在接收到类似的读取请求后，首先并且仅处理未完成的写入请求，而后再处理读取请求，这样就能确保用户获取到最新数据。

'733 号专利解决的是两个计算机组件之间的数据传输管理问题，防止任何一个装置独占连接两个计算机组件之间的数据传送总线。该项技术可实现多个装置共用数据传送总线，极大地方便了用户。该专利具体涉及一种方法，即建立一种循环优先系统，该系统中的每一种装置按照预先设定的循环周期，交替优先使用数据传送总线。只要不是无限期地"独占"设备，用户还可增加优先使用的周期数。

LGE 公司以交叉许可的形式将上述专利组合以及其他几项 LGE 公司自己的专利许可给 Intel 公司。该交叉许可协议允许 Intel 公司制造并销售利用 LGE 公司专利技术的微处理器和芯片（Intel 产品）。该协议授权 Intel 公司"制造、使用、销售（直接或间接）、许诺销售、进口或以其他方式处理"实施 LGE 专利的 Intel 产品。❷[注1]

> [注1] 145—198 号专利申请未公开；其中包含的内容也出现在双方的辩论摘要中，引用内容指向的是后者。

尽管这些内容很宽泛，但该许可协议包含一些限制性内容。与本案相关的内容包括规定"任何一方不得……授权任何第三方将双方的授权产品与……来自双方之外的产品、组件或类似物品进行组合，或使用、进口、许诺销售或销售该组合"。❸

虽然该许可协议声称不改变专利权用尽的一般原则，但却规定"尽管该协议包含一些相反的内容，但双方同意不得以任何方式限制或改变专利权用尽的效果，当一方销售任何一种授权产品时将适用该原则"。❹

在主许可协议中，Intel 公司同意对其用户给予书面提示，向用户告知虽然 Intel 公司已获得广泛的许可，"能确保用户购买的任何 Intel 产品均经 LGE 公司授权，因而不侵犯 LGE 公司的任何专利权"，但该许可"并不以明示或默

---

❶ LG Electronics, Inc. v. Asustek Computer, Inc., No. C 01—02187 CW et al., Order Construing Disputed Terms and Phrases, p. 42(ND Cal., Aug. 20, 2002).

❷ Brief for Petitioners 8(quoting App. 154).

❸ Brief for Petitioners 8(quoting App. 164).

❹ Brief for Petitioners 8(quoting App. 164).

179

示的方式延及任何将 Intel 产品与任何非 Intel 产品组合而成的产品"。❶ 此外，该主许可协议还规定，"违反该协议将不会对专利许可终止造成影响或不构成许可终止的根本原因"。❷

案件原告是包括广达（Quanta）电脑公司（简称"广达"）在内的一些电脑制造商。广达从 Intel 公司购买了微处理器和芯片，并收到了主许可协议中所要求的提示。然而广达却应用 LGE 公司的专利技术，使用 Intel 公司的组件和非 Intel 公司的内存和数据传送总线组装电脑。广达没有更改 Intel 公司的组件，并按照 Intel 公司的要求将其组装到自己的计算机系统中。

LGE 公司向广达提起诉讼，称其将 Intel 产品与非 Intel 公司的内存和数据传送总线组合在一起，侵犯了 LGE 公司的专利权。地区法院对广达做出直接判决，认定根据专利权用尽原则，LGE 公司对 Intel 公司做出的授权许可已导致 LGE 公司丧失对 Intel 产品的合法购买者追究任何潜在侵权责任的权力。❸ 法院认为，虽然 Intel 产品并未完全实施任何一项本案涉及的专利，但这些产品没有合理的非侵权用途，因而对于这些产品的授权销售已使专利权在组装好的电脑中用尽。❹ 在随后法院关于限制直接判决的指示中，法院认为专利权用尽原则仅适用于表明物质标的的设备或物件组合类权利要求，不适用于表明产品制造或使用的程序或方法类权利要求。❺ 由于 LGE 公司的每项专利均包含方法类权利要求，因此不适用专利权用尽原则。

联邦巡回上诉法院对上述判决部分认可，部分撤销。上诉法院同意专利权用尽原则不适用于方法类权利要求。也可以说该原则不适用是因为 LGE 公司并未许可 Intel 公司将其产品出售给广达，用于与非 Intel 产品相组合。

最高法院批准了调卷令。❻

应用已久的专利权用尽原则规定，对专利产品所进行的最初的授权销售将终结该产品的一切专利权。本院在 19 世纪审理 Woodwort 刨床专利权续展的案件中首次适用该原则。许可协议的买方在最初专利权保护期限内销售和使用该机床后又希望在专利权续展期内继续使用该协议。法院认为专利权的续展对于购买该产品用于"日常生活"的买方，并不影响其已获得的权利。❼（当机

---

❶ Brief for Respondent 9(emphasis deleted)(quoting App. 198).

❷ Brief for Petitioners 9(quoting App. 176).

❸ LG Electronics, Inc. v. Asustek Computer, Inc., 65 USPQ 2d 1589, 1593, 1600(ND Cal. 2002).

❹ United States v. Univis Lens Co., 316 U. S. 241, 62 S. Ct. 1088, 86 L. Ed. 1408, 1942 Dec. Comm'r Pat. 789 (1942). Asustek, supra, at 1598—1600.

❺ LG Electronics, Inc. v. Asustek Computer, Inc., 248 F. Supp. 2d 912, 918(ND Cal. 2003).

❻ 551 U. S. 1187, 128 S. Ct. 28, 168 L. Ed. 2d 805(2007).

❼ Bloomer v. McQuewan, 55 U. S. 539, 14 How. 539, 549, 14 L. Ed. 532(1853); see also ibid.

案例十 Quanta Computer, Inc. 诉 LG Electronics., Inc. 案

床被交到买方的手中时,将不再受专利垄断权的限制。)❶ 在 Adams v. Burke, 17 Wall.453 (1873)案件中,法院维持了驳回专利权人诉讼请求的判决,该专利权人称被许可人违反了关于专利产品棺木盖使用范围的售后限制条款。法院认为,"如果某人从专利权人或其受让人处购买了一件专利设备,那么该购买行为就附带着该设备的使用权,只要该设备能够使用"。

虽然法院在 Henry v. A. B. Dick Co., 224 U. S. 1, 32 S.Ct. 364, 56 L. Ed. 645, 1912 Dec. Comm'r Pat. 575 (1912)[注2]案件中允许对一件专利产品的使用适用售后限制条款,但该判决决定的生命周期并不长。1913 年,法院在一起案件中拒绝适用 A. B. Dick 案的审判结果来支持专利许可中的限价条款。❷ 此后不久,在 Motion Picture Patents Co. v. Universal Film Mfg. Co.❸案件中,法院明确否定了 A.B.Dick 案的判决。在该案中,一个电影放映机的专利权人试图限制购买者使用其产品,规定只能放映根据同一家公司拥有的专利制作的电影。法院注意到专利权人"越来越频繁地"利用 A.B.Dick 案的许可类型限制其产品的使用,从而利用专利权获得对相关非专利产品的市场控制权。法院认为"专利制度的设立初衷并不是为专利权人创造私人财富,而是为促进科学和实用技术的进步。根据专利法律的规定,对专利技术发明人的授权范围必须限定在其专利权利要求所描述的发明技术之内"。因此法院一再重申一项原则,即"出售权因单次无附加条件的销售行为而用尽,因此,售出产品不受专利法所规定的垄断权的管辖,亦不受卖方的任何限制"。

> [注2] A. B. Dick 公司在销售油印机的附加许可合同中规定,使用该油印机只能配用 A. B. Dick 公司生产的墨水、纸张和其他材料。法院否定了关于专利权人"仅能通过维持专利权使产品受专利权保护"的观点,❹ 认为"任何……合理的约束,只要不是本质上违背一些实体法的规定"就是"有效且可以实施的"。唯一要满足的条件是"买方必须明确其购买的仅是有一定条件限制的使用权",如果销售行为不附加条件就会导致"对设备拥有绝对的权利,可以无限制使用"。

最高法院最近在 Univis 案件中讨论了专利权用尽的问题,地区法院以此作为审判依据。Univis Lens 公司拥有几项眼镜镜片的专利,授权许可一买方生产镜片毛坯。[注3]通过熔合不同的镜片部分,生产双焦距和三焦距的镜片,

---

❶ Bloomer v. Millinger, 68 U.S. 340, 1 Wall. 340, 351, 17 L. Ed. 581(1864). In Adams v. Burke, 84 U.S. 453, 17 Wall. 453, 21 L. Ed. 700, 1885 Dec. Comm'r Pat. 438(1873).
❷ Bauer & Cie v. O'Donnell, 229 U.S. 1, 14—17, 33 S.Ct. 616, 57 L. Ed. 1041, 1913 Dec. Comm'r Pat. 533(1913).
❸ 243 U.S. 502, 518, 37 S.Ct. 416, 61 L. Ed. 871, 1917 Dec. Comm'r Pat 391(1917).
❹ A.B.Dick, 224 U.S., at 18, 32 S.Ct. 364, 56 L. Ed. 645, 1912 Dec. Comm'r Pat. 575.

并以商议好的价格出售给其他 Univis 公司的被许可人。批发商得到授权将镜片毛坯打磨成镜片专利成品,而后以议定价格出售给 Univis 公司许可的零售商,零售商再以同样的议定价格向顾客销售镜片成品。美国政府根据《谢尔曼反托拉斯法》15 U.S.C. Ë 1,3,15 的规定起诉 Univis 公司非法抑制贸易。Univis 公司以其专利垄断权抗辩该反托拉斯诉讼案。法院批准了调卷令,以判定 Univis 公司的专利垄断权能否使被许可的生产商销售镜片毛坯的行为合法,从而使 Univis 公司的计价体系不受《谢尔曼反托拉斯法》约束。

> [注3] 镜片毛坯即"用于打磨抛光成多焦距镜片,具有一定尺寸、形状和成分的粗糙、不透明的镜片"。

法院认定 Univis 公司专利的权利要求中包含镜片成品,这几项专利在批发商和零售商将镜片毛坯打磨成镜片成品时被部分实施。法院认定销售镜片毛坯的行为使镜片成品的专利权用尽。法院称,镜片毛坯"包含专利技术的本质特征,在……打磨抛光成专利镜片成品之前不具有实用性"。法院表示:

"如果某专利权人售出一件未完成的产品,该产品由于包含专利技术的本质特征而受专利权保护,同时专利权人又指定买方依照专利技术完成该产品的制造,那么只要发明技术包含或可能包含在该产品中,专利权人即已售出其发明。"

总之,法院判定传统的对于售出产品的专利权限制适用于产品完全包含专利技术的情形——即使产品未完全实施专利技术——其唯一和预期的用途将在专利技术条件下实现。

介绍完有关专利权用尽原则的历史发展后,回到本案双方的争论中。

LGE 公司认为专利权用尽原则不适用于方法权利要求,而涉及本案的每一项 LGE 专利都包含方法权利要求,因此专利权用尽原则不适用于本案。LGE 公司解释,由于方法专利涉及的不是一个实际物品,而是一种方法,因此其专利权不能通过销售行为用尽。对于包含方法专利的产品,专利实施产生于产品的每一次使用,而且仅允许在专利权依转让合同转让时实施。广达则认为没有任何理由可以对方法权利要求排除适用专利权用尽原则,并指出最高法院和联邦巡回法院均对方法权利要求适用过专利权用尽原则。广达称,任何其他判决都将允许专利权人通过在其专利说明书中插入方法权利要求的方法而完全规避专利权用尽原则。

广达在本案辩论中更为有利。最高法院没有任何一种关于专利权用尽的处理方式能够支持 LGE 公司的主张,即方法专利权不能被用尽。的确,一种专利方法不可能像一件产品或设备那样被售出,但方法可以"包含"在产品中,

案例十　Quanta Computer, Inc. 诉 LG Electronics., Inc. 案

随着产品的售出而被用尽专利权。对于涉及包含专利方法或程序的设备或装置，最高法院的判例并不将与其有关的事务与涉及专利设备或材料的事务区别对待。恰恰相反，最高法院一再重申，方法专利权通过出售包含该方法的产品而被用尽专利权。❶ 例如，最高法院曾判定，对于根据一项专利生产的发动机燃料以及使用该燃料点燃发动机的方法专利，前者的销售行为同时导致后者的专利权用尽。[注4] 同样，如前所述，Univis 认为对于部分实施专利技术的镜片毛坯，其销售行为使得直至毛坯被打磨成镜片方完整实施方法专利的专利权用尽。

> [注4] 该专利涉及（1）一种能提高汽油燃烧效率的液体添加剂，（2）将汽油与该液体添加剂混合制成的发动机燃料及（3）使用包含该液体添加剂的燃料点燃发动机的方法。专利权人仅出售了该液体添加剂，但试图控制对上述加工燃料的销售。法院认为向精炼加工商出售该液体添加剂的行为使专利权人丧失了销售上述加工燃料的排他权。

这些案例有稳固的根基。对方法专利排除适用专利权用尽原则将严重削弱该原则的作用。专利权人如果要回避该原则，可以简单地通过将其专利权利要求撰写为一种方法而不是一种装置来实现这一目的。[注5] 设备和方法类权利要求"可能非常接近，很难将方法和设备的功能区分开来"。❷ 专利申请人只要将专利权利要求撰写为方法而不是设备，或者将设备运行方法纳入到权利要求中，就可以防止其专利产品的专利权被用尽。

> [注5] 一位评论员曾推荐这种撰写专利权利要求的策略，称其"将保障专利产品进行多次交易，使专利强制力深入影响贸易流通"。Thomas, Of Text, Technique, and the Tangible: Drafting Patent Claims Around Patent Rules, 17 J. Marshall J. Computer & Info. L. 219, 252 (1998); see also id., at 225—226. （提倡将设备类权利要求转换为方法类权利要求，并称"即使是最初级的权利要求撰写者在将专利权利要求从产品转换为方法时也几乎不会遇到什么困难，反之亦然"。）

本案证实允许这种规避专利权用尽的做法具有危险性。按照 LGE 公司的观点，虽然 Intel 公司被授权许可销售实施 LGE 专利的全套计算机系统，但任何该计算机系统的下游购买商都将负有专利侵权责任。其结果将扰乱长久以来的一个原则，即当一件专利产品"曾经被合法地制造并销售后，将不再为了维护专利权人的利益而对该产品的使用加以限制"。因此，法院驳回了 LGE 公司

---

❶ In Ethyl Gasoline Corp. v. United States, 309 U. S. 436, 446, 457, 60 S. Ct. 618, 84 L. Ed. 852, 1940 Dec. Comm'r Pat. 758 (1940).

❷ United States ex rel. Steinmetz v. Allen, 192 U. S. 543, 559, 24 S. Ct. 416, 48 L. Ed. 555, 1904 Dec. Comm'r Pat. 703 (1904).

183

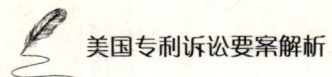

关于方法类权利要求不会权利用尽的主张。

接下来最高法院考虑的是,一件产品实施一项专利必须到何种程度,才会引发专利权用尽。广达认为,虽然出售一件不完整的商品并不会必然使该商品中的专利权用尽,但同出售镜片毛坯使 Univis 的专利权用尽一样,对微处理器和芯片的出售行为已使 LGE 的专利权用尽。正如 Univis 案中的镜片毛坯因尚未被打磨成镜片成品,因而未完全实施涉案专利技术一样,广达认为如果不与计算机系统中的内存和数据传送总线相结合,Intel 产品也不能实施 LGE 的专利,甚至根本不能运行。如果 Univis 案中的专利权通过出售不完整的商品而被用尽,那么 LGE 也无权要求只能使用 Intel 产品组件来实施其专利。广达还认为,如果出售本质上已实施甚或未完全实施一项专利的产品组件不能引发专利权用尽,那么专利权用尽原则将形同虚设。否则专利权人可以通过授权销售仅遗留一个微小步骤——比如未将微处理器插入接口——未完成的计算机,从而使其专利权一路延伸至每个下游购买商直至终端用户。

LGE 认为 Univis 案不适用此案的原因有三。首先,LGE 认为 Univis 案应限制在产品包含所有实施专利所需物理组件的情形。根据该理论,Intel 产品因为需要附加额外的物理组件方能实施 LGE 的专利,因而 Intel 产品本身并不能实施相关专利。其次,LGE 称,在 Univis 案件中,镜片毛坯和镜片专利成品之间没有"专利权的区别",因为它们都属于同一件专利。相比之下,LGE 认为 Intel 产品是"独立的产品,不同于"使用 LGE 专利的系统,属于"独立的专利"。最后,LGE 认为 Univis 案不适用此案是因为 Intel 产品类似于组合物专利中的单独组件,如果认定出售这些组件即用尽专利权,将违反常理地"将组合物发明专利的状态归属于其中的一个组件"。❶

最高法院同意广达的观点,即 Univis 案适用本案。正如法院在审理 Univis 案时所称,销售镜片毛坯的行为引发专利权用尽,因为这些镜片毛坯产品唯一合理、预期的用途就是实施专利,而且这些产品中"包含了发明专利的本质特征"。Intel 根据许可协议出售给广达公司的微处理器和芯片符合上述每一个特征。

首先,Univis 认为"对于仅能以实施专利的方式使用的产品,其授权销售行为即是对专利垄断权的放弃"。Univis 案中的镜片毛坯符合该标准,因为这些镜片毛坯产品"在被打磨、抛光成镜片专利成品之前没有实用性"。因此,"该产品出售的唯一目的就是使终端零售商能对其进行打磨和抛光,使其成为

---

❶ Aro Mfg. Co. v. Convertible Top Replacement Co., 365 U.S. 336, 344—345, 81 S. Ct. 599, 5 L. Ed. 2d 592, 1961 Dec. Comm'r Pat. 635 (1961).

案例十 Quanta Computer, Inc. 诉 LG Electronics., Inc. 案

消费者能够使用的镜片"。本案中,LGE 已指出,Intel 产品除了合并到实施 LGE 专利的计算机系统中之外,没有其他合理用途。[注6] 可以认定一点:微处理器或芯片如果不与数据传送总线和内存相连,则不能正常运转。本案同 Univis 案一样,Intel 出售给广达产品的唯一明显目的是允许广达将 Intel 产品合并到即将实施相关专利的计算机中。

> [注6] LGE 称,Intel 产品如果销往国外,或用作替代组件,或与非 Intel 产品共用时丧失其专利特征,那么对其专利将不构成侵权。然而 Univis 案告诉我们,问题的关键在于产品是否"仅能以实施专利的方式使用",而不是其使用是否侵权。Intel 产品无论是在国外还是作为替代组件,都是在实施专利,即使没有侵犯其专利权。而且既然部分实施专利的那些特征必然具有其他用途,那么假设它们失去效能也并不能解决问题。失去效能的特征将没有任何真实用途。

其次,Univis 案中的镜片毛坯"包含了发明专利的本质特征"。Univis 镜片专利的本质特征或发明点是将不同的镜片熔合到一起,生成双焦距或三焦距的镜头。在熔合之后由指定零售商完成的最后步骤并不具有独特性。美国政府称:

"最终的被许可人完全按照处理其他双焦距镜片毛坯的方式完成对 Univis 镜片毛坯的加工。实际上,被告人未声称过他们的许可方式依靠于与镜片毛坯完工相关的方法或程序专利。因此,被告实施了所有体现 Univis 镜片新颖性的操作。"

虽然法院假定最后的加工步骤也包含在专利范围内,并且地区法院也认为该步骤对于制造一个镜片成品必不可少,❶ 但是打磨程序并不是专利的核心内容。该标准化程序的细节并未包含在任何专利中,且根本未被案件所涉的两个专利所提及。那些提及最后加工步骤的专利将其作为发明的附带部分,将其表述为,比如"而后以一般方式打磨镜片毛坯"❷ 或仅仅是镜片毛坯"继而被打磨和抛光"。❸

与 Univis 镜片毛坯一样,Intel 产品构成了发明专利的实质性部分,几乎完整地实施了专利。本案与 Univis 案类似,未完工的产品实质上包含专利,因为实施专利的唯一必要步骤是应用公有程序或附加标准组件。每件专利的每一个发明点均包含在 Intel 产品中。它们通过对照主存检查缓存以及比较读取

---

❶ United States v. Univis Lens Co., 41 F. Supp. 258, 262—263(SDNY 1941).

❷ U.S. Patent No.1,876,497, p.2.

❸ U.S. Patent No.1,632,208, p.1, Tr. of Record in United States v. Univis Lens Co., O.T.1941, No.855 et al., pp.516,498.

和写入请求，控制主存和缓存的进口，实施'641和'379两件专利。它们还通过'733专利中的其他各种计算机组件控制数据传送总线的优先权。很显然，Intel产品如果不附加上内存和数据传送总线，就不能实现上述功能，但是这些附加品是计算机系统中的标准组件，为微处理器和芯片的正常运转提供原料。Intel产品特别被设计成仅在附加上内存或数据传送总线后才运转；广达在附加这些组件时并未被要求做出创造性或发明性的处理决定。实际上，广达除了按照Intel的说明书要求，将Intel产品合并到其计算机中之外别无选择，因为广达并不知道这些产品的内部构造，这些被Intel作为商业秘密予以保护。Intel通过设计成可实施专利的产品，几乎已实施专利，仅仅未附加标准组件。

最高法院没有被LGE认为Univis案与本案有别的观点所说服。首先，Univis案中的产品需要去除材料以实施专利，而Intel产品需要附加组件以实施专利，因此没有理由将两案区别开来。LGE认为镜片毛坯和镜片成品因物理上相似而具有相同的"基本特征"，而Intel产品仅部分包含LGE专利所涉及的"特有组件和步骤"。然而最高法院认为最后步骤的本质，不论其是附加还是消除材料，都是相关的特征。在两个案件中，实施专利的最后加工步骤都是一般性的非发明点：按照顾客的要求打磨镜片，或者将微处理器或芯片与数据传送总线或内存相连。Intel产品包含LGE专利的本质特征，因为当其根据产品设计与标准组件相连时，实施了发明的所有步骤。

至于LGE争辩专利权用尽原则不能跨越几件专利适用的问题，最高法院同意一般性原则：出售实施专利A的设备并不能由于实施专利A而使专利B的专利权用尽。但是如果该设备在实施专利A的同时本质上包含专利B，那么该设备与专利A的关联并不能阻止专利B的专利权用尽。比如如果Univis镜片毛坯由专利A的抗碎玻璃构成，那么毛坯也将实质上包含专利B，并因此在镜片成品中用尽专利B。本案与此并无区别。虽然每个Intel的微处理器和芯片实施了数以千计的单个专利，包括LGE的一些不涉及本案的专利，但是对专利权用尽的分析并不因两个以上的专利由同一产品实施而改变。需要考虑的问题是部分实施一件专利的Intel产品是否——通过包含该专利的本质特征——而用尽其专利权。

最后，LGE所依据的Aro案亦不适用本案，因为Aro案仅讨论了替换专利组合物中的一个部件是否侵犯专利权的问题。首先，替换问题不是本案争议的问题。其次，且更重要的是，本案中的LGE专利并不是在现有组件基础上的一种新组合物，Aro案并不完全适用此类专利的权利用尽问题。Aro案将组合物专利描述为"只涉及权利要求中各个组件的整体，因此单独看每个组件，

案例十 Quanta Computer, Inc. 诉 LG Electronics., Inc. 案

都不在授权范围内"。❶（注意，在组合物专利中，"该组合物是发明内容，不同于其中的任何"组件。）Aro 案所揭示的任何一个组件都不能看做发明的中心内容或等价物，仅适用于组合物本身是唯一发明点的特定情形。本案中，专利的发明点并不是内存和数据传送总线与微处理器或芯片相连，而是包含在 Intel 产品自身的设计中以及这些产品进入内存或数据传送总线的方式。

在得出 Intel 产品包含本案所涉专利这一结论之后，再看一下 Intel 向广达出售该产品是否用尽 LGE 的专利权。专利权用尽仅能被专利权人的授权销售行为所触发。

LGE 认为本案中并不存在授权销售行为，因为许可协议并未允许 Intel 出售其产品用于与非 Intel 产品相连，实施 LGE 专利。LGE 引用了 General Talking Pictures Corp. v. Western Elec. Co.❷以及 General Talking Pictures Corp. v. Western Elec. Co.❸。该案中，制造商出售扩音器专利产品用于商业用途，从而违反协议有关限制购买者出售扩音器用于个人和家庭使用的规定。法院认为专利权用尽原则不适用该案，因为制造商无权出售扩音器用于商业用途，而且制造商也"不能向请求人转让双方均知晓的无权销售的产品"。LGE 认为本案适用同样的原则：Intel 不能向广达转让双方均知晓的无权销售的权利，即与非 Intel 产品组件一起实施专利的权利。

LGE 忽视了这笔与 Intel 交易中的重要方面。该许可协议并未限制 Intel 将其微处理器和芯片出售后，购买者不得将这些产品与非 Intel 产品组件组合。该协议很宽泛地允许 Intel "制造、使用或销售"不受 LGE 专利权限制的产品。当然，LGE 确实要求 Intel 提示包括广达在内的用户，LGE 并未许可这些用户实施其专利。但双方均不认为 Intel 在此方面违反了协议。无论怎样，要求提示广达的条款仅出现在主协议中，并且 LGE 并未规定违反该规定将违反该许可协议。因此，Intel 出售其包含 LGE 专利的产品的权利并不取决于该提示或广达遵守 LGE 有关提示的决定。

LGE 指出，该许可协议明确禁止第三方将许可产品与其他组件相连，实施相关专利。然而第三方是否接受默示许可与本案并不相关，因为广达称其实施专利的权利并非依赖于默示许可而是专利权用尽。专利权用尽仅仅因 Intel 获权销售实施 LGE 专利的产品而触发。

LGE 转而引用另一种理论，即专利权用尽原则不适用于有关产品"制造"

---

❶ 365 U.S., at 344, 81 S. Ct. 599, 5 L. Ed. 2d 592, 1961 Dec. Comm'r Pat. 635; see also Mercoid Corp. v. Mid-Continent Investment Co., 320 U.S. 661, 667—668, 64 S. Ct. 268, 88 L. Ed. 376, 1944 Dec. Comm'r Pat. 641(1944).

❷ 304 U.S. 175, 58 S. Ct. 849, 82 L. Ed. 1273, 1938 Dec. Comm'r Pat. 831(1938).

❸ 305 U.S. 124, 59 S. Ct. 116, 83 L. Ed. 81, 1938 Dec. Comm'r Pat. 841(1938).

的售后限制。但这仅仅是对其主张的重新描述,即 Intel 产品与其他非标准组件组合在一起构成一件专利产品。如前所释,制造一件实质上包含一件专利的产品,在专利权用尽方面与制造该专利产品本身并无区别。换言之,在一件实质上包含专利的产品中增加标准组件——本案中为数据传送总线和内存,并未产生更进一步的"制造"。

该许可协议授权 Intel 销售实施 LGE 专利的产品。并无条款限制 Intel 销售实质上包含相关专利的产品。由于 Intel 得到授权将其产品销售给广达,因此专利权用尽的原则使得 LGE 不能再对本案所涉产品中实质上包含的专利主张专利权。[注7]

> [注7] 最高法院注意到对广达的授权销售并不一定限制 LGE 其他的合同权利。LGE 的起诉并未包含违约部分;最高法院对是否可获得违约赔偿亦不发表意见,尽管专利权用尽免除了专利侵权赔偿。❶(专利权人是否能通过使购买者认清某些特殊条款而实现对其自身和专利受让人的保护不是最高法院要讨论的问题,对此最高法院不发表意见。然而很明显,该问题将表现为一种合同问题,而不是专利法的本质含义和影响的问题。)

对本质上包含一件专利的产品进行授权销售将用尽专利权人的权利,并防止专利权人利用专利法控制产品的售后使用。本案中,LGE 许可 Intel 实施其任一专利并出售实施那些专利的产品。Intel 的微处理器和芯片实质上包含 LGE 专利,因为这些产品没有合理的非侵权用途,并且包含方法专利的全部发明点。许可协议并未限制 Intel 出售其实施 LGE 专利的产品。Intel 对广达的授权销售使其产品避开了专利垄断权的范围,LGE 因而不能再向广达主张其专利权。鉴于此,上诉法院的判决予以撤销。

特此判决。

三、案件解析

美国最高法院针对该案集中讨论了 3 个问题。第一,专利权用尽原则是否适用于方法类权利要求;第二,一件产品实施一项专利必须到何种程度,才会引发专利权用尽;第三,Intel 公司向广达出售产品的行为是否用尽 LGE 的专利权。

关于方法类权利要求的专利权用尽问题,美国法院出于各种考虑,似乎总

---

❶ Keeler v. Standard Folding Bed Co., 157 U.S. 659, 666, 15 S. Ct. 738, 39 L. Ed. 848, 1895 Dec. Comm'r Pat. 294 (1895).

案例十 Quanta Computer, Inc. 诉 LG Electronics., Inc. 案

是左右摇摆，因而也就为案件当事人提供了不同的辩论依据。实际上，美国最高法院很早以前就做出过方法专利适用专利权用尽原则的判决，然而此后随着美国国内要求加强专利保护的呼声日益高涨，在美国专利司法界有着特殊地位的联邦巡回上诉法院曾在相关案件审判中做出过相反的判决。近年来又出于平衡各方利益的角度，开始逐渐限制专利权的保护范围，美国最高法院相继推翻了联邦巡回上诉法院的一系列判决。本案判决意味着美国最高法院再一次明确了其限制专利权的一贯态度和观点，因而实际上该问题并非构成本案的难点问题。

本案更突出的问题，或者说悬而未决的问题是有关许可合同中的限制性条款是否抑制专利权用尽的问题。此外，本案还涉及未完成产品如何适用专利权用尽原则的问题，这些均使本案独具特色。

（一）限制性条款是否抑制专利权用尽

美国最高法院坚持专利权用尽仅能通过专利权人的首次授权销售而引发的原则。然而对于专利许可合同中的限制性条款，或者说限制性销售是否能够抑制专利权用尽的问题，美国最高法院的观点也在不断地调整：起初，美国最高法院允许适用售后限制条款，以避免被许可人或其他购买者对产品拥有绝对的权利，唯一要满足的条件是"买方必须明确其购买的仅是有一定条件限制的使用权"。然而此后，随着专利权人越来越多地利用此类许可类型获得对相关非专利产品的市场控制权，美国最高法院逐渐开始对限制性销售加以控制，一再重申一项原则，即"专利权人的出售权因单次无附加条件的销售行为而用尽"，以此强调专利制度设立的初衷是促进科学技术的进步，而不是为专利权人创造私人财富。

对于专利产品销售时所附限制条件的效力问题，美国法院在 1992 年 Mallinckrodt v. Medipart 案之前因对诸多问题存在不同认识，一直在两种截然不同的判决间摇摆。有时以专利产品售出后超出专垄断权的范围为由，认为违反限制条件不构成侵权；有时又因当事人之间有商定销售条件的自由，认定违反限制条件构成侵权。Mallinckrodt 案对限制条件的效力问题确立的原则为：专利权用尽原则不适用于有明示限制条件的销售或许可，专利权人对于违反限制条件的购买者可以提出侵权或违约之诉。当然，此类明示条件应当受到反垄断法、专利法、合同法以及其他可适用法律的调整，对于违反法律或公平原则的条件，法院不予支持。

本案中，美国最高法院认为虽然 LGE 在协议中通过要求 Intel 对其用户给予书面提示，对于包括广达在内的用户将 Intel 产品与非 Intel 产品进行组合做

出了限制，但在许可协议允许 Intel 出售产品的条款中对此并未作直接限制，只是很宽泛地允许 Intel "制造、使用或销售"产品。而且 LGE 并未规定违反上述主协议中的规定将违反该许可协议。因此美国最高法院判定本案的销售属于未附加限制条件的授权销售。这就使得本案的情况有别于 Mallinckrodt 案，后者确定的问题是专利权人的限制性销售是否会使专利权用尽。这一判定虽然致使美国最高法院未就限制性销售的效力问题作进一步阐述，但美国最高法院也清楚地表明，LGE 仍然可以通过行使其他合同权利寻求救济，也就是说专利权人仍然可以通过在合同中设置一些特殊条款变相地达到保护自身一定权利的目的。然而由于在此案中 LGE 仅关注专利权是否用尽，未涉及有关违反合同的问题，因而这也成为美国最高法院就此事不发表意见的理由。

（二）未完成产品如何适用专利权用尽原则

本案通过对 Univis 案是否适用于此案的审理，对未完成产品，即未完全实施专利技术的产品的销售在何种条件下将使其所涉专利权用尽的问题再一次进行了明确，即：（1）未完成产品须包含专利的本质特征，即必要技术特征或称发明点；（2）未完成产品没有合理的非侵权用途，即产品唯一合理、预期的用途就是实施专利。

正是在这一问题的审理中彰显出广达和 LGE 公司对在先判例的不同把握和理解，从而对其诉讼产生重要影响。

（三）对我国的借鉴意义

我国于 2009 年 10 月 1 日起施行的第三次修订的《专利法》中对于专利权用尽原则作了进一步完善，但对于方法专利，在何种情况下将用尽专利权未予以明确。另外我国对于限制性销售如何影响专利权用尽的问题也未明确做出规定，这些有可能在实际的司法实践中会出现一些问题。我们应当从我国实际国情出发，适当参考国外已有的案例经验，对我国目前专利法律规定中存在的一些疏漏或者不完善的地方及时进行修订。

实际上，本案已不仅仅是单纯的专利法问题，更大程度上涉及合同法问题，体现了专利制度的基本哲学思想。本案对于方法专利的权利用尽尚有一些问题未真正得到解决，比如对于没有实体产品的方法专利如何体现权利用尽，以及如何平衡专利权人与公众之间的利益等。如果我国在修订、完善相关专利法律法规内容时能在这些方面为方法专利的实施制定一个可行的规划或指导意见，一定会对全世界专利制度的完善做出重大贡献。

此外，本案对于我国企业也有一定的启示意义，即如果企业遭遇海外专利

案例十　Quanta Computer, Inc.诉 LG Electronics., Inc.案

侵权纠纷，不必过分恐慌，可以在充分理解该国法律对于"专利权用尽"等问题的解释以及相关主要判例的基础上，找出对方的薄弱环节，充分利用法律武器，捍卫自身的合法权益。同时，企业在签订海外专利许可协议时，亦要注意相关条款的审核，以免使自身权益遭受损失。

参考文献

[1] SUPREME COURT OF THE UNITED STATES SYLLABUS. QUANTA COMPUTER, INC., ET AL. v. LG ELECTRONICS, INC. [R].

[2] THE PATENT EXHAUSTION LANDSCAPE: Quanta, McFarling and More[EB/OL]. [2008-09-22]. http://www.ipo.org/AM/Template.cfm?Template=/CM/ContentDisplay.cfm&ContentID=19129.

[3] 万琦. 美国专利权用尽原则若干问题研究——Quanta Computer, Inc. v. LG Electronics, Inc. 案判决评析[J]. 知识产权, 2008 (6): 89-93.

[4] 董美根. 论专利产品销售所附条件的法律效力[J]. 华东政法大学学报：法学论坛, 2009 (3): 53-60.

[5] William Rowland. 广达电脑纠纷案裁决后专利产品的权利耗尽原则和控制售后使用[EB/OL]. [2010-03-28]. http://www.chinaipmagazine.com/journal-show.asp?id=544.

专利权维护

三味線栞

Global-Tech Appliances, Inc. 诉 SEB S.A. 案

——"有意无视"原则引入民事诉讼

◎卢慧生

> **摘要：** 20世纪80年代末期，法国家用电器制造商SEB S.A.（以下简称SEB）公司发明了一种适合家庭使用的不烫手型油炸锅，并于1991年获得了美国专利。不久之后，SEB将油炸锅推向美国市场。由于在技术设计上优于其他同类产品，所以这种油炸锅在美国十分畅销，为SEB公司带来了巨额利润。1997年，SEB公司的美国竞争对手Sunbeam Products（以下简称Sunbeam）公司委托香港家用电器制造商华利泰有限公司（Pentalpha Enterprises, Ltd.，以下简称Pentalpha）为其开发油炸锅产品。Pentalpha公司在香港购买了一款SEB油炸锅，由于这款产品并非销售于美国市场，所以上面未印有美国专利字样。Pentalpha公司抄袭了这款油炸锅除表面特征之外的所有技术，从而"研发"出自己的产品。之后，Pentalpha公司委托代理律师进行产品使用权评估，但未将抄袭行为告知律师。在未能检索到SEB公司专利的情况下，代理律师于1997年8月出具意见书，认为Pentalpha公司油炸锅没有侵犯任何专利。同月，Pentalpha公司开始向Sunbeam公司供应这款产品，再由Sunbeam公司贴上该公司商标后在美国市场销售。由于供应品的制造成本非常低廉，所以Sunbeam公司出售的油炸锅比SEB公司便宜很多，导致大量顾客放弃选择SEB油炸锅，转而购买Sunbeam公司的产品，给SEB公司造成了巨额经济损失。

一、案情回顾

1998年3月，SEB公司以专利侵权为由，将Sunbeam公司告上法庭。同年4月，Sunbeam将受到起诉一事通知Pentalpha公司，但后者不为所动，仍

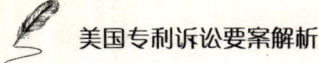

继续向另外两家美国公司提供油炸锅产品。

于是，在和 Sunbeam 公司达成和解之后，SEB 公司又于 1999 年 8 月向美国纽约州南区联邦地方法院提起诉讼，状告 Pentalpha 公司专利侵权。其主张有两点：第一，Pentalpha 公司违反了《美国专利法》第 271 条（a）款之规定，该公司向 Sunbeam 公司销售油炸锅的行为直接侵犯了 SEB 公司的专利权；第二，Pentalpha 公司违反了《美国专利法》第 271 条（b）款之规定，主动诱导 Sunbeam 公司和另外两家美国公司销售其制造的油炸锅，侵犯了 SEB 公司的专利权。

陪审团支持了 SEB 公司的两项主张，认定 Pentalpha 公司故意侵权（直接侵权）和诱导侵权罪名成立，判赔 465 万美元，地方法院将赔偿金降为 200 万美元。Pentalpha 公司以诱导侵权证据不足为由，要求法院重新审理，但地方法院未予采纳。Pentalpha 公司不服，向联邦巡回上诉法院提起申诉，而上诉法院同样驳回了 Pentalpha 公司的申辩理由，维持了一审判决。于是，该案被上诉至最高法院。

最高法院签发了调卷令，2011 年 2 月 23 日举行法庭辩论，5 月 31 日做出终审判决，以 8 票支持、1 票反对的结果宣布维持联邦巡回上诉法院的判决结果，裁定 Pentalpha 公司败诉。

二、法院判词

最高法院考虑的问题是，《美国专利法》第 271 条（b）款规定的"主动诱导他人实施专利侵权行为"的一方，是否必须知悉某种行为将构成专利侵权，却仍然诱导他人为之。

（一）

本案涉及一件包含创新技术的油炸锅专利，该专利产品由法国家用电器制造公司 SEB 设计。20 世纪 80 年代末期，SEB 公司发明了一种家用型不烫手油炸锅，在煎炸食品过程中，锅体外表面始终保持清凉。这种油炸锅由金属容器和塑料外壳组成，塑料外壳上有一个环形物，用于悬置金属容器，同时可将容器与塑料外壳隔开，避免热量向外壳传导，这一设计于 1991 年获得了美国专利。不久之后，SEB 公司开始制造这种产品并在美国市场进行销售，这就是家喻户晓的"T-Fal"油炸锅。由于在产品设计上优于其他厂家，SEB 油炸锅在美国市场广受欢迎，十分畅销，为公司带来了巨额利润。

1997 年，SEB 公司的美国竞争对手 Sunbeam 公司委托本案申诉方 Pental-

案例十一 Global-Tech Appliances, Irc. 诉 SEB S. A. 案

pha 公司为其供应符合一定标准的油炸锅产品。Pentalpha 是香港一家家用电器制造公司,也是本案另一申诉方 Global-Tech Appliances 集团的全资子公司。[注1]

> [注1] 最高法院将两个申诉方合称为 Pentalpha。

为了给 Sunbeam 公司开发油炸锅产品,Pentalpha 公司购买了一款在香港市场销售的 SEB 公司油炸锅,抄袭了该产品除表面特征之外的所有技术。由于 Pentalpha 公司购买的这款油炸锅是 SEB 公司销往海外市场的产品(即销往美国境外的市场),所以上面并未印有美国专利字样。在抄袭了 SEB 公司的设计之后,Pentalpha 公司委托代理律师进行了使用权评估,但并未告知律师其产品直接抄袭了 SEB 公司技术。

在未能检索到 SEB 公司专利的情况下,代理律师于 1997 年 8 月出具意见书,认为 Pentalpha 公司生产的油炸锅不会侵犯任何专利。同月,Pentalpha 公司开始向 Sunbeam 公司供应产品,再由 Sunbeam 公司贴上该公司商标后在美国市场销售。由于供应品的制造成本非常低廉,所以 Sunbeam 公司出售的油炸锅比 SEB 产品便宜很多,导致大量顾客放弃选择 SEB 油炸锅,转而购买 Sunbeam 产品。

1998 年 3 月,SEB 公司以其专利权受到侵犯为由,将 Sunbeam 公司告上法庭。同年 4 月,Sunbeam 公司将受到起诉一事告知了 Pentalpha 公司。但 Pentalpha 公司不为所动,仍继续向 Fingurhut Corp. 和 Montgomery Ward & Co. 两家公司供应油炸锅,再由其贴上各自的商标后在美国境内销售。

在与 Sunbeam 公司达成和解之后,SEB 公司随即将 Pentalpha 公司告上法庭。其赔偿主张有两点:第一,Pentalpha 违反了《美国专利法》第 271 条(a)款之规定,该公司销售油炸锅的行为直接侵犯了 SEB 公司的专利权;第二,Pentalpha 公司违反了《美国专利法》第 271 条(b)款之规定,主动诱导 Sunbeam、Fingurhut 和 Montgomery 公司销售其制造的油炸锅,侵犯了 SEB 公司的专利权。

案件审理了 5 天,陪审团支持了 SEB 公司的两项主张,同时裁定 Pentalpha 公司的行为系故意侵权。Pentalpha 公司提出审后申请,要求法院重新审理或据法裁决,其主要理由是,陪审团没有充足证据认定 Pentalpha 公司诱导侵权,因为在 1998 年 4 月收到 Sunbeam 公司被起诉的通知之前,Pentalpha 公司并不实际知悉 SEB 公司的专利。

美国纽约州南区联邦地方法院和联邦巡回上诉法院均拒绝接受 Pentalpha

公司的申辩理由，维持了原判。❶ 在全院庭审的决议书中，联邦巡回上诉法院认为在提出诱导侵权指控时，"原告须有证据证明被告已经知悉或应该知悉其行为将诱导产生实际侵权后果"，如能证明原告已经知悉专利权存在，可视为证据之一。尽管诉讼记录中并无直接证据表明 Pentalpha 公司在 1998 年 4 月之前已经知悉 SEB 专利，但法院有足够理由确信"Pentalpha 公司有意无视 SEB 公司拥有专利权这种可能性"。法院认为，这种无视"同实际知悉并无区别，是实际知悉的一种形式"。

最高法院签发了调卷令。❷

（二）

Pentalpha 公司认为，刻意漠视被诱导之行为存在侵犯专利权的风险，并不足以构成主动诱导责任，其构成要件还应包括实际知悉专利权的存在。

1. 为了评估 Pentalpha 公司的申辩理由，最高法院开始对《美国专利法》第 271 条（b）款进行研究。这一条款的内容非常简短，而且就本案而言，也非决定性的。第 271 条（b）款规定："任何积极诱导他人侵犯别者专利权的一方，应被视为侵权方，承担相应责任。"

尽管该条款中并未提及"故意"，但最高法院推断至少某种程度上的故意是构成侵权责任的要件。"诱导"一词的含义是"引导、影响、说服、以说服或影响的方式鼓动（见《韦伯斯特新国际词典》1945 年第 2 版第 1269 页）"。用"积极"一词进行修饰，表明这种诱导必须采取积极措施，以达到期望的效果。

当一个人积极诱导他人实施某种行为时，那么作为诱导方，他或她应该明确知道自己希望得到什么结果。假如一位二手车销售人员诱导顾客购买一辆汽车，这位销售人员知道其希望的结果就是将这辆车卖给顾客。但是，如果说销售人员诱导顾客购买了一辆"损坏的汽车"又当如何解释呢？是仅仅意味着销售人员在对汽车损坏的事实一无所知的情况下，诱导顾客购买了这辆汽车？还是意味着销售人员早已知悉车辆损坏的事实？因此，"销售人员诱导顾客购买了一辆损坏的汽车"这一表述是非常模糊的。

《美国专利法》第 271 条（b）款也存在同样的问题。在该条款中，"诱导侵权"的构成要件可能仅包括诱导方引导他人实施某种被视为侵权的行为，例

---

❶ SEB S. A. v. Montgomery Ward & Co. 594 F. 3d 1360(2010).
❷ 562 U. S.——, 131 S. Ct. 458, 178 L. Ed. 2d 286(2010).

案例十一　Global-Tech Appliances, Inc. 诉 SEB S. A. 案

如制造、使用、销售或进口专利发明产品。❶[注2]另一方面，"诱导侵权"的构成要件也可以被理解为诱导方必须说服他人实施某种行为，而诱导方早已知悉这种行为是侵权行为。这两种解释都是可能的。

> [注2] 只要在未经授权的情况下使用专利发明，即可构成直接侵权，这是长期以来奉行的判定标准。❷ 因此，直接侵权与责任人是否知悉或者是否故意无关。

2. 由于无法从法律文本中获取确切答案，最高法院转而研究1952年《美国专利法》第271条生效前的判例法。在Aro Mfg. Co. v. Convertible Top Replacement Co. 一案的审理过程中，"已经沿用了近80年"的协助侵权原则正式以法规形式确立。在该案中，专利权所有人拥有一项汽车可折叠顶部的组合专利，由金属支架和纺织物（均为非专利产品）构成。当纺织物破损后，仍可使用原来的金属支架，同时有商家提供纺织物以供更换。美国最高法院裁定，更换可折叠顶部的纺织物是修理整个顶盖，而不是重新制造；制造和销售可替换的纺织物不构成专利侵权。

不幸的是，最高法院未能从1952年之前的相关案例中找到更为清晰的答案。1952年之前，《美国专利法》第271条（b）款（诱导侵权）和第271条（c）款（销售专利发明的组件）所限定的行为，均被视为"协助侵权"。涉及后一类行为的案件非常普遍，即某一方向市场销售专利发明权利要求中并不包括的产品，但使用该产品可以使另一方制造或使用已获得专利保护的机械、加工方法或组合产品。

对此类案件的"故意"要件进行判定时，1952年之前的判例法存在自相抵触的问题。在一项常被引用的判决决定中，案件主审茗夫特（Taft）法官认为，如果销售一种组件，有意将该组件用于一项发明而造成专利侵权的话，就足够理由定罪。他在判词中写道："如果一方制造和销售受到专利保护的组合产品的元件，有意和故意使此元件被应用于该组合产品，就应承担协助侵权责任。"❸[注3]

---

❶《美国专利法》第271条（a）款。

❷ Aro Mfg. Co. v. Convertible Top Replacement Co. (Aro II) 377 U. S. 476, 484, 84 S. Ct. 1526, 12 L. Ed. 2d 457 (1964).

❸ Thomson-Houston Elec. Co. v. Ohio Brass Co. 80 F. 712, 721(C. A. 6 1897).

美国专利诉讼要案解析

[注3] 1895年1月，豪森（H. Howson）在《美国发明人与制造商协会杂志》发表题为"专利协助侵权"的文章，非常明确地表达了这一观点。19世纪末的判例法规定，只要某一方有意为（他人）实施的侵权行为提供了协助，即须承担协助侵权责任。另有一些权威人士认为，如果销售方有意使自己出售的组件以侵权的方式得到使用，就足以认定其为协助侵权。参见下列案例：Morgan Envelope Co. v. Albany Perforated Wrapping Paper Co.❶（毫无疑问，在大量案件中，制造和销售某组合产品的元件，有意将该元件同其他元件合用以形成组合产品，属于侵权行为）；Individual Drinking Cup Co. v. Errett❷（在认定协助侵权时，必须证明责任人在已知悉的情况下实施过某种行为，如果未实施这种行为，就不存在侵权问题）；New York Scaffolding Co. v. Whitney❸（协助侵权是某一方有意帮助另一方非法制造、销售或使用第三方的专利发明）。另外，"如果某人供应受专利保护的组合产品的元件，有意使该元件同其他元件进行组装后形成组合产品，用以使用或销售，则其应该承担专利侵权责任"；❹"制造和销售某一元件，有意使其与其他元件合用以形成组合产品，是专利侵权行为"。❺

另一方面，最高法院在审理某些案件时也推翻过以往的判例，认为"如果被告人（受到协助侵权指控的一方）已经知悉专利存在和直接侵权人非法制造专利产品的事实，有意和故意促使直接侵权方使用该侵权产品，（证明）他们在侵权使用过程中起到了协助作用。"❻[注4]在审理 Metro-Goldwyn-Mayer Studios Inc. v. Grokster, Ltd.❼一案时，最高法院参考了专利协助侵权的判定原则，以确定版权协助侵权的判定标准。在该案中，最高法院认为"诱导原则以故意且受到谴责的行为和表现为责任前提"，这是对1952年之前相关判例的一种解读。

---

❶ 152 U. S. 425, 433, 14 S. Ct. 627, 38 L. Ed. 500(1894).
❷ 297 F. 733, 739—740(C. A. 2 1924).
❸ 224 F. 452, 459(C. A. 8 1915).
❹ 3 Deller § 507, at 1764—1765.
❺ 3 W. Robinson, Patents § 924, p. 101(1890).
❻ Henry v. A. B. Dick Co.; Motion Picture Patents Co. v. Universal Film Mfg. Co. 243 U. S. 502, 37 S. Ct. 416, 61 L. Ed. 871(1917).
❼ 545 U. S. 913, 125 S. Ct. 2764, 162 L. Ed. 2d 781(2005).

案例十一 Global-Tech Appliances, Inc. 诉 SEB S. A. 案

> [注4] 在 Cortelyou v. Charles Eneu Johnson & Co. ❶一案的判决意见中,出现了类似的观点。在该案中,Neostyle 公司拥有一件油印机专利,按照授权许可的相关要求,如果被许可人使用该专利产品,必须配备 Neostyle 公司生产的油墨。由于 Johnson 公司向 Neostyle 的一位被许可人出售了油墨,Neostyle 向法院提起诉讼,状告 Johnson "诱导他人违反许可协议",间接侵犯了 Neostyle 的专利权。最高法院认为,没有充足证据表明被告方"知悉专利权存在"。判词如下:"诚然,被告方确实履行了一些订单,提供了用于 Neostyle 油印机的油墨。但是,Johnson 公司从未以油墨可用于 Neostyle 油印机为由兜售过产品,原告方也从未告知被告方 Neostyle 拥有相关专利权,被告方的某些商业行为将被视为专利侵权。"由此可见,要让法院支持自己的诉求,Neostyle 必须证明 Johnson 已知悉专利权存在。参见 Tubular Rivet & Stud Co. v. O'Brien❷(被告方是否知悉专利权存在,是责任判定的关键因素)。

尽管第271条(b)款和1952年之前判例法中以法规形式确立下来的相关条款容易引发自相矛盾的解释,但在 Aro II 一案的判决中,最高法院很好地解决了这一问题。在该案中法院认为,第271条(c)款的触犯者必须知悉"使用其提供的部件组装的产品正在侵犯他人的专利产品"。最高法院确立的这一知悉原则,同样适用于第271条(b)款的责任判定。

3. 如上所述,在1952年之前的判例法中,未将诱导侵权视作另一种形式的间接侵权,而是将其视为协助侵权的证据,即帮助或教唆直接侵权方实施侵权行为。当《美国专利法》第271条生效后,协助侵权被分为两类,即该条(b)款规定的诱导侵权和该条(c)款规定的销售专利发明组件。

Aro II 一案涉及第271条(c)款,有关判词如下:

"如果某一方销售专利发明的重要组件,知悉该组件系专门制造,主要用于生产侵权产品,除此之外并无其他用途,则应承担协助侵权责任。"

同第271条(b)款一样,上述文字也存在含义模糊的问题。"知悉该组件系专门制造,主要用于生产侵权产品"可以被理解为,责任人必须知道某组件是专门制造的,用于生产某一产品,而这一产品侵犯了别人的专利权;也可以被理解为,除知道上述事实外,还应知悉专利权的存在。

负责审理 Aro II 一案的诸位法官在这一问题上产生了意见分歧。多数法官主张,知悉专利权存在是确定协助侵权责任的必备要件。怀特法官对判决结果表示赞同,布莱克法官持反对意见。[注5]

---

❶ 196,28 S. Ct. 105,52 L. Ed. 167(1907).

❷ 93 F. 200,203(CC Mass. 1898).

> [注5] 尽管布莱克法官对判决结果持反对意见，但他支持多数法官对第271条（c）款做出的解释，他的判决意见也论证了为什么多数法官持这种观点。有3位法官支持布莱尔的论证意见，而怀特法官则给出了自己的理由。

4位法官不同意这种解释，主张仅需证明责任人知悉某组件系专门制造，使用这一组件生产的产品侵犯了他人的专利权，即可判定其违反了第271条（c）款。他们认为该条款的文字表述以及1952年之前的判例法支持这一主张，不同意多数法官从修改后的第271条（c）款中得出的推论。

尽管双方各执己见，但对于Aro II 一案的判决已成为审理协助侵权案件的重要依据。SEB公司并未要求最高法院推翻这一判例，在Aro II 结案后近半个世纪的时间里，国会也未对第271条（c）款中的"故意"要件进行修改。因此在审理SEB案时，最高法院仍适用了这一原则，认为责任人知悉专利权存在是判定协助侵权的必备要件。在法条解释方面，应遵从"遵循先例"原则。❶ 最高法院审理本案的前提依据，是认为第271条（c）款要求证明责任人知悉专利权存在。

基于这一前提，在确定某一方是否违反第271条（b）款并承担诱导侵权责任时，也应具备同样的"知悉"要件。如上所述，第271条（b）款和（c）款均源自1952年之前判例法的协助侵权条款，存在同样的司法解释问题。如果（c）款适用了"知悉专利权存在"原则，则（b）款也应适用这一原则。

相应地，最高法院认为第271条（b）款规定的诱导侵权，需要知悉被诱导方实施的行为将构成专利侵权。

（三）

在认真研究Pentalpha公司的抗辩理由之后，最高法院认同"故意漠视（deliberate indifference）专利权存在并不是确定诱导侵权责任的适当标准"这一观点。然而，最高法院维持了上诉法院的判决结果，因为在本案中有大量证据表明，Pentalpha公司的行为违反了"有意无视"原则，具备了"知悉"要件。

1. "有意无视"原则在刑事判决中广为应用。很多刑事法规都要求证明被告方在明知或故意的情况下实施了某种行为。法院在适用有意无视原则时主张，如果能证明被告方刻意回避关键事实，即可视为实际知悉，判定其违反了"有意无视"原则。这一原则的理论依据是，被告方刻意回避

---

❶ John R. Sand & Gravel Co. v. United States, 552 U.S. 130, 139, 128 S. Ct. 750, 169 L. Ed. 2d 591(2008).

案例十一　Global-Tech Appliances, Inc. 诉 SEB S. A. 案

事实的做法应和实际知悉一样，受到同样的责罚。参见 United States v. Jewell 一案❶。

一个世纪之前，"有意无视"这一法律术语尚未形成，最高法院在审理 Spurr v. United States 一案❷过程中确立了一个类似概念。[注6]该案件适用了一条刑事法规，禁止银行职员"故意"允许客户开具超出其银行户头存款余额的支票。法院认为，如果银行职员有意使自己不知道支票开具人是否在银行拥有足够存款，即属于有意违规。在 20 世纪前半叶，法院才开始在案件审理过程中引入"有意无视"原则。[注7]1962 年，在"模范刑法典"（Model Penal Code）建议草案中，人们提出对"知悉某一特定事实存在"的解释应包括"知道事实极有可能存在，除非确实认为该事实不存在"，这一草案获得通过并正式生效。最高法院适用了该法典的相关定义，以确定某些法律推断是否符合正当的法律程序。参见 Turner v. United States❸和 Leary v. United States❹。除哥伦比亚特区之外，所有联邦巡回上诉法院都已开始在刑事案件的审理过程中全面适用"有意无视"原则。

[注6]"有意无视"原则于 19 世纪末正式确立，但 40 余年之前就已在英格兰法（English law）中初露端倪。在美国法（American law）中，最早适用该原则的一个典型案例发生在 1882 年。在该案中，联邦法院驳回了被告方的"巨大误解"诉求，即一个人"只要愿意，就可以闭上双眼，不接受任何信息，然后以未看到任何事物为由，为自己寻找不知道事实的理由"。参见 United States v. Houghton 一案❺。

[注7] 参见 United States v. Yasser❻（故意和欺骗性地隐藏破产债务人的财产，无视财产管理人的存在）；Rachmil v. United States❼（法庭全体同意，内容同上）；United States v. Erie R. Co.❽（法官就与案件有关的法律适用问题向陪审团做出说明：指控运输商故意向发货商提供回扣的行为，可以适用"蓄意不知"原则）；Grant Bros. Constr. Co. v. United States❾（故意唆使雇用合同劳工，有意和蓄意不知事实及实际情况，系"实际知悉"）。

考虑到有意无视原则的长久历史和广为联邦司法界接受的现实，最高法院

---

❶　532 F. 2d 697, 700(C. A. 9 1976).
❷　174 U. S. 728, 19 S. Ct. 812, 43 L. Ed. 1150(1899).
❸　396 U. S. 398, 416—417, 90 S. Ct. 642, 24 L. Ed. 2d 610(1970).
❹　395 U. S. 6, 46—47, and n. 93, 89 S. Ct. 1532, 23 L. Ed. 2d 57(1969).
❺　14 F. 544, 547(D. C. N. J.).
❻　114 F. 2d 558, 560(C. A. 3 1940).
❼　43 F. 2d 878, 881(C. A. 9 1930).
❽　222 F. 444, 448—451(D. C. N. J. 1915).
❾　13 Ariz. 388, 400, 114 P. 955, 959(1911).

美国专利诉讼要案解析

认为在审理涉及《美国专利法》第271条（b）款的专利侵权民事诉讼时理应适用这一原则。[注8]

> [注8] 与持反对意见者不同，最高法院并不认为从实用角度出发，应该为知悉原则设置更严格的标准。持反对意见者并未解释——至少最高法院没有看到——为什么促进"科学和实用技术进步"，需要保护那些主动唆使他人侵权、有意采取措施让自己不知道专利权和侵权事实极有可能存在的人。

Pentalpha公司要求最高法院不要这样做，认为"有意无视"并不足以构成诱导他人实施侵权行为的要件。但这不是一个具有争议性的问题。法院无须通过引用有意无视原则来确定Pentalpha公司已知悉购买其油炸锅的零售商将在美国市场转售这一产品的事实，毫无疑问，Pentalpha公司原本就十分清楚这个事实，这一点毫无争议。

Pentalpha公司进而提出，最高法院在审理Grokster一案时，曾驳回了司法部副部长提出的"依照'有意无视'原则，Grokster和StreamCast公司应为诱导实施侵犯版权的行为承担责任"的诉求。但最高法院认为，在该案中无须考虑有意无视原则，因为有充足证据表明，Grokster和StreamCas公司完全知道其提供的文件共享软件被广泛应用于侵权活动，即未经版权所有人许可，通过使用该软件非法共享版权作品。❶

2. 尽管各上诉法院对于"有意无视"原则的具体解释略有不同，但在两个基本要件方面意见一致：第一，被告方必须主观上确信某种事实极有可能存在；第二，被告方必须采取措施，刻意回避知悉这一事实。[注9]这两个要件对有意无视进行了合理界定，其法律后果重于轻率和疏忽行为。在此框架内，"有意无视"是指被告方故意采取措施，以避免知悉不当行为极有可能发生，并且几乎可以断定，被告方实际知悉关键事实。"只要能证明被告方实际知悉，即可认定其有意无视。"❷ 与"有意无视"不同，轻率是指被告方仅仅知悉某一行为存在一定风险；疏忽是指被告方本应知悉存在此类风险，但实际上并不知晓。

---

❶ 545 U.S., at 922—927, 937—940, 125 S. Ct. 2764.
❷ G. Williams, Criminal Law § 57, p.159 (2d ed. 1961).

案例十一　Global-Tech Appliances, Inc. 诉 SEB S. A. 案

[注9] 参见 United States v. Perez-Melendez❶、United States v. Svoboda❷、United States v. Stadtmauer❸ 和 United States v. Schnabel❹（依照"有意无视"原则，如果有证据表明被告方刻意对周围发生的事情视而不见，则可认定其行为具备"知悉"要件）；United States v. Freeman❺ 和 United States v. Holloway❻（如果刑事被告对自己从事的不法行为存在风险的事实故意视而不见，法院可以认定具备"知悉"要件，对其量刑定罪）；United States v. Draves❼（在某些情况下，如果被告方对其不当行为高度怀疑，而且对事实真相主动漠视，则可以认定其实际知悉）；United States v. Florez❽（如果实际情况已然昭示犯罪行为极有可能发生，但被告方故意不对这些实际情况进行调查分析，则可以认定其"蓄意不知"）；United States v. Heredia❾（全院庭审）；United States v. Glick❿ 和 United States v. Perez-Tosta⓫。

在审理本案过程中，联邦巡回上诉法院适用的"有意无视"原则并不是严格意义上的"有意无视"原则，这主要体现在两个方面：第一，如果被诱导方的行为将造成侵权后果是一种"已知风险"（known risk），就可以认定诱导方知悉；第二，不要求证明诱导方主动采取措施以避免知悉侵权行为，只需证明诱导方对侵权风险"故意漠视"。

尽管存在这两方面的缺陷，但最高法院认为，已有充足证据支持陪审团做出有利于 SEB 公司的裁决。陪审团认定，在1998年4月之前，Pentalpha 公司有意无视 Sunbeam 公司的销售活动系侵权行为这一事实。[注10]

[注10] 依照最高法院今天设立的标准，纽约州南区联邦地方法院未就与案件有关的法律适用问题向陪审团做出说明，所以 Pentalpha 请求最高法院将案件发回，以便其提起新的诉讼，但最高法院驳回了这一请求。在上诉法院的审理过程中，法官就与案件有关的法律适用问题向陪审团做出了说明，Pentalpha 未对此提出异议，因此法院未将案件发回重审。由于在本案中不存在"特殊"情况，因此最高法院依照正常程序审理，拒绝将案件发回重审。⓬

---

❶　599 F. 3d 31,41(C. A. 1 2010).
❷　347 F. 3d 471,477-478(C. A. 2 2003).
❸　620 F. 3d 238,257(C. A. 3 2010).
❹　939 F. 2d 197,203(C. A. 4 1991).
❺　434 F. 3d 369,378(C. A. 5 2005).
❻　731 F. 2d 378,380—381(C. A. 6 1984).
❼　103 F. 3d 1328,1333(C. A. 7 1997).
❽　368 F. 3d 1042,1044(C. A. 8 2004).
❾　483 F. 3d 913,917,920(C. A. 9 2007).
❿　710 F. 2d 639,643(C. A. 10 1983).
⓫　36 F. 3d 1552,1564(C. A. 11 1994).
⓬　425 U. S. 231,234,96 S. Ct. 1399,47 L. Ed. 2d 701(1976).

美国专利诉讼要案解析

在 Pentalpha 公司抄袭技术之时，SEB 公司的不烫手型油炸锅是美国市场上的一种创新产品。正如人们所料，这种先进产品的销量在一段时期内不断攀升。Pentalpha 公司知悉这一事实，该公司总裁兼首席执行官约翰·沙姆承认，在为 Sunbeam 公司研发产品过程中，Pentalpha 公司开展了"市场调查"活动，"竭尽所能地搜集了大量信息"。Pentalpha 公司决定抄袭 SEB 公司油炸锅除表面特征之外的所有技术，表明其确信 SEB 公司产品包含先进技术，在美国市场广受欢迎。

同样说明问题的，是 Pentalpha 公司决定抄袭 SEB 公司销往海外市场的一款油炸锅。Pentalpha 公司知道自己设计的产品将销往美国市场，沙姆本人拥有多项美国专利，深知销往美国之外的产品一般不会印有美国专利字样。更能说明问题的，是沙姆未告知代理律师其产品直接抄袭了 SEB 公司技术，从而获得了律师出具的有权使用的意见书。根据本案中的所有事实，最高法院认定沙姆向代理律师隐瞒事实，是为了发生专利侵权纠纷时替自己寻找不知情的借口。沙姆关于此问题的证词不足以推翻最高法院得出的这个推断。当被问及如果代理律师提前知悉 SEB 公司设计，是否会给出更为合理的参考意见时，沙姆未作回应，仅仅表示专利检索不是一件"易事"，这也是他为何委托律师来完成这件工作的原因。

综合考虑上述因素，陪审团有充足理由认定 Pentalpha 公司主观上确信 SEB 公司生产的油炸锅极有可能是专利产品，却故意采取措施，以避免知悉这一事实，有意无视 Sunbeam 公司销售活动的侵权性质。因此，最高法院维持了联邦巡回上诉法院的判决结果。

但是，肯尼迪法官持不同意见，具体如下：

最高法院主张对《美国专利法》第 271（b）款和（c）款一并予以考虑，而且认为诱导侵权的责任人必须知道"被诱导方实施的行为构成了专利侵权"，在我看来这是正确的。

但是，最高法院还做了一些其他事情，将法条解释为只要证明被告方系有意无视，就满足了"知悉"要件，这是错误的。有意无视不是知悉，法官不能通过类比的方法扩展法定范围。参见 United States v. Jewell❶（当法律明文规定知悉是构成犯罪的必备要件时，即便法院认为某种思想状态应和知悉一样受到同等谴责，也不能将这种思想状态等同于知悉）。在本人提交的意见书中，认为法院现在适用的司法解释是不正确的。即便遵从这种解释，最高法院也应该将案件发回上诉法院重审，首先应考虑是否有充足证据显示被告方实际知

---

❶ 532 F. 2d 697, 706 (C. A. 9 1976).

案例十一　Global-Tech Appliances, Inc. 诉 SEB S. A. 案

悉，陪审团做出诱导侵权判决的理由是否充分。

法院通过引用有意无视原则将第 271（b）款的适用范围涵盖到那些并不"知悉"的当事人（切忌将有意无视曲解为知悉❶）。最高法院关于有意无视的司法解释揭示了这一根本目的。当事人可以确信某种行为极有可能侵犯专利权，但仍可以得出并未侵权的结论。"如果能断定被告方实际知悉关键事实，则可认定系有意无视。"但是，如果被指控的诱导方认为某种产品并未侵权，就不能认定其知悉。

最高法院从两个方面确立了有意无视原则替代知悉要件的合法性，但是均不具说服力。

首先，最高法院援引了道德理论，认为基于"传统理据"，有意无视被告"应与实际知悉人同责"。但道德问题是另外一回事，如果一名律师在已知的情况下唆使他人作伪证，而另一名律师刻意避免知悉其委托人（一名刑事被告）宣称自己不是枪击者的言论实属撒谎，那么前者应承担的法律责任就真的和后者相同而不是更重吗？参见"善意的有意无视"❷ 和"人为的无知"❸。关于这个问题，答案并不明确。或许，"有意无视"的责任程度要视当事人无视事实真相的具体原因而定，也可能只和当事人的正当理由有关。这是一个道德问题，也是一个政策问题，最好由政府部门去解决。即便人们接受刑事案件中的思想状态同责原则，以体现刑法的惩戒目的，但这些惩戒目的在本案涉及的专利法中并没有效力。依照美国宪法，专利法是一部实用性法律，是为了"促进科学和实用技术的进步"。❹

其次，最高法院参照了以前的判例，指出早在 1899 年的一个案例中就出现了同"有意无视"原则类似的概念。但是，最高法院之前从未认定有意无视可以替代知悉的法律要件。在 Spurr v. United States❺ 一案的判决意见书中，有这样一段解释："如果银行职员有目的地使自己不清楚支票出具人在银行是否留有存款，或者完全无视职责所在，不对事实进行核证，就可以认定其有不良企图。"本案的关键在于被告方是否承认故意违反规定，而最高法院的观点是，可以从实际情形中推断出不良意图。这并不表明无视能够替代知悉，关于这个问题，可以参见 Turner v. United States❻ 和 Leary v. United States❼。正

---

❶ L. Alexander & K. Ferzan, Crime and Culpability: A Theory of Criminal Law 34—35(2009).
❷ Hellman, Willfully Blind for Good Reason, 3 Crim. L. & Philosophy 301, 305—308(2009).
❸ Luban, Contrived Ignorance, 87 Geo. L. J. 957(1999).
❹ Art. I, § 8, cl. 8.
❺ 174 U. S. 728, 735, 19 S. Ct. 812, 43 L. Ed. 1150(1899).
❻ 396 U. S. 398, 90 S. Ct. 642, 24 L. Ed. 2d 610(1970).
❼ 395 U. S. 6, 89 S. Ct. 1532, 23 L. Ed 2d 57(1969).

如最高法院所解释的那样，在这两个案件中，只有部分关于知悉的法定推断符合正当程序。尽管绝大多数上诉法院都已适用有意无视原则，但是不同法院对于同一法律条文的司法解释不尽相同，这终究不是解决重大法律问题的正常途径。

最高法院支持在所有涉及知悉问题的联邦刑事案件中适用有意无视原则，但在将该原则引入民事案件之前，并未征求"刑事辩护律师协会"的论证意见。

无须在本案中首次引入有意无视原则。支持有意无视的事实通常是实际知悉的证据。依环境条件而确定的事实在任何情况下都是唯一可取的证据，因为陪审团不可能直接看破被告的内心世界，经常需要从被告人的行为中进行推断。如果受到诱导指控的被告方出于正当理由而避免进一步核证其相信的事情会成为现实，排除知悉证据恰恰能证明这些推断的合理性。多数法官主张扩展法规的适用范围，似乎是基于"知悉应具备确定性"这一前提，但法律经常允许将盖然性判断视为知悉。参见 Connecticut Mut. Life Ins. Co. v. Lathrop❶（基于实际观察，与思想状况的共同经历和普通表现相一致，这就是对事物的认知，也是迄今为止人类凭借心智所能获得的认知）。

当前的争论提供了一个相关案例。Pentalpha 公司抄袭了一款油炸锅的创新技术，而这款产品上面并未印有美国专利字样。但这不是意外，因为 Pentalpha 公司早已知道在香港购买的这款油炸锅不可能印有美国专利字样。而且，在委托律师进行专利检索时，Pentalpha 公司没有告知律师该公司抄袭了 SEB 公司油炸锅技术。这些事实都表明 Pentalpha 公司知道其产品侵权，或许陪审团也是这样裁断的。

但是，要在为期 5 天的庭审中确定证据是否充分，需要对大量案卷进行审核，仅庭审记录就长达 1000 多页。如果如最高法院在本案中主张的那样，有意无视接近于知悉，不同于"已经知道或者应该知道"，那么审核这些案卷就会变得更加困难。我原本希望将案件发回，由上诉法院完成这一任务。

基于上述原因，我尊重但不同意（最高法院的）判决意见。

三、案件解析

在本案中，美国最高法院对《美国专利法》第 271 条（b）款涉及的诱导侵权行为做出了最新的司法解释，并首次将刑事案件中广为适用的"有意无视"原则引入民事诉讼案件的审理与裁决。

---

❶ 111 U. S. 612, 620, 4 S. Ct. 533, 28 L. Ed. 536(1884).

案例十一　Global-Tech Appliances, Inc. 诉 SEB S. A. 案

（一）背景知识

依照《美国专利法》，专利侵权可以分为直接侵权和间接侵权。其中，间接侵权又分为诱导侵权和协助侵权。

任何人未经专利权人许可而实施其专利，包括制造、销售、使用或者进口其专利产品或者使用其专利方法，都将构成直接侵权。而间接侵权，是指行为人没有直接实施专利权人的专利，却通过提供与专利技术有关的非专利产品，促使他人对专利进行直接侵权，包括诱导、怂恿和教唆等多种间接行为。

《美国专利法》第271条（a）款针对直接侵权行为，（b）款和（c）款分别针对诱导侵权与协助侵权行为。多年以来，美国法院在审理间接侵权案件的过程中，结合（b）款和（c）款的相关规定，以判例的形式，确立了几个构成要件。

一是客观要件：间接侵权行为与直接侵权行为之间的关系。在美国专利法中，直接侵权的发生是间接侵权行为被认定的前提条件，只有在直接侵权人存在时，间接侵权人才会存在。直至目前，这仍是美国司法界的主流观点。但是，随着美国对外政策的实施、专利权域外效力的扩张和对专利权保护的加强，"独立式"间接侵权也开始在立法和司法中占有一席之地，即间接侵权行为的判定不以直接侵权行为的存在为条件，而是自身具备特有的构成要件。

二是客体要件：与专利实质特性有关的非专利产品。诱导侵权是积极引诱和教唆他人侵犯专利权，其构成侧重于诱导方的引诱和教唆行为。在协助侵权中，非专利产品可以分类两类，一是专利产品的部件或组成部分，一是用于实施专利方法的原料或设备。这两类物品必须具备这样一个特征：是构成专利发明的重要部分，经过了专门制造或改造，主要用于生产专利侵权物品，除此之外并无其他用途。

三是主观要件：行为人具有诱导、帮助的主观故意。直接侵权的判定不以侵权人的主观心态作为构成要件，不论主观上是否存在故意或过失，只要在未经授权的情况下使用专利发明，即构成直接侵权。间接侵权则不同，其主观要件包括"主动诱导"、"知悉"和"希望"等，从而反映出一个主观要旨：对侵权的发生存在一种故意或过失。

（二）司法解释

诱导侵权，是指责任人在已经知悉某种行为将构成专利侵权的情况下，却仍诱导他人实施这一行为。《美国专利法》第271条（b）款规定，主动诱导他人侵犯别者专利权的一方，应被视为侵权方，承担相应责任。

美国最高法院在本案中认为,"知悉"是构成诱导侵权的必备要件,而"明知"和"有意无视"皆可满足知悉要件,是知悉的不同表现形式。也就是说,只要诱导方实际知道(即明知)被诱导方的侵权事实,或者有意无视侵权事实,就可以认定其行为构成了诱导侵权。

"有意无视"是刑法中确立的一项重要原则。法院适用该原则判决案件时通常认定责任人故意回避关键事实,其行为等同于实际知悉,应当承担法律责任。由于这一原则被美国司法界广为接受,所以最高法院在审理有关诱导侵权的民事诉讼案件(即本案)时,首次将该原则引入。

最高法院主张,要满足"有意无视"原则,须具备两个条件:第一,责任人必须主观上确信某种事实极有可能存在;第二,责任人必须采取措施,刻意回避知悉这一事实。

(三)案情分析

在为 Sunbeam 公司研发油炸锅产品过程中,Pentalpha 公司搜集了大量美国市场信息,实际知悉 SEB 公司生产的油炸锅是美国市场上的一种创新产品。由此可以推断,Pentalpha 公司主观上知道 SEB 油炸锅极有可能是美国专利产品(满足了"有意无视"原则的第一个条件)。

Pentalpha 公司选择抄袭 SEB 公司销往美国境外的一款油炸锅,皆因其 CEO 本人拥有多项美国专利,对美国专利制度比较了解,知道销售海外市场的产品一般不会印有美国专利字样。Pentalpha 公司抄袭了 SEB 油炸锅除表面特征之外的所有技术,表明其确信 SEB 产品包含先进技术,在美国市场深受欢迎。Pentalpha 公司在委托代理律师对其产品进行评估时,未告知律师其抄袭行为,从而获得了有权使用的意见书。在 Sunbeam 公司将受到 SEB 公司起诉一事告知 Pentalpha 公司后,Pentalpha 公司仍不为所动,继续向另外两家美国公司供应油炸锅产品。基于上述事实可以认定,Pentalpha 公司刻意避免知悉侵权事实,有意无视 Sunbeam 公司和其他两家美国公司销售行为将造成专利侵权的后果(满足了"有意无视"原则的第二个条件)。

(四)现实意义

自 1871 年以来,美国的专利间接侵权制度伴随着美国经济技术的发展而逐步成熟,现已形成了以充分保护专利权为核心,以权利扩张为外延的法律体系。

美国最高法院对于本案的终审判决,可以视作对专利侵权间接责任范围的重新界定。如果"有意无视"不构成侵权责任,美国之外的企业很可能广泛利

案例十一　Global-Tech Appliances, Inc.诉 SEB S.A.案

用这一法律漏洞，复制美国的专利产品，并将其销售给美国企业。美国企业将因进口和使用这些复制品而承担直接侵权责任，国外制造商却可以利用无须按照美国法律调查其产品是否侵权的规定规避间接责任，并且有意无视侵权风险。

我国在开展专利间接侵权立法和司法工作的过程中，应从保障专利权人利益和维护社会公共利益的角度出发，充分借鉴美国专利间接侵权制度中的合理内容。同时，从权利法外效力扩张的角度来看，该制度的某些法律体系设计又是值得我们反思和警惕的。特别是在大部分知识产权国际公约尚未对专利间接侵权制度做出明确规定的情况下，我们在制定相关法律时，首先应考虑我国的经济技术现状和司法实践中出现的实际问题。

对于我国的外向型企业而言，如果准备研发一款产品并计划打入美国市场，应认真参考美国专利文献和相关商业资料，充分调查竞争对手的美国专利，谨慎避免仿制美国的专利产品。一旦认为自行研制的产品可能侵犯竞争对手在美国的专利权，应在出口产品之前，先向专业法律人士咨询，研究制订规避侵权的方案与策略，从而有效避免专利间接侵权问题。

参考文献

[1] 江尚正. 美国最高法院关于诱导侵权的最新判决［EB/OL］.［2011-07-30］. http://www.nicheip.com.tw.
[2] 康添雄. 美国专利间接侵权研究［DB/OL］.［2011-07-30］. http://wenku.baidu.com.

Microsoft Corp. 诉 Lucent Technologies, Inc. 案
——专利侵权损害赔偿金的计算判定

◎管相杰　朱　瑾

> **摘要：** 专利侵权案件普遍具有认定难、取证难，而裁定合理的损害赔偿额更难等共性特征。现行《美国专利法》对如何计算专利侵权损害赔偿金亦规定甚少，因此，法院在损害赔偿金数额的确定上起着非常重要的作用。2002年，朗讯起诉微软等公司侵犯其"Day"专利的专利权，该案历时10年，从地方法院打到美国联邦巡回上诉法院，反复再审，争议重点便在于损害赔偿金的计算问题。案件审理过程中，地方法院陪审团判定被告微软的Outlook等3款产品间接侵权，并根据整体市场价值法则裁定微软需支付3.58亿美元的损害赔偿金。微软随即就损害赔偿金数额的判定等问题提出上诉。美国联邦巡回上诉法院审理认定：涉案专利有效且微软对该专利造成间接侵权；本案所涉及专利技术并非是Outlook软件的用户需求基础，陪审团适用整体市场价值法则来裁定损害赔偿金缺乏实质证据的支持，因此撤销该裁决并发回重审。后经地方法院调解，诉讼双方达成和解。该案审理期间恰逢美国酝酿推动专利法改革之际，而专利侵权损害赔偿额的计算和确定问题正是相关利益方关注焦点之一。因此，案件赔偿有关情况引发各方热议，影响极大。

一、案情回顾

本案一审原告为朗讯公司，被告为微软、捷威和戴尔公司。2002年，朗讯公司起诉捷威和戴尔公司侵犯其US 4,763,356号美国专利（以下简称"Day"专利），随后微软公司为保护其合作伙伴利益主动加入诉讼行列。2007年，宏基公司收购捷威公司后，积极与朗讯公司谈判并于2008年达成庭外和解协议；而微软公司在经过一审败诉、上诉、就损害赔偿金裁决发回重审等过

案例十二 Microsoft Corp. 诉 Lucent Technologies, Inc. 案

程后,方与朗讯公司达成和解。

(一)涉案专利

本案涉及美国 AT&T 公司于 1986 年提出申请,1938 年获得授权,随后权利归属于朗讯公司的一件专利。"Day"专利是一种不使用键盘在屏幕区域内输入信息的方法,用户通过选择同时显示的预设工具,在特定区域内输入信息,预设工具包括一个屏幕图形键盘、一个菜单和一个计算器。该系统可以显示填充在特定区域的信息菜单,也可以通过与主机通讯以获得输入到该区域的信息。此外,屏幕区域还可以是位图区域,用户可以通过触针在触摸屏的相应位置上填写。

(二)诉讼历史及审判结果

2002 年 10 月,朗讯公司于美国加利福尼亚州南区地方法院提起诉讼,控告微软公司的 Microsoft Outlook、Money 及 Windows Mobile 3 款产品的销售和使用,对其所拥有的"Day"专利造成侵权。原告主张微软公司的 3 款产品间接侵犯了其专利权,请求以"合理许可费"方式计算损害赔偿金,并要求根据软件的销售数量(销售总量约 1.1 亿套、销售总价约 80 亿美元),以被控侵权软件产品销售价格的 8% 作为许可费费率,判处共计 5.619 亿美元的损害赔偿金;而微软公司则认为,涉及侵权的日期选择器只是 Outlook 软件中数万项功能应用中的一项细微功能,一次性支付 650 万美元的许可费足以赔偿朗讯公司的损失。

2008 年 6 月,地方法院陪审团做出判决,认为微软公司的 3 款产品对"Day"专利的权利要求 19 造成侵权(具体解释参见第二部分"法院判词");Windows Mobile 对权利要求 21 造成侵权;陪审团基于整体市场价值法则,以低于 8% 的许可费费率计算,判定微软公司需以一次性支付的方式就所涉及的全部侵权产品赔偿朗讯公司 3.58 亿美元。此后,地方法院驳回微软就依法律判决提出的再审申请。

2008 年 7 月,微软公司不服地方法院的判决,上诉至美国联邦巡回上诉法院。

2009 年 9 月,美国联邦巡回上诉法院经过认真审理,判定本案部分维持原判:涉案专利有效、专利侵权成立;但是关于损害赔偿金的判决,法院从确

定"合理许可费"的 15 个"Georgia-Pacific"❶ 因素以及如何应用"整体市场价值法则"的角度进行深入分析,认为其所掌握的实质证据并不能支持地方法院做出的巨额赔偿判决,因此撤销有关损害赔偿金的判决并发回重审。

2011 年 7 月,地方法院对此案进行再审,并判决微软应为侵权行为支付 7000 万美元专利费;同年 10 月,地方法院法官表示,基于当前所有的证据,2630 万美元是"公正的赔偿数额"。随后在地方法院法官的调解下,微软公司和朗讯公司顺利达成和解,和解协议的具体条款及最后的赔偿数字并不为外界所知。至此,该案尘埃落定。

(三)主要争议点

本案中,原被告双方的争议点主要集中在"Day"专利权的有效性、专利侵权认定以及微软所应承担的损害赔偿金数额。特别是关于侵权损害赔偿金的数额,微软公司质疑地方法院陪审团在依据整体市场价值法则进行判决时所掌握的实质证据是否充分。本文将简要介绍前两项争议,并重点介绍有关损害赔偿金部分的裁决。

二、法院判词

针对本案,美国联邦巡回上诉法院在审查微软公司所提依法律判决被驳回部分时,主要考虑地方法院在事实认定上是否有明显的错误;在审查损害赔偿金计算方法时,考虑地方法院陪审团是否采用了实质证据。美国联邦巡回上诉法院对相关争议点的主要意见如下。

(一)"Day"专利权的有效性

对"Day"专利权有效性的争议主要集中在权利要求 19 和 21 上。权利要求 19 是一种数据输入方法,通过使用某种预先设定的工具将信息输入电脑表

---

❶ 在 Georgia-Pacific Corp. v. United States Plywood Corp 案中,法官列举了在判断合理许可费时需考虑的 15 项因素。这些因素包括:1. 该专利许可使用费是被证明或将被证明是一个已经存在的专利许可使用费。2. 被许可人使用其他专利的许可费与使用本案专利许可费的比率。3. 该专利许可的性质与范围,例如是独占性还是非独占性,或对专利的实施地或销售对象是否有限制。4. 专利许可方为保证其专利垄断所建立的市场营销策略。5. 许可方和被许可方之间的商业关系。6. 被许可人在促销其他产品时,其对专利商品的销售影响程度,许可人专利的既有价值是否增加其他非专利品的销售量,影响程度如何。7. 专利的有效期及许可条款。8. 专利产品的盈利能力、商业价值以及目前受市场欢迎的程度。9. 专利产品与具有相同功能的旧时产品相比的实用性和优点。10. 专利发明的本质,其与商业的结合程度,以及为专利权人带来的利益。11. 侵权人实施专利的程度,以及能够证明侵权获利的任何证据。12. 根据惯例,在许可使用发明时,利润或销售价格的占比。13. 因侵权人增加新特点或改进而产生的可实现利润的部分。14. 专家意见。15. 专利许可人与被许可人若自愿理性达成许可办议时,双方认为合理的许可费。

案例十二 Microsoft Corp. 诉 Lucent Technologies, Inc. 案

格的特定区域。权利要求 21 是权利要求 19 的从属权利要求，进一步限定信息区域是"位图"。微软公司在上诉中认同地方法院对这两项权利要求所作解释，但主张基于其所掌握的一项现有技术，上述两项权利要求是在先公开且显而易见的。

微软公司认为 Datamation 杂志在 1984 年刊登的文章"触摸屏：重要还是不重要？"公开了一种使用电脑触摸屏来进行操作的电脑系统。在美国联邦巡回上诉法院的庭审过程中，微软公司和朗讯公司将杂志文章中的内容与权利要求 19 所具有的"将信息插入所述一个区域是用户使用上述显示工具的结果"、"工具"、"随之显示一个与该区域相关的预先确定的工具"、"点击"等 4 项限定特征逐一对比，就其中 3 项是否已经公开，另一项是否显而易见展开了针锋相对的辩论。

地方法院陪审团在分析所掌握证据以及对原被告双方进行质证后，认为该杂志文章中缺少至少一项限定特征，并通过合理推断得知不存在修改现有技术的充分理由，微软公司并不能提供确凿并具有说服力的证据来证明权利要求 19 是显而易见的。基于以上认识，美国联邦巡回上诉法院支持陪审团的判决，支持地方法院驳回微软公司就权利要求 19 的有效性所提出的依法律判决申请。

权利要求 21 要求"显示该图案的步骤包括将一个或多个所述信息区域显示为位图区域"。微软公司声称杂志文章"描述了一种能够'读出手指、钢笔或其他设备'的 FXFE 的触觉敏感显示屏"，文章公开了权利要求 21 的内容。但美国联邦巡回上诉法院认为：杂志文章实际上并没有描述一种电脑系统能够读出"使用触笔在触觉敏感显示屏上书写录入的信息"，微软公司的理解是错误的；陪审团通过实证分析认为熟练的使用者并不会使用文章所描述方法；地方法院驳回微软公司就权利要求 21 显而易见性所提出的依法律判决申请是正确的。

（二）专利侵权认定

在讨论本案的专利侵权问题时，主要涉及微软公司是否侵权及以何种形式侵权。地方法院陪审团认为微软公司作为促成和/或诱使的角色，在有人操作电脑并使用该方法时造成对方法权利要求 19 和 21 的间接侵权。微软对此裁决提出 3 项抗辩意见：首先，朗讯公司没能证明微软公司间接侵权的必要基础，即用户的直接侵权；其次，微软公司的产品有着重要的非侵权用途，朗讯公司没能证明微软的共同侵权；此外，虽然产品能产生诱使作用，但微软公司并没有任何必要的诱使意图，朗讯公司没能证明微软的侵权动机。

美国联邦巡回上诉法院对微软所提出的 3 项辩论意见逐一分析并给出

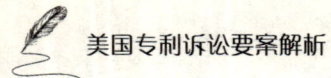

判断。

1. 针对"直接侵权"

美国联邦巡回上诉法院认为:"侵犯一项方法权利要求,必须是操作了该方法权利要求的所有步骤。❶ 如同根据现有技术做出预测一样,侵权有时很容易发生,如在相关时期实施了权利要求的方法。"

朗讯公司声称,用户一旦操作 Outlook、Money 和 Windows Mobile 的某些功能,就会使用权利要求 19 和 21 的方法。如用户可以通过 Outlook 的日期选择器中的图表控制器选择与日期、月份、年份对应的一系列数字;而该款工具与"Day"专利所描述的数字键盘工具是类似的。但朗讯公司并没有证据表明用户在使用微软产品时确实使用了该方法。微软公司提到"被起诉的每款产品都有无数用途,这些用途并不包括带有屏显形成工具的表格","不使用所述'形成工具'的特征,也可以实现专利方法中具体而有限的填写表格功能"。微软公司强调"侵权不是必然的",并认为朗讯公司专家的证词是用户直接侵权的唯一证据。美国联邦巡回上诉法院经过与相关证人问询,同意微软公司提出的直接侵权证据较少的观点。

然而,美国联邦巡回上诉法院还参考 Moleculon Research Corp. 诉 CBS3 一案。在该案中,地方法院认为:据《美国专利法》第 271 条(b)款的规定,专利权人在掌握间接证据后有义务揭露侵权行为,这些间接证据包括"大量的魔方被销售的证据,教导恢复每个魔方的预先选择图案的方法的指导手册的分发,及如何解决魔方问题的方案手册的可获得性";美国联邦巡回上诉法院在此案中维持了地方法院基于间接证据所做出的直接侵权裁决。与此类似,在本案中,地方法院陪审团分析了有关微软产品的广泛销售及指导手册发放情况的证据;陪审团从朗讯的侵权问题专家那里得到的间接书面证据虽不够有力,但正如根据 Moleculon 一案,陪审团可以得出以下结论:在 2003~2006 年的某一阶段,在美国某地很可能有多人使用微软公司的产品并使用了权利要求的方法。

基于此,美国联邦巡回上诉法院确信地方法院驳回微软针对侵权的依法律判决申请是正确的。同样,当涉及使用 Microsoft Money 和 Windows Mobile 时的直接侵权问题时,事实证据也支持陪审团的判决。

2. 针对"共同侵权"

《美国专利法》第 271 条(c)款对判定是否共同侵权进行了详细规定:

---

❶ Joy Techs.,Inc. 诉 Flakt,Inc.,6 F.3d 770,775(Fed.Cir.1993)(只有操作了具有专利权的方法才是直接侵犯方法权利要求);《美国专利法》第 271 条(2006)。

案例十二 Microsoft Corp. 诉 Lucent Technologies, Inc. 案

"任何人出售已取得专利权的机器的组件、制造品、物品的组合或合成物，或者出售用在实施一项已取得专利权的方法（该项发明的重要部分）中的材料或设备，而且明知上述物品是为用于侵害专利权而特别制造或特别改造，也明知上述物品并不是用于基本不构成侵害用途的生活必需物品或商品的，应负共同侵权的责任。"此外，根据在先判例，"要赢得共同侵权的诉讼，除了证明直接侵权行为外，原告还必须证明被告'知道他们专门生产的零件合成某产品的过程是已经取得专利权的，是侵犯知识产权的'，并且被告的零件'没有实质上的非侵权用途'"。

微软公司认为其产品有实质上的非侵权用途，朗讯公司不能证明共同侵权。而朗讯公司则反驳称：日期选择器没有任何的非侵权用途。因此，主要问题简化为《美国专利法》中的"材料或设备"是完整的软件包还是执行权利要求所述方法的特定工具（如日期选择器）。如果是前者，那么微软公司获胜，因为完整的软件包具有实质上的非侵权用途。如果材料或设备是指特定的日期选择器，那么朗讯公司获胜，因为该工具是"特别制造或改造"以用于执行权利要求所述方法。

美国联邦巡回上诉法院举例说明微软公司观点所存在问题。假设一款软件有且只有 5 个特征组成，每个特征都使用了各自不同的方法权利要求专利。也就是说，第一个特征侵犯了第一项方法权利要求专利，第二个特征侵犯了第二项方法权利要求专利，以此类推。在这种情况下，如果用微软公司的观点来看，软件销售商永远都不会对任一方法专利造成共同侵权，因为整个软件能有实质的非侵权用途。美国联邦巡回上诉法院认为这样的观点既站不住脚，也与法律和监督程序矛盾。

美国联邦巡回上诉法院认为，如果微软不是将日期选择器置入 Outlook 中销售，而是以单独收费下载并应用的方式来提供，那么针对微软就"Day"专利造成共同侵权就不存在争议。正如美国联邦巡回上诉法院在解释 Ricoh Co. 诉 Quanta Computer Inc. 一案时所述：一名侵权者"不应通过将侵权设备置入一个具有附加的、可拆分特征的较大型产品中，就允许其摆脱共同侵权责任"。

基于上述分析，美国联邦巡回上诉法院认为：填充表格（如日期选择器）的特征是仅适用于侵权用途的；在较大程序中包含日期选择的特征并不会改变日期选择器的侵权能力；陪审团在现有证据基础上，有理由推断出微软有意让电脑用户使用该工具，并造成对"Day"专利的侵权。

3. 针对"诱使侵权"

根据《美国专利法》第 271 条（b）款的规定，一方"主动诱使他人侵犯

专利权，亦应承担专利侵权责任"。"原告有义务证明所诉侵权者的行为造成了侵权行为，并且他知道或者应当知道他的行为会引起实质侵权。"

美国联邦巡回上诉法院首先阐述了对 Manville Sales Corp. 诉 Paramount Sys. Inc. 一案的相关观点，"对诱使侵权的裁决要求首先裁决直接侵权，或者是裁决直接侵权的具体案例，或者是裁决被告产品必然侵权"。"诱因要求有鼓励他人侵权的有罪行为证据，而不仅仅是诱使者有指导侵权行为的知识。"如前文所述，原告可以通过间接证据来证明主观因素，从而证明直接侵权。而采取积极措施引导侵权的证据，例如广告宣传某种侵权用途，对裁决产品有意用于侵权用途也是有力支持。

微软公司认为朗讯公司不能证明诱因，因为软件产品虽具备侵权的能力，但朗讯公司的证据并不能证明其具有必要的诱使意图。而朗讯公司则回应称："微软公司既鼓励用户采取侵权行为，也知道或者应当知道这种行为会造成直接侵权。"此外，朗讯公司还提交了相关的专家证词以佐证 Outlook 的诱使侵权。

尽管美国联邦巡回上诉法院认为证据不是很充分，但还是认同地方法院陪审团所作的判决，即微软公司存在必要意图引导至少一名使用其产品的用户侵犯权利要求所述方法；维持地方法院做出的驳回微软提出的没有对"Day"专利诱使侵权的依法律审申请。

（三）微软所应承担的损害赔偿金数额

如前所述，朗讯公司在一审中要求 5.619 亿美元的赔偿金，而微软公司仅同意一次性支付 650 万美元。地方法院陪审团在一审判决中基于朗讯公司的观点，判决微软公司需为侵权行为一次性支付 3.58 亿美元的损害赔偿金。

微软公司质疑陪审团做出该判决的基础，并提出以下两点：一是陪审团不应该采用整体市场价值法则来确定 3 款软件产品的价值；二是对于方法权利要求，根据 Dynacore Holdings Corp. 诉 U. S. Philips Corp. 一案的判决，所要求的损害赔偿金仅限于可以证明的实际侵权案例数量，微软公司认为"朗讯公司必须将损害赔偿要求与直接侵权的案例相结合"。

美国联邦巡回上诉法院反对微软公司提出的上述两个观点，但同意微软提出的"实质证据不支持陪审团做出一次性支付 3.58 亿美元许可费判决"的观点。美国联邦巡回上诉法院还认为：陪审团依据整体市场价值计算得出一次性损害赔偿金数额，该判决既得不到实质证据支持，也超出证据应有效力。

1. 关于"合理许可费"

根据《美国专利法》第 284 条规定："法院在做出有利于请求人的裁决后，

案例十二 Microsoft Corp. 诉 Lucent Technologies, Inc. 案

应该判给请求人足够的赔偿金,金额不得少于侵权行为人利用该项发明所需的合理许可费、法院所确认的利息、诉讼费用的总和。"当最高法院考虑决定损害赔偿金的问题时,法院至少应向竞争者了解"如果侵权者没有侵权,专利权人将卖出多少?"根据最高法院的观点,通过诉讼判罚赔偿是尝试评估"专利权人在被侵权以后以及如果侵权未发生情况下的金钱差异"。

侵权赔偿的计算方式有两种:一种是专利权人的利润损失,另一种是合理许可费,而这也"仅仅是损害的底线"。

计算合理许可费也有两种方法。第一种是解析法,关注侵权者对侵权产品的利润预期。第二种是"假设性协商"或"自愿专利买卖",这种办法尝试去确认如果刚好在侵权发生之前能够成功谈判,双方能够同意的许可费。假设性协商尽最大努力重建一个事先授权谈判的场景,并记录最终协议。即如果侵权没有发生,双方会自愿执行一份许可协议,明确某种许可费支付方案。

本案原被告双方在提供损害赔偿金证据时都采用了假设性协商法,且无异议。因此微软和朗讯公司必须接受"一定会包含少许近似值和不确定性"的合理许可费。

美国联邦巡回上诉法院在参考"Georgia-Pacific"因素后对损害赔偿金裁决进行再审。其主要任务是判断实质证据是否支持陪审团做出微软就"Day"专利的间接侵权一次性全款支付大约 3.58 亿美元的判罚。在分析时,美国联邦巡回上诉法院主要关注的是微软公司产品 Outlook 的损害赔偿金,因为通过使用 Outlook 造成的侵权构成了侵权赔偿判决的最主要部分。美国联邦巡回上诉法院也关注基于相关证据、证词后的"Georgia-Pacific"因素。

(1) "Georgia-Pacific"因素 2

因素 2 是"被许可人使用其他专利的许可费与使用本案专利许可费的比率"。该因素需考察专利权人在举证损害赔偿金时所依赖的专利许可是否能与本案讨论的假设性专利许可充分匹配。该因素所包含问题是许可人和被许可人是否能就采用一次性支付或按产量支付许可费达成一致。按产量支付许可费和一次性支付许可费存在明显差异且各有优劣。

朗讯公司的许可专家罗杰·史密斯赞成以一次性支付费率为基础的损害赔偿金。在上诉中,朗讯公司也为损害赔偿金裁决辩护,称实质证据支持大约 3.58 亿美元的一次性支付赔偿。美国联邦巡回上诉法院认为朗讯的意见及证据存在问题,主要有三方面原因。第一,没有证据表明双方对顾客使用专利方法频率的预期。第二,很少可以提供给陪审团用来解释双方选择一次性支付方式胜过按产量支付方式的事实证词。第三,朗讯提出的其他专利许可协议证据的背景与本案许可谈判背景是截然不同的。

美国联邦巡回上诉法院认为，在许可谈判中假设已有支持期望值的证据，同意一次性支付许可费的双方可能会考虑该发明的预期或估计用量（或设备产量），发明特征使用越频繁越有价值，一次性支付费用也越高，反之则越低。本案中，朗讯公司没有书面证明或证词来显示双方对被诉专利方法的使用预期，也不能使陪审团合理推断原被告双方会在谈判中评估出日期选择器的使用频率。

鼓励陪审员仅仅依靠推测而没有任何证据来解释，通常是不够的。朗讯公司的许可专家史密斯认为通过观察单位许可费，专利的单次使用价值可以推测未来的使用情况；他认为双方在谈判专利许可的一次性支付时，可以"推测"未来期望是什么样。

此外，朗讯公司还提出8份不同的许可协议作为证据，在这8份协议中，有4份是一次性支付协议，另有4份按产量支付许可费的专利许可协议，朗讯公司认为上述证据足以支持陪审团的判决。美国联邦巡回上诉法院在调查这些许可协议和相关证词后，得出两个结论：第一，一部分许可协议与本案所涉专利的假设性协议有本质不同；第二，另一部分协议难以确定其协议主旨，因此不能理解陪审团是如何充分评估这些协议的证据效力。

对于4份一次性支付协议，朗讯公司认为其覆盖了"与PC相关的专利"，就像个人电脑的发展历程，给予了足够相似性来支持本案损害赔偿金裁决。而美国联邦巡回上诉法院认为，其中3份协议若只根据记录不能判断是否与本案的假设性协议相类似，朗讯公司的专家也没有向陪审团解释这些协议涉及的主旨或专利，在这种情况下，由于证据的缺乏使得任何对协议的假设又将仅仅称为推测；而对另一份协议，证据的缺乏表明该协议与本案所涉专利的假设性协议之间存在区别，在没有更多证据的情况下，美国联邦巡回上诉法院仅能推测该协议如何与本案所涉专利许可协议相比较。

美国联邦巡回上诉法院认为，对于这4份协议，朗讯公司在其辩论摘要中坦承，"审判中介绍的现实世界中专利许可产生的背景与假设性协商中设定的背景完全不同"。而且，上文摘录的证词掩饰了朗讯公司的一个主张，即"通过详尽的专家证词来解释真实的和假想的专利许可谈判之间的各种不同，这将成为决定微软公司的合理侵权赔偿的因素"。证词除了指出协议是一个包含大型专利组合的交互许可以及支付数额外，并没有对这些许可协议进行分析。朗讯公司有义务去证明这些协议与本案足够相似，以支持一次性损害赔偿金。法律并不要求专家向陪审团解释证据里每份专利协议的相关知识，但做出一次性损害赔偿金判决，不能仅依靠复述一遍专利号。

对于另外4份按产量支付协议，美国联邦巡回上诉法院认为最重要的是认

案例十二 Microsoft Corp.诉 Lucent Technologies, Inc.案

清"按产量支付"的实质。如前文所述,尽管一次性支付协议和按产量支付协议存在一些实质区别,但并不是说按产量支付专利许可协议不能与一次性损害赔偿金裁决相关。对于陪审团来说,使用按产量支付专利许可协议作为裁决一次性损害赔偿金的基础,必须有足够证据作为比照基础。在本案中,陪审团得不到任何证词以便重新计算任意一个按产量支付的专利许可协议,以获得一次性损害赔偿金裁决。

美国联邦巡回上诉法院还认为,朗讯公司把单位许可费等同于一次性许可费,忽略了产品收入和单位许可费之间的关系,误解了单位许可费的本质。美国联邦巡回上诉法院认为,单位许可费的支付基础是产品最终销售(或制造)的数量,和产品收入直接相关;销售量越大,收入越高,支付的许可费也就越高。如果被许可人选择从其商品中删除该专利特征,他将不必支付任何单位许可费。因此,单位产品许可费协议不同于一次性支付协议,就像以价格百分比为基础的按产量支付协议不同于一次性支付协议一样。

此外,美国联邦巡回上诉法院指出朗讯公司所提交证据中的按产量支付协议与本案所涉专利的假设性协商场景是截然不同的。这些协议所反映的主要问题是,朗讯公司并没有给出足够的解释来证明所提供证据中的事实会如何影响微软公司和朗讯公司对一项专利的假设性协商;而且朗讯公司也没有证据或证词能够使陪审团去思考相关协议中的技术与本案所涉的专利技术有怎样的相同或不同之处;朗讯公司也没能向陪审团解释那些复杂的协议条款会如何影响本案的假设性协商分析。如根据朗讯公司所提供的"Ker.wood 协议",美国联邦巡回上诉法院若采用其中规定的每件 1.5 美元的费率来计算本案侵权的数值,总数也只是 1.65 亿美元,远远少于陪审团所判决的 3.58 亿美元。

微软公司则主张,基于曾经签署的一项图形用户界面技术,假设性协商会产生 650 万美元的一次性许可协议。因此,理智的陪审团做出判罚的最低限为 650 万美元,如果证据允许的话,数额可能会更大。

美国联邦巡回上诉法院在综合双方所提供证据及意见基础上,认为基于"Georgia-Pacific"因素 2 很难看到有实质证据支持朗讯所举证的一次性协议平均费用的 3~4 倍的赔偿额;美国联邦巡回上诉法院认为朗讯公司有义务证明所依赖的许可足以支持陪审团的一次性支付赔偿金判决;陪审团并非要在双方提出的一次性支付数额之间选择一个合适数字。美国联邦巡回上诉法院基于因素 2 对相关证据进行分析后,认为陪审团的判决得不到支持。

(2) "Georgia-Pacific" 因素 10 和因素 13

因素 10 是"专利发明的本质,其与商业的结合程度,以及为专利权人带来的利益"。因素 13 是"因侵权人增加新特点或改进而产生的可实现利润的部

分"。这两个因素应用于本案的目的是阐述双方在假设性协商中如何对专利特征进行估值。

针对因素10，微软公司专家指出：Outlook 的 E-mail 部分是"用户最常使用 Outlook 的部分"，软件本身还有创建电子任务等功能；微软公司和朗讯公司的证词均表明 Outlook 是由成百上千个功能组成的非常复杂的软件系统。美国联邦巡回上诉法院认为，很难得出"日期选择器这项小功能会成为 Outlook 软件价值的重要部分"的结论。

针对因素13，双方证据都很少。但正如微软公司专家肯尼迪先生所说，Outlook 由数百万行的编码组成，其中很少一部分编码编写出日期选择器。尽管因素13的作用不能减至仅仅几行编码，但是侵权和非侵权特征之间的显著不平衡，一定会对分析日期选择器相对于非专利许可的部分创造了多少利润的问题造成影响。本案中，日期选择器之外的大量特征占据了消费者绝大部分的需求，因此也占据了利润的重要部分。

综上所述，美国联邦巡回上诉法院认为从证据中能得出的唯一合理结论是：Outlook 软件中涉及侵权的日期选择器只是一个较大软件系统中的一项小功能，来源于侵权使用日期选择器所获利润占据的比重也极小。美国联邦巡回上诉法院基于因素10和因素13对相关证据进行分析后，认为陪审团的裁决依然得不到支持。

（3）"Georgia-Pacific"因素11

因素11是"侵权人使用专利的程度，以及能够证明侵权获利的任何证据"。与因素10和因素13类似，因素11向法庭和陪审团说明了双方在假设性协商中会如何评估专利特征的价值。因素11通过提供有关专利发明被使用频率的证据来实现这一目的。该因素隐含的假设是，一种被频繁使用的发明，其价值一般要大于相对不那么频繁使用的发明。

微软公司认为本案与其用户实际使用日期选择器的频率无关，因为该事实发生在假设性协商之后。但是无论在先判例或经济逻辑都要求美国联邦巡回上诉法院不能忽略侵权者使用专利发明的频率，因为预期使用频率和预计价值是相关的。

美国联邦巡回上诉法院指出，在 Sinclair Refining Co. 诉 Jenkins Petroleum Process Co. 一案中，最高法院认为，假设性协商之后的实际情势发展能够使得损害赔偿金的计算方法更加明晰。此外，地 Fromson 诉 Western Litho Plate & Supply Co. 案中，美国联邦巡回上诉法院认为假设性协商分析"允许并经常要求法院关注之后发生的事件和事实，而这些是不能被假设性协商者所知或预测到的"，这肯定了在某种条件下，侵权后证据价值的有效性。

案例十二　Microsoft Corp. 诉 Lucent Technologies, Inc. 案

美国联邦巡回上诉法院认为，在一定条件下考虑侵权发生后的使用情况证据，对陪审团和法院评估合理许可费是有帮助的。使用情况（或类似）数据可以为双方提供在协商中需要频繁确认的信息。根据案情不同，这些数据可以是以过去销量、用户调查、目标群体测试以及其他办法为基础的销售量预测。即使许可协商谈判双方一般不会有未来使用情况的准确数据，但他们通常会有对使用频率的预估。这些数据信息，假设满足了一定要求，就应当被赋予合适的权重，该权重根据每个案例的情况来决定。

美国联邦巡回上诉法院从未严格要求所有情况下的损害赔偿金都要限制在能够由直接证据证明的特定侵权案例中。这样的严格要求会造成假设性协商与实际情况相距甚远。如本案中，高科技电脑公司常常会面临专利权转让交易，这种交易中，赔偿给一项特定技术的金额不一定限于该专利被消费者使用的次数。转让专利权的公司往往有非常充分的理由不把许可费与使用情况严格挂钩，因为监督使用情况的管理成本非常高。而且，对于某些发明来说，例如一项检测火情的方法，仅仅因为该发明专利具有实用性就增加了它的价值。因此，潜在的专利许可人和被许可人往往并不考虑该发明是否被消费者频繁使用，便会就许可费达成一致意见。

朗讯公司认为该专利在3款软件中的广泛使用能够支持本案的损害赔偿金判决，但美国联邦巡回上诉法院认为该观点缺乏对被侵犯权利要求的必要关注，缺乏相关消费者使用日期选择器这一专利频率的证据。美国联邦巡回上诉法院认为只有当消费者使用日期选择器填写表格时，侵权行为才发生；所有其他填写表格的办法，例如输入全部日期，并不会造成侵权。损害赔偿金判决应当根据消费者使用该侵权方法的程度在某些方面进行修改。这是假设性协商谈判双方均会考虑的问题。

美国联邦巡回上诉法院认为，朗讯所提出的间接证据只支持陪审团做出曾有人使用过该专利方法的判决；除此之外，陪审团所做的只是推断；没有证据显示有多少微软Outlook的用户曾经使用过该专利方法或者使用过多少次；朗讯有义务证明侵权方法被使用的程度/频率以支持一次性损害赔偿金判决。

（4）其他 "Georgia-Pacific" 因素

其他可用于此的 "Georgia-Pacific" 因素包括 "该专利许可的性质和使用范围，比如说是独占性还是非独占性的"（因素3）；"专利许可方为保证其专利垄断所建立的市场营销策略"（因素4）；"许可方和被许可方之间的商业关系"（因素5）；"现有专利产品的盈利能力"（因素8）；"专利产品与具有相同功能的旧时产品相比的实用性和优点"（因素9）；"根据惯例，在允许使用发明时，利润或销售价格的占比"（因素12）。上述这些因素互为补充。

223

例如，根据因素8，假设本案所售产品有大约70%~80%的边际利润，若此证据成立，便支持较高的合理许可费。根据因素3和因素9，非专有的许可通常要求较低的许可费。从现有证据来看，被侵权使用的日期选择器相比现有技术有一些进步。尽管陪审团有可能根据上述因素另外得出合理结论，但对于本案来说，这些合理结论不能推翻上文提到的其他因素在证据方面的不足。

(5) 一次性支付合理许可费的结论

经过对"Georgia-Pacific"相关因素进行考虑，美国联邦巡回上诉法院得出结论：陪审团的损害赔偿金判决主要是基于推断或猜测，并无实质证据支持其做出的3.58亿美元的一次性损害赔偿金判决。

已有证据并不支持在侵权发生时，微软公司和朗讯公司会签署一份总计大约为微软公司销售Outlook收入的8%（必然占Outlook利润的较大比重）的一次性许可费支付协议。美国联邦巡回上诉法院并不认为某个"Georgia-Pacific"因素具有决定性，对所有可用因素的灵活分析能够提供一个法律规定的框架并用来评估本案的损害赔偿金判决。美国联邦巡回上诉法院虽没有得出上述许可协议（或其他证据）不能支持本案损害赔偿金判决的结论，但认为所提供证据没能达到"实质证据"的要求。

美国联邦巡回上诉法院也承认，基于陪审团将进行一次新的损害赔偿金审判，本案上述分析只关注Outlook，对于另外两款软件的相关证据，将留给陪审团或法庭根据需要评估。

美国联邦巡回上诉法院还指出：缔造一份专利技术许可协议是一项不准确的科学。在实际的许可谈判中，双方自愿的议价不一定会产生或分析出有关专利价值的精确经济数据。本案非常复杂，原被告双方均不能很好地呈现损害赔偿金的相关证据。美国联邦巡回上诉法院要求地方法院法官在重审过程中，必须仔细审查证据以确保达到"实质证据"的标准；同时牢记合理许可费的分析"必然包括一定程度的近似性和不确定性"。

2. 整体市场价值法则分析

微软公司认为陪审团错误地应用整体市场价值法则，使用侵权软件产品销售额的一定百分比作为许可费，从而计算出3.58亿美元（具体金额为357 693 056.18美元）损害赔偿金的判决必须推翻。确实，除非使用按产量支付许可费的计算方法，否则很难理解陪审团选择的一次性支付的金额可以精确到美分。而正如微软公司在辩论概要中解释的那样，反向数学推算更加证明陪审团一定使用了软件的整体市场价值比率的计算方式。

假设陪审团确实使用了整体市场价值法则，将会造成法律过失，其主要表现为两个方面。

案例十二 Microsoft Corp. 诉 Lucent Technologies, Inc. 案

首先，本案运用整体市场价值法则的第一个缺陷是没有证据证明"Day"专利是Outlook的用户需求基础。正如上文所述，唯一有证据支持的合理结论是，Outlook中的日期选择器仅是较大软件系统中的一项小功能。软件的大多数功能并没有侵权。只有在考虑其他某些功能（如E-mail时）的相对重要性时，才进一步确认日期选择器在整个软件系统中的较小作用，朗讯也没有给出有人因为此专利方法而购买Outlook的证据。而且当美国联邦巡回上诉法院将Outlook中涉及侵权的功能与其他许多没有被"Day"专利包含的功能放在一起考虑其重要性时，所得结论是："Day"专利权利要求19所描述的发明并不是顾客购买Outlook的原因。因而，朗讯公司没能够证明整体市场价值法则的适用性。

其次，本案运用整体市场价值法则的第二个缺陷是朗讯公司专家所采用的方法。他首先尝试将整体市场价值法则运用于装有此软件的侵权电脑的销售，认为微软公司和朗讯公司会同意对装有Outlook的电脑收取整体价格的1%作为许可费。作为回应，微软公司提出不接受此证词的申请，并得到地方法院批准。在审判中，朗讯公司专家改变了观点，提出许可费应当基于软件价格（而非电脑整体），而且许可费费率应当增加到8%（从1%）。该观点与他在本案对其他专利协议所提费率大为不同，其他费率都在1%的范围内。他选择8%的理由是："如果仅就专利本身而非使用侵权专利的整台电脑来考虑许可费，专利部分公开市价的8%将等于整台电脑的公开市价的1%。"

朗讯公司专家的建议与损害赔偿金法律或整体市场价值法则的目标并不一致。其试图以使用整台电脑价格作为许可费基础并获得赔偿金，当不允许使用电脑价格作为许可费基础后，他使用了软件价格，但因此夸大了许可费费率。这种方法并不适于分析双方在假设性协商中会达成什么结果。地方法院暗示，使用普通许可费（例如1%~5%）并以整台电脑价值为基础计算损害赔偿金是比较过分的，而且没有证据表明微软公司曾经同意支付给类似专利8%的许可费。

尽管美国联邦巡回上诉法院的判例有强制使用整体市场价值法则的情况，然而地方法院必须认识到整体市场价值法则和按产量支付损害赔偿金裁决的计算方法之间的基础关系。简单来说，只要费率在诸如由证据确定的合理范围内，整体商业设备的价值一般是按产量支付许可费的计算基础。"所有按产量支付的许可费都有至少两个变量：许可费基础和许可费费率。"如果陪审团采用的许可费费率为侵权软件市场价值的0.1%（而非3%），微软一定没有任何理由抱怨陪审团运用整体市场价值法则。这一费率产生的赔偿金总额可能要低于微软提出的650万美元。因此，即使当发明专利是一件大型商业产品的一个

很小部分,基于销售价格或销售数量计算出的合理许可费也要在经济上被证明是合理的。

事实上,美国联邦巡回上诉法院对整体市场价值法则的适用要求是非常明确的。为了能应用整体市场价值法则,专利权人必须证明"与专利权相关的特征是'用户需求的基础'"。

之前,在侵权赔偿经济学的当代评估出现前,最高法院设定了严格的整体市场价值法则。在 Seymour 诉 McCormick 一案中,法院警告,"引导陪审团不考虑专利是涵盖整个机器或是对机器的改进,便使用相同的法则去计算损害赔偿金将是一个严重错误"。

在 Garretson 诉 Clark 一案中,法院进一步关注将损害赔偿金建立在整个产品价值的基础上:当一项专利只是一种改进,而不是一个全新的机器或发明时,专利权人必须表明他的改进在哪些方面增加了机器或发明的有效性。他必须将该效果与其他部分区分开,才能使产生于该发明的收益可以被看到和评估,在任何情况下,专利权人都必须提供证据,以在专利特征和非专利特征间区分或分配被告的利润和专利权人的损害赔偿金,而且这样的证据必须可靠和真实,并不是猜想或推测的;或者他必须通过同样可靠满意的证据表明,作为商品的完整机器的全部价值,是恰当并合法的归于专利权的特征时,才能将利润和赔偿的计算基于整个机器。

20世纪早期,法院曾详细说明该论点:发明在使用时可能会基于有价值的改进,或基于侵权者盗用的其他专利,它们会共同但是不尽相同地为产品利润做出贡献。在这种情况下,如果原告的专利仅创造了利润的一部分,他只能对这部分净利润要求补偿。

法院关注的目标是双重的:当发明专利仅仅是产品众多部分或功能之一时,必须确定其准确的(至少近似准确的)价值,以及在专利许可协商中双方可能会达成的结果。诉讼人必须认识到,这两个目标并不总是完全一致。而且,专利技术许可人常常会以比真实"经济价值"或高或低的价格转让发明。没有确定的市场价值是无形资产许可时的固有风险。

还有一些评论员认为,整体市场价值法则不应该在理性的专利法中起作用。但此类观点忽视了专利许可的现实和知识产权转化所需的灵活性。基于证据支持的许可协议强调了诡辩的双方如何常规性地达成许可协议,该协议的基础是发明专利的价值以商品销售价格的一定百分比为准。使用整个产品的市场价值本身并没有错,特别是当侵权部分或特征没有确定的市场价格时,只需相乘的比例确实能够代表该部分在整个产品中所体现的价值。

案例十二 Microsoft Corp. 诉 Lucent Technologies, Inc. 案

（四）结论

根据前述理由，美国联邦巡回上诉法院维持地方法院对微软公司提出的非侵权依法律判决申请的驳回，推翻地方法院对微软公司提出的赔偿金依法律判决申请的驳回，撤销损害赔偿金判决，发回下一级法院对损害赔偿金进行再审。

三、案件解析

由于本案所涉损害赔偿金数额较高，争议较大，反复再审，最终判决（和解）结果与初始诉求相距甚远，且涉及美国专利侵权损害赔偿的"合理许可费"认定及"整体市场价值法则"应用等内容，引发各界广泛关注，且影响很大。为此，本文就本案所涉各方以及各级法院为何对损害赔偿金数额的认定差异如此之大、案件审理过程中各方为何分为持对立意见的两大阵营、本案在损害赔偿金裁决方面所产生的影响等进行评析。

（一）损害赔偿金认定为何差异如此之大

如前文所述，现行《美国专利法》中有关损害赔偿金的规定较少，实际操作中，陪审团根据权利人所提供证据，采取合适的方法来裁决损害赔偿金；美国目前的专利诉讼中，专利权人多以"合理许可费"的方式请求损害赔偿金，法院通常采取"假设性协商"的方式来判断许可费的数额；在协商时，合理许可费的计算为：许可费基准×许可费费率。

本案原被告双方在起诉之初，便对赔偿金额存在较大争议。地方法院和美国联邦巡回上诉法院对相关证据的采信、对相关影响因素的分析也不尽相同，并导致最终对损害赔偿金额的认定不同。原被告双方、地方法院和美国联邦巡回上诉法院就本案损害赔偿金数额认定产生如此大差别的原因，在于对"许可费基准"和"许可费费率"的不同理解和认识上。

对于"许可费基准"，地方法院陪审团以"整体市场价值法则"为基准，认同朗讯公司所提出的"专利技术是 Outlook 软件的重要组成"，这种认定提高了损害赔偿金的判罚基础；而微软公司则主张本案所涉专利技术只是 Outlook 软件中众多功能的一项，并不构成用户选择使用该软件的需求基础；美国联邦巡回上诉法院认同微软公司的看法，并阐明了对"整体市场价值法则"的认识，认为该法则在某种程度上会扩大专利权人请求损害赔偿的范围，各方要在满足一定条件的基础上才能应用该法则，例如，要判断消费者需求的基础等。美国联邦巡回上诉法院的这种观点，无疑要求此后相类似案件中，权利人

需提供更有利的证据来证明专利技术在侵权产品中的重要性,切实承担起整体市场价值法则所要求的举证责任。

对于"许可费费率",法院通常在已有判例基础上参考"Georgia-Pacific"的15项因素来调整修正。之于本案,美国联邦巡回上诉法院通过对因素2(类似许可费协议)等项的探讨,判断朗讯所提出的"以被控侵权软件产品销售价格的8%作为许可费费率"缺乏实质证据支持。美国联邦巡回上诉法院对此案的判决思路是值得研究的。如美国联邦巡回上诉法院在分析因素2时提到,不管是采用一次性支付还是采用按产量支付许可费的方式,都必须提供实质证据作为参考基础,并应注意该"类似许可费协议"与案件事实之间的可比较性。这种审理思路,无疑提高了后续涉及损害赔偿金的案件中"类似许可费协议"证据的举证门槛,权利人需提供更相关的证据来支持自己的主张。

综合来看,无论是对于"整体市场价值法则"的运用,还是"许可费费率"的确定,美国联邦巡回上诉法院都非常重视证据,尤其是实质证据的作用。美国联邦巡回上诉法院通过对举证案件逐一剖析对比,对相关影响因素深入分析,聚焦在如何认定"日期选择器"这项特征在侵权软件中的价值,进而分析"整体市场价值法则"在本案中的适用,非常审慎地对待实质证据。

(二)裁决背后企业界的不同立场又是为何

本案审理过程中,针对损害赔偿金裁决问题,原被告双方的意见均有多家公司支持,其背后反映出不同的利益诉求。

支持微软公司一方意见的,多为英特尔等知名计算机软件或高科技技术公司。他们认为:现行专利法规定的赔偿数额都是以整个产品价值为估价基准的,使得涉嫌侵权的部分即便是相应产品很小的一部分也会裁决较高的赔偿金额,在某种程度上抑制了研发人员的创新诉求。因此有必要对现行法律的相关规定做出调整。**支持朗讯公司一方意见的,**多为惠氏等生物医药类公司。他们认为:法院在现行判例法指导下,能对专利侵权案件做出合理的损害赔偿金判决;倘若按照微软方意见修改相关法律,将会降低专利的内在价值及其保护研发投资的功能,减弱投资者的研发投入。

应该说,这些公司的观点和立场并不具有偶然性。笔者认为二者的矛盾体现了不同行业本身的特点及专利在产业发展中所起的作用,矛盾的根本在于双方对利益的诉求。对于高科技信息技术类企业,其产品研发门槛相对较低、产品更新速度快、所涉及专利量大,往往需要大量的各类专利组合在一起形成专利池实现对某一产品的保护;而一旦其中的某一项专利涉及侵权纠纷时,被告方往往希望将整个产品与该专利区别开,以避免巨额的损害赔偿。而对于生物

案例十二 Microsoft Corp. 诉 Lucent Technologies, Inc. 案

医药类企业,其产品研发门槛相对较高、药品更新换代慢,但所包含的专利技术含量较高,厂家在申请并授权后更希望对包含专利技术的整个产品进行强有力的保护,以保证其高额的研发投入能得到回报;在涉及专利纠纷时,权利人往往希望通过对整个产品的保护来维护其中的某一项具体权利。

(三) 本案在损害赔偿金裁决方面所产生的影响

该案审理期间,正值美国参众两院再次启动专利法改革之际;原被告双方的反复质询争论、"法庭之友"与相关公司之间的辩论,无疑也为新一轮的专利法改革提供了大量实际观点及实证支撑。各阶段的专利法修正案也在不同程度上反应了不同利益集团的诉求,折射出不同力量的此消彼长。例如,提交给参议院的"2009 专利法修正案"中便包括有关损害赔偿金拆分计算法的条款,即要求地方法院以基于侵权产品或方法中所主张发明对在先技术的具体贡献的经济价值来分析确定合理的损害赔偿金;但反对者的力量也很强大,该法案最终没能获得通过。直到 2011 年,新通过的《美国发明法案》依然没有对相关条款进行修改,而是决定将该问题交由法院处理。如就本案而言,虽然美国联邦巡回上诉法院进一步解释了适用整体市场价值法则的判断依据,但究竟怎么样算是"消费者需求的基础",该法则"适用的界限如何"仍是需要具体案件的审判法官依照具体案情去认定。

尽管在最终的《美国专利法》修正案中并没有对涉及损害赔偿金的相关条款进行修改,但美国联邦巡回上诉法院在本案中对"整体市场价值法则"和"Georgia-Pacific"相关因素的应用解释,对相关实质证据的严格要求,对后续类似案例的审理产生深远影响。美国联邦巡回上诉法院在本案中对"Georgia-Pacific"相关因素论述分析的原则性思路,使本案成为 2010 年后法院在处理有关合理许可费计算争议案件时所经常引用的经典案例。如 2011 年判决的 Uniloc 诉 Microsoft 一案,美国联邦巡回上诉法院在判决时便援用本案判例,重申在根据整体市场价值法则来裁定损害赔偿金时,要注意满足的两个条件:一是专利特征是使用者需求的基础;二是专利对侵权产品的某些功能创造了实质价值。该案进一步确定了"25%法则❶不得再作为计算合理许可费费率"。

(四) 现实意义

准确裁定专利侵权的赔偿额,对于有效保护专利权人的合法权益,制裁遏

---

❶ 25%法则由美国学者 Robert Gokdscheider 在 20 世纪 50 年代正式提出。Robert 认为被许可人利用被许可专利获得的利润率乘以 25%就得到专利许可费的提成率。该法则的理论基础在于许可人与被许可人应该共同分享含有该被许可专利的产品所带来的利润。

制侵权行为具有重要意义。然而，在专利侵权诉讼中，如何确定合理的专利侵权损害赔偿额，一直是各国司法界面临的普遍难题。

目前，适用于损害赔偿金的计算方法主要有权利人的损失、侵权人的获益和法定赔偿等3种。我国法院在实际工作中往往倾向于适用法定赔偿标准，而采用这种方式时的判赔额度通常较低，权利人经常反映赔偿难以满足其要求；而采用前两种赔偿方式，则需要权利人有较强的举证能力；这就使得权利人认为"维权难、成本高"。在美国打专利侵权诉讼官司同样非常艰难。美国法院在审理相关案件时，非常重视原被告双方的"举证责任"及其所提交的"实质证据"；法官通过对以往判例及相关原则的分析，来确定涉案专利技术对被诉侵权产品的贡献度，从而做出相对合理、公平、客观的判决。

同时，由于专利侵权诉讼案件的复杂性，同一法院的法官可能对同一案件有着不同的观点和看法，而不同的法院则可能对同一或类似案件裁决结果迥异，这一点在采纳遵循先例原则及重视法官自由裁量权等因素的美国等普通法系国家更是如是。本文所述案例经几级法院反复再审，最终结果与最初双方诉求与期待差异极大。因此，也提醒我国企业在国外遭遇专利诉讼时，无须惊慌失措，宜冷静应对，做好充分的准备工作，尤其是要重视实质证据的采集及诉讼策略的选择，据理力争，通过有效的抗辩来争取法官对己方观点的认可，未必不能缓解危机，即使不能摆脱侵权认定的不利结果，也能影响法官对侵权损害赔偿金的合理裁定。

参考文献

[1] 陈维国. 美国专利法改革的最新动态[N]. 知识产权报，2009-12-07.
[2] ERIK R. PUKNYS. 美国专利侵权诉讼中损害赔偿的计算方法——以朗讯诉微软案为例[J]. 电子知识产权，2009（5）：82-83.
[3] 刘尚志，陈伟明，赖婷婷. 合理权利金估算及美国联邦巡回上诉法院的判决分析[J]. 专利师季刊，2011（5）：66-85.